广东省特色专业系列教材

广东省特色专业系列教材
GUANGDONGSHENG TESE ZHUANYE XILIE JIAOCAI

Introduction to Journalism

新闻学概论

主　编　田秋生

副主编　李　鲤　毛颖辉

暨南大學出版社
JINAN UNIVERSITY PRESS

中国·广州

图书在版编目（CIP）数据

新闻学概论/田秋生主编；李鲤，毛颖辉副主编．—广州：暨南大学出版社，2013.8
（广东省特色专业系列教材）
ISBN 978-7-5668-0690-1

Ⅰ.①新…　Ⅱ.①田…②李…③毛…　Ⅲ.①新闻学—概论　Ⅳ.①G210

中国版本图书馆CIP数据核字(2013)第175821号

……………………………………………………………………………………

新闻学概论
主　　编：田秋生
副 主 编：李　鲤　毛颖辉

策划编辑：杜小陆　史学英
责任编辑：史学英　沈双喜
责任校对：何　力

地　　址：中国广州暨南大学
电　　话：总编室（8620）85221601
　　　　　营销部（8620）85225284　85228291　85228292（邮购）
传　　真：（8620）85221583（办公室）　85223774（营销部）
邮　　编：510630
网　　址：http：//www.jnupress.com　http：//press.jnu.edu.cn
排　　版：暨南大学印刷厂
印　　刷：广东广州日报传媒股份有限公司印务分公司
开　　本：787mm×1092mm　1/16
印　　张：15
字　　数：317千
版　　次：2013年8月第1版
印　　次：2013年8月第1次
定　　价：30.00元

目　录

绪　论

一、新闻学是一门怎样的学科

当你打开这本书的时候，脑子里出现的第一个问题可能就是：新闻学是什么？具体而言，这个问题可以细化成以下几个问题：新闻学研究什么？为何研究？如何研究？

这当然不是一个新问题，早在1919年，我国第一本新闻学论著的作者徐宝璜先生就开始思考这一问题，并在其所著的《新闻学》一书中给出了如下的答案：

> 新闻学者，研究新闻纸之各问题而求得一正当解决之学也。
>
> 新闻纸之各问题，可分属于编辑、组织、营业三方面。兹将每方面之重要问题，列举如下：
>
> （一）编辑方面
>
> （1）新闻纸之职务。
>
> （2）新闻为何物，其价值如何决定？
>
> （3）新闻于何处求之乎？应如何求之乎？
>
> （4）新闻应如何报告于阅者乎？
>
> （5）新闻题目应如何构造乎？
>
> （6）社论应如何编辑乎？
>
> （二）组织方面
>
> （1）新闻社之组织。
>
> （2）各种通讯社之组织。
>
> （3）新闻纸之组织。
>
> （4）新闻社之设备。
>
> （5）新闻社成员之养成。
>
> （三）营业方面
>
> （1）广告如何可以发达？
>
> （2）销路如何推广？①

---

① 徐宝璜：《新闻学》，余家宏、宁树藩等：《新闻文存》，中国新闻出版社1987年版，第282～283页。

由上观之，在徐先生看来，新闻学的主要研究对象是新闻纸即报纸，新闻学的内容主要包括三个方面：报纸新闻的采编、新闻机构（包括报社与通讯社）的组织与运行以及报业经营（包括广告与发行）。

细察其内容，徐宝璜先生所著《新闻学》的前五章主要探讨理论问题，包括新闻学的学科性质及其重要性、报纸所承担的职责与功能、新闻的定义和新闻价值；第六章到第九章则主要探讨新闻采编业务；第十章至第十四章则探讨了两方面的问题，即报业经营与新闻机构的组织与运行。

总之，徐先生的新闻学研究是围绕报纸媒体的运作而展开的，具有报学与实用新闻学的特征。

让我们再把目光投向域外，早在1899年，松本君平所著的《新闻学》一书正式出版，此为日本首部新闻学专著。在作者看来，新闻学是由新闻采访与写作、新闻编辑及发行三部分内容组成的。宁树藩先生认为，该书以实用新闻学为主体，但也包括了理论新闻学的相当内容，其中对欧美新闻事业的介绍，实为历史新闻学的组成部分。① 对于新闻学的学科性质，松本君平并未作专门的探讨，但通过该书的内容我们可以看出，其理解中的新闻学已涵盖了理论、历史与业务，不过，是以业务为主体。

法国学者瓦耶纳在《当代新闻学》一书中，对新闻学的研究目标和方法曾作专章探讨，他认为：

> 鉴于现实本身就是千姿百态，多层次的结构，对于它的科学研究也必须从十字路口出发，这是一门典型的边缘性学科的研究。②
>
> 只有通过多种途径探索——尽管有些将消失在黄沙之中——才有可能真正理解新闻学这门科学。③
>
> 是对传播者，对信息的特殊性，对传播渠道，对受传者和对其效果的研究。④

瓦耶纳将新闻学视为边缘交叉学科，主张应用多学科方法对其展开探讨，而其对新闻学研究对象的界定又借用了拉斯韦尔的5W框架，可见，瓦耶纳的新闻学已接近于大众传播学。

让我们再回到当代，复旦大学新闻学教授李良荣先生在其所著的《新闻学概论》一书中开宗明义地写道：

---

① 宁树藩：《松本君平与〈新闻学〉》，余家宏、宁树藩等：《新闻文存》，中国新闻出版社1987年版，第151页。

②③④ ［法］贝尔纳·瓦耶纳著，丁雪英、连燕堂译：《当代新闻学》，新华出版社1986年版，第214～218页。

新闻学是以人类社会客观存在的新闻现象作为自己的研究对象，研究的重点是新闻事业和人类社会的关系，探索新闻事业的产生、发展的特殊规律和新闻工作的基本要求。

新闻学的中心议题是：客观社会的诸条件对人类新闻活动的决定、支配作用以及新闻活动对社会的反作用。

从新闻学的内容来说，大致可以分为理论、历史、应用三部分。①

中国人民大学新闻学院教授杨保军先生在《新闻理论教程》中指出：

新闻学是人文色彩比较突出的社会科学，主要研究对象是人类新闻活动、新闻传播业，以及它们与人类其他活动领域的关系；核心目的是发现和揭示新闻现象的特征和规律，为新闻活动、新闻业的良性运行提供知识和智慧。学界普遍认为，新闻学主要由新闻史、新闻理论、新闻业务和跨学科新闻学四大板块组成。②

比较两位先生的定义，可发现二者有以下共识：其一，突出三个关键词——新闻现象、新闻活动和新闻业；其二，认同新闻学有三个主要部分，即理论、历史和应用。当然，二者也有区别：李良荣先生强调新闻与社会互动的视野，在谈及新闻学的研究重点与中心议题时，均体现出这一旨趣；杨保军先生则更强调新闻学的社会科学特质，在谈及新闻学的学科性质及主要板块时均有体现。

与早期的学者松本君平和徐宝璜相比，作为当代新闻学代表性学者的李良荣、杨保军两位先生对新闻学的认识，当然已更加完整和清晰：首先，不再局限于报纸；其次，不再将应用性摆在首位。

如上所述，对于新闻学的研究对象，中外学者已有明确的解答，而李良荣先生及杨保军先生给出的答案也得到了普遍的认可，问题似乎已无须再作探讨。比较而言，李良荣先生以“新闻现象”作为新闻学的研究对象有较强的包容性，“新闻现象”似乎能含括与新闻相关的一切社会现象。然而，学界对“新闻现象”这一概念本身却缺乏明确的界定，而且在理解上也容易产生歧义。如果我们认定新闻现象是新闻学的研究对象，那么势必要问清楚：什么是新闻现象？新闻现象、新闻活动与新闻业之间是何种关系？翻看包括《新闻学大辞典》在内的诸多新闻学论著及工具书，却未见有人对这一被广泛使用的关键概念进行界定，对上述三者之间的关系也未见有过探讨。

鉴于以上分析，有必要对新闻学的研究对象作进一步的界定。笔者认为，新闻学是关于新闻的学科，新闻学研究应立足于新闻产品，并从这一立足点延伸出去，

① 李良荣：《新闻学概论》（第二版），复旦大学出版社 2007 年版，第 1 页。

② 杨保军：《新闻理论教程》（第二版），中国人民大学出版社 2012 年版，第 1 页。

展开以下四个方面的探讨：第一，研究人类的新闻传播过程，包括新闻产品的生产、传播和消费三个基本环节；第二，研究新闻产品本身，包括其内容与形式；第三，研究新闻传播活动的不同行为主体，包括生产者、传播者和消费者，研究行为主体的行为规范与伦理；第四，研究新闻传播行为的社会功能与效果。

新闻学的研究目的则在于：第一，认知层面，通过新闻学研究来认识人类是如何开展新闻传播活动的，在感性经验基础上进一步总结出新闻传播活动的规律；第二，价值层面，通过新闻学研究，探讨新闻传播与社会的关系，建构新闻传播的价值理念与行为规范，从而维护社会的良性运行。

至于研究方法，考虑到新闻学所涉及研究对象的广泛性与复杂性，势必综合采用跨学科的研究方法，从问题出发，根据研究目的与研究对象的特征，采用不同的研究方法。

二、新闻学概论讲什么，要达到什么目的

承接上一节的内容，接下来要探讨的问题是：新闻学概论要研究什么？为何研究？

如前文所述，多数学者认同新闻学包括理论、历史与应用三个部分。那么，新闻学概论当属于新闻学理论，顾名思义，所谓新闻学概论，应是对新闻学主要理论问题的初步探讨。具体而言，又应包括哪些主要内容呢？先来看看国内外学者对此问题的认识。

瓦耶纳所著的《当代新闻学》分为三部分。第一部分为“新闻体系”，包括四章：交流与新闻、新闻的社会职能、新闻工业、新闻的地域性；第二部分为“法国新闻”，包括五章：三百年历史、法国新闻法、日报新闻业、期刊和集团、广播与电视；第三部分为“新闻学”，包括五章：研究的目标和方法、新闻刊物的内容、公众和各种公众、新闻与舆论、从自由到责任。① 其中，第一部分是在一般意义上对新闻活动与新闻业进行历时性与共时性的考察；第二部分则重点探讨了本国新闻业的历史与当时的状况；第三部分对新闻学的学科性质和研究方法、新闻信息的内容特征、新闻与社会的关系等进行了探讨。

日本学者和田洋一所编著的《新闻学概论》一书共分为 11 章，分别是：何谓“报纸”、论报业史、意识形态、报纸、读者、报业、言论自由、通讯社、论机关报、各种报纸、何谓新闻学。② 该书基本上是围绕报纸与报业展开的，称其为报学或许更为恰当。值得注意的是，作者吸收了欧美大众传播学的部分思想。

李良荣先生在《新闻学概论》一书中，对新闻理论给出了这样的界定：

---

① ［法］贝尔纳·瓦耶纳著，丁雪英、连燕堂译：《当代新闻学》，新华出版社 1986 年版。

② ［日］和田洋一编著，吴文莉译：《新闻学概论》，中国新闻出版社 1985 年版。

总结、阐明人类新闻活动主要是新闻事业的基本规律。它从新闻实践中抽象出来，又指导新闻实践。

《新闻学概论》主要是介绍新闻学的基本知识、基本概念、基本观点，为今后进一步探索新闻理论、研究新闻史、掌握新闻业务和媒介管理经营打下基础。①

李良荣所著的《新闻学概论》（第二版）体例如下：绪论，新闻活动，新闻，新闻与信息、宣传、舆论，新闻事业的产生，新闻事业的发展及其基本规律，新闻媒介的性质，新闻事业的功能与效果，大众传媒与社会，新闻自由和社会控制，新闻媒介的运行体制与管理模式，新闻媒介的受众，中国新闻事业的工作原则，新闻选择，新闻从业人员的专业理念、职业道德和修养，中国的新闻改革，新技术与新媒体。其内容大致可分为三个部分：新闻、新闻事业和新闻工作。前三章着眼于新闻，第四章到第十一章主要探讨新闻事业，第十二章至第十六章探讨新闻工作。

杨保军先生在《新闻理论教程》一书中，对新闻理论的内容作了以下说明：

新闻理论的主要内容包括新闻本体论、新闻业态论、新闻关系论以及贯穿三论的新闻精神论。新闻理论学习的重要目的是：比较系统地了解新闻学的基本问题、新闻理论的基本体系，初步领会各种见解、观念和学说，培养认知和指导新闻传播实践的理论能力。②

具体说，新闻理论主要围绕以下三个大问题而展开：

其一，围绕“新闻是什么”而建构的新闻本体理论。其二，围绕“新闻业是什么”而建构的新闻业理论。其三，围绕“新闻关系是什么”而建构的新闻关系论。③

可见，杨保军教授是围绕新闻、新闻业及新闻关系三个关键词来建构其新闻理论体系的。

黄旦先生所著的《新闻传播学》在学界有着广泛的影响，在前言中，黄先生对该书体例与编写思路进行了介绍：

本书分为上下两编。上编主要着眼于作为社会交往的新闻传播活动，试图勾勒出其起源、演变、发展及与社会之关系、对社会之作用等等。下编则把新闻传播置于传受双方获取新闻、达到共享的过程中加以认识，逐次讨论构成新闻传播的诸个要素，力图尽力突出新闻传播过程中的人与人交往的特点和规律。④

---

① 李良荣：《新闻学概论》（第二版），复旦大学出版社2007年版，第1～2页。

② 杨保军：《新闻理论教程》（第二版），中国人民大学出版社2012年版，第1页。

③ 杨保军：《新闻理论教程》（第二版），中国人民大学出版社2012年版，第2页。

④ 黄旦：《新闻传播学》，杭州大学出版社1996年版，第1页。

该书的精要之处，在于打通了新闻学与传播学之间的壁垒，立足新闻传播。在上编中，将新闻传播置入社会大背景中，对其进行历时性与共时性的考察；在下编中，则对作为传播过程的新闻传播本身进行了内部考察。

上述诸位学者的著作各有其特点且自成体系，总的来看，都离不开以下几个关键词：新闻、新闻传播活动、新闻业及新闻与社会。换句话说，新闻学理论研究不外乎是对上述关键词的本质与规律展开探讨。

具体而言，依笔者之见，新闻学概论应立足“新闻”这一本体，从理论上回答以下主要问题：

（1）什么是新闻？

（2）谁在生产新闻？如何生产新闻？

（3）谁在传播新闻？如何传播新闻？

（4）谁在消费新闻？如何消费新闻？

（5）新闻与社会关系如何？如何实现新闻与社会的良性互动？

若论其研究目的，同样有两个主要方面：第一，认知层面，了解新闻传播的本质与规律，认识新闻与社会的关系；第二，价值层面，探讨新闻传播的价值目标，明确传播伦理与行为规范，促进新闻与社会的良性互动。

三、新闻学与传播学是什么关系

自传播学引入中国，新闻学与传播学的关系就成为一个众所关注的话题。国内学界关于新闻学与传播学关系的讨论自 20 世纪 80 年代即已开始，至今仍未结束。董天策教授在梳理相关讨论后指出：

> 概括起来，可以说形成了两个不同阶段的讨论：第一阶段是在 1996 年前后，第二阶段则是在 2001 年以后。第一阶段主要关注的问题是传播学能否取代新闻学。之所以关注这个问题，是因为有学者隐约或明确提出了“用传播学取代新闻学”的看法；第二阶段则聚焦传播学是否支配了新闻教育，即是否事实上取代了新闻学，其原因在于有学者批评传播学支配了新闻教育。①

翻看相关文献，按时间先后，较具代表性的观点有：

> 芮必峰：新闻传播是新闻学与传播学研究的结合部，“新闻传播学”是新闻学与传播学结合的产物，是传播学的一般理论在新闻学研究中的具体应用。（1988 年）

---

① 董天策：《探讨新闻学与传播学关系的历史回顾》，《当代传播》2008 年第 1 期。

王泽华：新闻学是大众传播学的不同层次和分支，但传播学又不能代替新闻学。(1992 年)

李启：传播学同新闻学的关系，可以定位为传播学是一门同新闻学相辅相成、相得益彰的科学。(1996 年)

李良荣、李晓林：新闻学转向大众传播学不单是一个理论的问题，更是一个实践的问题。

这两门学科有着不同的生长背景，不同的研究对象，不同的研究方法，不同的思维模式，不同的文化积累。

新闻学和大众传播学就是在这种既有质的不同、又有现象联系的境况下发展各自的学说的，新闻学囊括大众传播学中的与它相关联的部分似在情理之中。也就是说，新闻学转向大众传播学已经有了相对成熟的学科背景。

新闻学转向大众传播学是对传统新闻学的一次改革，这次改革与新闻事业的改革以及由此带来的媒介巨变相互促进。(1998 年)

齐爱军：结构性、交叉性、开放性：传播学的学科特质。

主体性、理想性、实践指向性：新闻学的学科特质。(2006 年)

董天策：新闻学与传播学一方面具有明显的异质性，一方面又具有内在的关联性，加上传播学经验学派与批判学派大异其趣，这种异质性与关联性又极为错综复杂。传播学与新闻学之间错综复杂的异质性与关联性，也就从根本上决定了这两个学科一方面需要保持各自的学科特质，独立发展，一方面又需要彼此借鉴，相互吸取，共同进步，从而推动整个新闻传播学科及其教育的繁荣。(2008 年)①

综上，国内学者普遍承认，新闻学与传播学既存在明显的差异，又有着紧密的关联。但细加比较，又存在分歧。

在梳理了国内学者针对这一问题的主要观点之后，我们尝试来回答以下问题：新闻学与传播学的不同之处何在？关联之处何在？传播学是否会取代新闻学？

先讲两个学科的不同之处。从时间上来看，先有新闻学，后有传播学。一般认为，新闻学起于 19 世纪末的“新闻纸论”，传播学则成型于 20 世纪 40 年代。

新闻学的研究对象是新闻，具体来说，即是围绕新闻所展开的社会活动与社会现象，研究的主要目的在于发现新闻传播的本质与规律，进而推动新闻与社会的良性互动；传播学的研究对象是传播，具体而言，即是人类社会的传播现象与传播活

① 相关文献有：芮必峰：《传播学 新闻学 新闻传播学》，《安徽大学学报》1988 年第 1 期；王泽华：《新闻学与传播学之比较》，《中国广播电视学刊》1992 年第 2 期；李启：《试论新闻学与传播学的定位》，《新闻与传播研究》1996 年第 1 期；李良荣、李晓林：《新闻学需要转向大众传播学》，《新闻大学》1998 年第 3 期；齐爱军：《新闻学与传播学的学科特质比较分析》，《国际新闻界》2006 年第 7 期；董天策：《探讨新闻学与传播学关系的历史回顾》，《当代传播》2008 年第 1 期。

动，研究的主要目的在于认识人类传播的本质与规律，进而更好地驾驭传播，以取得更好的传播效果。

从研究范围来看，传播学的研究范围大于新闻学，新闻学主要研究新闻媒介、新闻传播活动及新闻产品；传播学则研究所有的传播媒介、传播活动和传播内容。从研究方法来看，早期的新闻学主要采用人文科学的研究方法，而传播学则综合采用了人文科学与社会科学的研究方法，且偏重于社会科学的研究方法。

至于两个学科的结合点，笔者同意芮必峰先生的观点，即新闻学和传播学的结合点在于新闻传播。新闻学研究应立足“新闻”这一本体，重点关注新闻与社会公共生活的关系，以促进新闻与社会的良性互动为内在的价值关怀，可以也应该借鉴包括传播学在内的其他人文社会科学的问题意识与研究方法。因此，在笔者看来，尽管传播学的兴起给新闻学带来了学科合法性的生存危机，但同时更为其发展带来了新的转机。我们大可不必纠缠于传播学是否会取代新闻学的学科身份问题，而是真正从新闻领域的问题出发，心怀社会，抛弃身份焦虑，展开更加自由的研究。

【思考题】

1. 新闻学是什么？
2. 简述新闻学概论的研究对象、研究方法与研究目的。
3. 试论新闻学与传播学的关系。

【延伸阅读】

1. 余家宏、宁树藩等：《新闻文存》，北京：中国新闻出版社 1987 年版。
2. 李良荣：《新闻学概论》（第二版），上海：复旦大学出版社 2007 年版。
3. 杨保军：《新闻理论教程》（第二版），北京：中国人民大学出版社 2012 年版。
4. 董天策：《探讨新闻学与传播学关系的历史回顾》，《当代传播》2008 年第 1 期。

第一章　新闻传播活动的起源

社会是一个动态的结构，人类社会要想有序发展，必须要有信息传播。从生物发展的历史看，信息传播活动是自然界和社会的普遍现象，凡是有物种和生命存在的地方都会有传播。因此，信息传播活动是人类生存的重要前提，没有传播，人类就不可能形成社区，更不可能形成一个结构完善的、有序的社会体系。

第一节　新闻传播活动的概念

新闻传播活动是沟通信息、交流情况的一种社会活动，是人与人之间对新近发生的事实进行相互传达的基本方式。在现代社会，了解和传播新闻这样一种新闻活动是一种普遍的社会现象。在日常生活中，人们通过报纸、杂志、广播、电视以及互联网络等媒介获取新闻；随着新媒体的发展，社交网站、视频网站、微博、微信等自媒体正成为人们相互传递新闻的重要途径。尤其是在全球一体化浪潮席卷而来的今天，任何国家、任何行业每天都需要获取一定的新闻，才能在社会中求得生存，求得发展。

对于国家领导人而言，他们需要时时刻刻了解国内外形势的变化，准确及时地获得可靠、全面且丰富的有关现实变动的情况。不同社会制度下的政治家们，不惜投入难以计数的人力、物力和财力，通过各种手段，以及时、准确地获得可靠的情报。

对于企业领导人而言，他们需要随时随地了解国内外形势的变化，了解本国的以及外国的与本企业有关的法令、政策的变动情况，了解与本企业有关的其他企业的生产动态，了解市场的动向。

对于军事指挥员而言，在平时就得不断地了解敌我双方的兵力、军事装备、部署、士气等的变化情况。当两军对垒、战争爆发以后，他们一天 24 小时都得不断地注视战争的进程，并根据了解到的新情况修改或重新制订作战计划。

对于科学工作者而言，为了在科学研究中取得新的成就，就必须随时关心科学研究的动态。

对于生活在现实社会中的个体，我们的行动都要以了解一定的新情况为前提，大至国内外形势、国家的有关政策，小至每天的天气，市场上的物价变动、商品供应情况。“家事、国事、天下事，事事关心”，这不仅是从事政治活动的需要，也是人们日常生活和从事社会性生产的需要。

20 世纪 80 年代起，不少学者都称“世界已进入信息时代”①。信息时代有其一系列特点，知识经济的崛起是最基本的，信息以及信息产业成为知识经济赖以生存、发展的基础。大众传媒业已成为信息产业不可或缺的部分，它的地位和影响力日益提升。可以说，在信息时代，中国以及世界其他国家和地区比以往任何时候都渴求信息，为沟通信息所进行的新闻活动也比以往任何年代都更加频繁，也更加复杂多样。

第二节　新闻传播活动的产生

人类为什么必须进行了解新闻和传播新闻的活动？人类从事新闻活动的目的何在？关于这一点，学术界存在争议，有许多不同的观点。导致这种状况的原因主要是人类早期的新闻传播活动缺少文献记载，我们只能运用考古学、人类学、哲学等方面的知识进行综合考察。

关于新闻传播活动的起源，存在着唯心主义的解释。一些资产阶级学者认为，新闻活动的根源是人的生理和心理特征。美国的一位新闻学者指出：“人一生下来就有一个传播信息的说话器官和一个接受消息的听觉器官。这两个不仅是生着而已，而且永远在想发挥他们自己的作用。人类同时又被赋予无尽的好奇心，它创造了一种对事物不断的兴趣，关于别人的举动、行为，对于自然所发生的程序和事情，对于不论远近每一个人物的情况，都有无限的兴趣。”“对于事物的好奇心和兴趣，是新闻欲的源泉。”② 法国新闻史学家彼·阿尔贝说：“人类的好奇心理曾经造就了无数讲述历史故事的职业艺人。他们担负着人类交流的重任，往往还负有传播新闻的使命。”③ 日本著名新闻学者小野秀雄指出，新闻起源于动物的“好奇本能和群居本能”④。

以上种种观点，离开了人类共同的社会生活和共同的生产劳动者这一本质特征，离开了人类的物质生产实践，把人类新闻传播活动的起源归之于人类生理和心理乃至自然本能，是不可能科学地揭示出新闻传播活动的真正起因的。事实证明，纯粹从生理或心理上来解释人类某种行为的根本动机是站不住脚的。心理因素对新闻的产生所起的作用，根源在于外部刺激而非人自身，是由于外部刺激才激发了人了解新闻的心理欲望；从生理因素看，具有说话器官和听觉器官的人，如果一生下来就

---

① 1980 年美国学者阿尔温·托夫勒出版的《第三次浪潮》把信息时代称为人类发展的“第三次浪潮”；1982 年，学者约翰·奈斯比特出版的《大趋势》把当今时代正式称为“信息社会”、“信息时代”。

② ［美］卡斯珀·约斯特著，王海译：《新闻学原理》，中国传媒大学出版社 2013 年版，第 3 页。

③ ［法］彼·阿尔贝、弗·泰鲁著，果永毅、许崇山等译：《世界新闻简史》，中国新闻出版社 1985 年版，第 3 页。

④ 余家宏、宁树籓等：《新闻学简明词典》，浙江人民出版社 1984 年版，第 181 页。

离群索居，这种器官也就不可能发挥应有的功能。有个众所周知的例子，印度的狼孩，从小被狼叼去，吃狼奶长大，与狼一起居住洞穴，长大后几乎没有什么思维能力，更谈不上什么“新闻欲”。

唯物主义认为，新闻传播活动产生于人类社会化的生产劳动需要，起源于人的社会交往，是在人的物质生产和社会交往的需要推动下产生和发展起来的。

人类社会最基本的活动是生产劳动，人与动物的根本区别就在于人类能够进行生产劳动。恩格斯指出：“动物仅仅利用外部自然界，单纯地以自己的存在来使自然界改变；而人则通过他所做的改变来使自然界为自己的目的服务，来支配自然界。这便是人同其他动物最后的本质区别，而造成这一区别的还是劳动。”

人类的生产劳动一开始就具有社会性。在原始社会，面对极其低下的生产力水平和恶劣的自然环境，原始人必须群聚而居，结成相互依存的社会关系才能获得起码的生存环境。原始人的采集植物、猎取动物以及争夺物质生活资源而进行的原始部落间的战争等基本生产活动具有鲜明的社会性，是协调一致的集体行动。同时，原始人为了寻找食物、躲避洪水猛兽、对付部落战争而不断地迁徙，为此他们必须随时了解周围环境，关注外界变化。

正是在这种社会性的采集、狩猎、战争、迁徙等生产劳动和生活中，人们需要相互联络、传递情况及沟通信息，以便商量对策，协调一致地采取行动，这就产生了信息传播活动与新闻传播活动。原始人为求生存进行的社会化生产劳动是新闻传播活动产生的最根本，也是最直接的动因。

坚持唯物主义的新闻起源观，为我们进一步揭示新闻传播活动的诸多客观规律奠定了基础。坚持唯物主义的新闻起源观，并不是一概否定人类的“好奇心”、“兴趣”等心理因素对新闻传播的作用，但人类的“好奇心”、“兴趣”等心理因素绝不是与生俱来、凭空产生的，而是基于社会化的物质生产实践，是劳动、社会实践的结果。

第三节　古代的新闻传播活动

一、原始社会的新闻活动

我们往往从人类学家、探险家对十八九世纪尚残存的原始部落的考察中，推想远古原始人新闻活动的蛛丝马迹。例如，南部非洲的土著部落什门人往往集合两三百人的队伍来协同狩猎，协同狩猎完毕以后，队伍就分散成一些小的群体。但分散以后，并未断绝相互的联系。他们经常用火做信号，彼此通报周围的情况，若发现大的猎群或敌情，就迅速地重新集合起来。

普列汉诺夫在《没有地址的信》中也这样描述：在澳大利亚内地，水源奇缺，原始人在水溪周围一带的岩石上画上袋鼠和人的胳膊，告诉经过此地的同伴：附近有水源，有人和动物在此饮过水。巴西的原始人在一条河岸的岩石上画了一条鱼，以此向同伴通报：此河出产什么样的鱼。这都是借助于一定的符号从事新闻活动的例证。①

这些事实说明：人类的新闻活动起源于原始社会，新闻活动随着人类社会的产生而出现。那么原始人为什么要从事新闻活动呢？

人类一产生，就聚群而居，结成简单的生产关系，面对自然界。这并非是遵从上帝的安排，而是因为原始人本身的生存需要。他们凭借最简陋的工具，无法在自然界单个生存下去。采集植物、猎取动物和为争夺生活资源而进行的氏族间、部落间的战争构成了原始人生活的两大部分。原始人的采集、狩猎和战争从一开始就是社会性的，是许多人一起协同的行动。

客观世界是不断变化的，随时发生的自然灾害威胁着原始人的生命。为了寻找食物，躲避自然灾害，原始人群不断地迁徙，随时可能和其他原始人群发生冲突或受到袭击。客观世界的这一系列变动，直接关系到原始人的生存。他们必须随时随地了解外界的变化，并且相互传递情况，以便商量对策，协调一致，采取行动。比如说，当一个原始人发现一头野牛的时候，他就得及时地报告同伴，组织力量来围捕；当其他部落来袭击时，他们得了解对方的情况，商量对付的办法。没有相互传递外界变动情况的新闻活动，就没有协调一致的集体行动；没有协调一致的集体行动，原始人就只能饿死或被其他部落的人杀死。由此可见，在原始社会，新闻活动并不是为了满足某种精神上的需要或出于政治上的考虑，而是为了保证生存。

由此，我们从原始社会的新闻活动中可以得出这样的结论：人类社会性的生产和社会性的生活决定了人类从事新闻活动的需要。

二、奴隶社会的新闻活动

随着生产力的发展，奴隶社会代替了原始社会。与原始社会相比，奴隶社会的社会条件有了很大变化：首先，产生了阶级和阶级斗争，出现了日益庞大的国家统治机器；其次，出现了社会分工，即农业与牧业，农业与手工业、商业，脑力劳动与体力劳动，社会关系比原始社会复杂得多了。这样，人们不但需要了解自然界的变动，还必须了解各种各样的社会关系的变动。这就使奴隶社会的新闻活动比原始社会频繁得多，规模也大得多。

奴隶主阶级的统治集团为了运转国家机器，上下左右就需要互通消息，使各部门协调一致。为了维护统治，他们还得随时注意奴隶的举动，以便镇压他们的反抗。

社会产生分工以后，从事不同产业的人们为了交换产品，就得彼此了解，尤其是在商业活动中，更需要大量的信息。

---

① 李良荣：《新闻学概论》（第三版），复旦大学出版社 2011 年版，第 17 页。

在原始社会，由于产品仅够维持每个人的生命，无力供养大量专门从事新闻活动的人，而且也并无此种需要。到奴隶社会，生产比过去发展了，社会有了剩余产品，于是便有余力来养活一批采集、传递新闻（情报）的专职人员（首先是在军事上，以后用在政治、经济上）。春秋战国时期，由于社会变动频繁，新闻活动活跃一时，各国都雇用一大批人来专门从事刺探对方的政治、军事、经济等情报的活动。谁的消息灵，谁就有克敌制胜的主动权。春秋末期的《孙子兵法》有一章专论“用间”，主张用“因间”、“内间”、“反间”、“死间”和“活间”五种方法来刺探敌情，作为决策依据。

战国时期的魏公子信陵君，门下食客逾千，其中就有不少人从事情报活动，并达到运用自如的境地。《史记·魏公子列传》载：

公子与魏王博，而北境传举烽，言“赵寇至，且入界”。魏王释博，欲召大臣谋。公子止王曰：“赵王田猎耳，非为寇也。”复博如故。王恐，心不在博。居顷，复从北方来传言曰：“赵王猎耳，非为寇也。”魏王大惊，曰：“公子何以知之？”公子曰：“臣之客有能深得赵王阴事者，赵王所为，客辄以报臣，臣以此知之。”

赵王的举动，包括打猎游玩，信陵君的食客都向他报告，使得他可以运筹帷幄。

三、封建社会的新闻活动

到了封建社会，国家的形式更加完备，建立了中央集权制。社会关系进一步复杂化，人们彼此之间的联系更加密切，这就使社会对新闻的需求量比奴隶社会大得多。

第一，为了维护日常的统治，中央政府制定了许多法令、政策；同时要监督各级官吏，了解各地的情况。中国历代王朝修驰道、建驿站，除运兵、运物外，另一个重要目的就是通情况。意大利旅游家马可·波罗在他的游记中这样描写通信工作：

从汗八里城（元朝首都，今北京城——引者注）有通往各省四通八达的道路。每条路上，也就是说每条大路上，按照市镇坐落的位置，每隔40或50公里，都设有驿站……每一个驿站，常备有400匹良马，供大汗信使来往备用……

在各个驿站之间，每隔约5公里的地方，就有小村落，大约有40户人家。这里住着步行信差，也同样替皇帝陛下服役……（每名驿卒只跑约5公里）一站站地依次传递下去，所以，只消两天两夜，皇帝陛下便能接到远方的信息……如果遇某处发生骚乱，或某处首领造反，或者其他重大事件，需要火速传递消息的话，那么，驿卒们一日飞驰320公里，在时甚至是400公里。在这种时刻，他们身上带有一块画有“隼”的牌子，作为紧急和疾驰的标志。①

这实在是规模巨大、完整的通信网。有了这样的通信网，中央对各地发生的情况便可随时作出反应，统治集团的上下左右便能协调行动，把国家机器运转起来。

第二，封建社会的农民，虽然由于政治压迫、经济剥削产生了对地主的人身依附，自给自足的自然经济也把他们束缚在狭小的圈子里，但毕竟有了一定的人身自由—— 一定的自主权。这样就不可避免地和外界发生了联系，需要了解一定的情况来维持正常的生产和生活。例如，对官府衙门（主要是缴捐税、打官司）、市场、存在租佃关系的地主、亲戚朋友等，农民都需要了解情况，这就需要参与一定的新闻活动。此外，社会分工比过去更加明确，尤其是大量城镇的出现，城乡之间、城镇内各行各业之间的联系频繁起来，这就需要有更多的新闻活动。

第三，在封建社会，地主阶级仍然坚持用武力来维护对农民的剥削，但因为农民已有一定的人身自由，仅用武力是不够的，还需要从思想上软化或奴化农民。地主阶级奴化农民，除了利用儒家学说和道教、佛教等对他们实施思想统治外，还把新闻用作宣传工具，来宣扬皇帝、地方官吏和地主的所谓德政、威严。

可见，在封建社会中，无论是统治阶级还是被统治阶级，都必须要接收一定量的新闻才能生存下去。从事新闻活动的主要目的是了解客观世界的变动。而驱使人们不由自主地从事新闻活动的原因是人类相互之间的联系和客观世界的永恒变动。

但是，从奴隶社会到封建社会，随着社会条件的改变，从时间、空间的扩展，到从事新闻活动人数的增加，人类的新闻活动在不断地向前发展。

其一，新闻活动的规模越来越大，过去仅几十人、几百人的一个原始人群，新闻传递不超过几十里；而在奴隶社会，尤其是封建社会，新闻活动可在整个国家范围内进行，一个信息可以传递到几千里外。原始社会没有脱产的专职人员；奴隶社会，尤其是封建社会，却有一大批脱产的专职人员。

其二，新闻的内容多样化、复杂化。原始人的新闻活动集中于了解自然界的变动、部落间的战争，并不频繁；而在奴隶社会，尤其是封建社会，人类的新闻活动除了了解自然界的情况外，还包括政治、经济、军事、文化等情况。

其三，传递新闻的手段多样化。原始社会只有语言和极为简单的符号、信号；奴隶社会开始用手写的文字作媒介，封建社会又有了印刷品。

奴隶社会、封建社会的新闻活动情况告诉我们，社会条件的改变，促使了人类社会交往密切程度的提高，从而使各行各业，各个阶级、阶层，即整个社会对新闻的需求量增加了。正是新闻需求量的增加，迫使人们不得不扩大新闻的活动规模，扩大新闻内容，增加新闻传递的手段。社会对新闻的需求量直接决定了人类社会新

① ［意］马可·波罗著，陈开俊等译：《马可·波罗游记》，福建科学技术出版社1981年版，第18～121页。

闻活动的规模、方式和内容。而社会对新闻的需求量又是由社会生产力水平所决定的。从原始社会到封建社会，我们可以看到，社会生产力水平越高，人类相互之间的关系越密切，社会的变动就越剧烈。社会变动越剧烈，所产生的新闻就越多；人类相互之间的关系越密切，社会对新闻的需求量也越大。

【思考题】

1. 什么是新闻传播活动？
2. 人们为什么要进行新闻传播？
3. 唯物主义新闻起源观与唯心主义新闻起源观的本质区别何在？
4. 在封建社会中，人们进行新闻传播活动的动力因素是什么？
5. 相较于原始社会，奴隶社会和封建社会的新闻活动有了怎样的发展？为什么？

【延伸阅读】

1. 李良荣：《新闻学概论》（第三版），上海：复旦大学出版社 2011 年版。
2. 李彬：《全球新闻传播史》（第二版），北京：清华大学出版社 2009 年版。
3. 姚福申：《古代报纸产生前的新闻传播活动》，《新闻与传播研究》1998 年第 1 期。
4. 周光明：《关于中国古代新闻传播活动的几点看法》，《新闻与传播评论》2007 年第 Z1 期。

第二章 传媒业的产生与发展

人类的新闻传播活动虽然古已有之，但新闻传媒业作为一种有组织并具有一定规模和系统、目标明确的社会传播活动的产物，却是社会生产力高度发展、生产的社会化程度大大提高、民众的生活日趋社会化之后产生的。

自从作为传媒业产生标志的近代报刊出现以来，世界新闻传媒业至今已经走过了400年的发展道路。从最初印刷报纸独步传媒之林，到广播、电视后来居上，形成传媒领域三足鼎立之势，再到互联网一鸣惊人，出现新媒介与传统媒介四分天下的局面，如今手机、播客、微博等新的传播手段又以崭新的姿态跨入新闻传媒的行列，媒介的种类与规模在不断增加和扩大，传播的手段与方式在不断改革和创新，世界传媒业经历了由小到大、由弱到强、不断发展并迅速壮大的过程，成为一种能够服务和影响社会与人类发展的重要信息媒介和强大舆论力量。

第一节 传媒业与古代新闻传播活动的区别

从信息传播的角度看，只要能够帮助传者和受众实现信息交流的中介物都可以被看作是媒介，因此麦克卢汉索性将媒介当作人类文化的一切，而施拉姆则把鼓声、烽火，以至于宣讲人和集市都归入“媒介”，“因为它们都扩大了人类进行交流的能力”①。但是，人们通常把能够进行大规模复制和传递信息的媒介称为大众传播媒介，传媒业也是伴随着报纸、广播、电视等大众传播媒介的产生而出现的。

16至18世纪是封建制度解体、资本主义生产关系发展的时期。资本主义商品经济出现以后，引起了整个社会的改变，几千年来凝固不变的社会秩序一下子被打破了。正是在这一时期，产生了最早的传媒业，报纸的产生以及它的大量生产，正是适应了当时社会对信息的大量需求。② 近代传媒业（报业）正是伴随着资本主义商品经济来到了世上。

首先，社会规模的扩大，使得世界各地的任何变动都和人们的切身利益发生直接或间接的联系。社会化大生产的出现，使人们不仅需要关注本地的情况，还需要关心世界各地的重大事变。社会急剧的变动，各阶级之间斗争的激化，也使得社会

---

① ［美］威尔伯·施拉姆、威廉·波特著，陈亮等译：《传播学概论》，新华出版社1984年版，第121页。

② 《马克思恩格斯全集》（第2卷），人民出版社1972年版，第222页。

每日每时涌现出大量新闻。各种阶级、各派政治力量及各行业，尽管抱着不同的动机，但对世界上的重大事件都表现出共同的关心，人们迫切需要大量的政治、军事、经济、文化等方面的信息。

其次，社会对信息量的需求在激增，需要信息的人在激增。古代社会那种狭小的新闻活动规模已经不能适应时代新的变化，过去像传递情报式的新闻传播活动也已不能满足人们新的要求。于是，社会需要分出一部分人来专门收集、发布新闻，并将其公开出售，以满足人们了解新闻的需要；社会需要创造出一种新的运载新闻的工具，以便让新闻传得更远。事实上，资本主义商品经济不仅使新闻传媒业的产生有了社会必要，而且为传媒业的产生准备了全部物质条件。

再次，大工业的发展，各类学校大量兴办，为报业创造了具有一定文化水平的读者群。

由于企业之间的激烈竞争，资本家们需要雇用大批知识分子来改革生产工具，需要发展科学技术和其他文化事业；而生产工具的不断变革，使得产品越来越复杂、精细，因而需要越来越多的有文化的技术工人，否则，工人连图纸都看不懂，又何谈生产。于是，各种初等、中等和高等学校大量兴办了起来。这就客观上为传媒业的发展奠定了读者基础。

资产阶级还创建了众多大型城市，这就为报刊的新闻采集和发行提供了便利。资本主义的大工业生产要求各企业之间紧密协作，工厂就需要相对集中并靠近交通要道。比如，在英国，曼彻斯特、利物浦、伯明翰、波尔顿等新兴工业城市都是在十七八世纪逐步形成的。城镇的大量兴起，人口剧增，使新闻采访更为容易，报刊发行既集中又方便，保证了销路。随着资本主义的发展，交通、通信的发展特别迅猛。在 17 世纪，欧洲各国的邮路已经连成一片，新闻的传递和报刊的发行随之加速。印刷和纸张等工业的日趋发展，也进一步保证了报刊的物资需要。

最后，资本的原始积累在增加，资本的集中加速，使资本家有可能独资或合资办报。资本家为了推销商品，需要大量地在报纸上刊登广告，为此报纸从广告中便可收获大量利润，使报业成为有利可图的行业。当时无报不登广告，有的报纸几乎全是广告。

根植于这样深厚的社会经济土壤，区别于古代新闻传播活动的传媒业（报业）才得以产生：①有收集和公开向社会发布新闻为职业的专业机构；②采集并公开向社会进行非定向的新闻传播活动；③刊登广告并以赢利为社会目标之一。

第二节　近代报业的产生与发展

十四五世纪，在地中海沿岸的一些城市出现了资本主义生产关系的萌芽。为了满足新兴的资产阶级对商业信息的需求，在意大利的威尼斯首先出现了以传播市场行情、金融信贷、船期等信息的“手抄新闻”，后流行至欧洲各地。“手抄新闻”是近代报纸的雏形。

作为近代报纸诞生标志的定期印刷报纸，出现于17世纪初，是随着资本主义商品经济的发展以及造纸术、印刷术的日趋成熟而产生的。首先出现的是周报，如1609年德国出版的《报道与新闻报》、1622年英国的《每周新闻》等。1660年德国莱比锡出版的《莱比锡新闻》被认为是世界上最早的印刷日报。18世纪初，英国、美国也相继出现了印刷日报。

从17世纪中叶到18世纪，英、美、法等国爆发了资产阶级革命。在此期间，报刊获得空前发展，各种各样具有鲜明政治倾向和革命鼓动性的报刊纷纷涌现，成为反封建、反教会及宣传资产阶级思想的强大武器。英国革命期间最著名的小册子是革命家、诗人、政论家约翰·密尔顿的《论出版自由》。密尔顿在《论出版自由》中首倡的新闻出版自由，成为当时最伟大的口号。小册子中提出的“观点的公开市场”、“自我修正过程”等思想成为后来自由主义新闻理论的基础。

资产阶级革命胜利后，资产阶级取得了政权，但其内部出现分化，矛盾尖锐，争权夺利的政治斗争日趋激烈。各党派和政治力量或自己开办，或津贴其他报刊，让其宣传自己的政治主张，甚至对其他党派进行诽谤、谩骂等，报刊的党派性非常强，这就是西方报业的“政党报纸时期”。英、美、法等国资产阶级革命后，都经历了“政党报纸时期”。这一时期的报刊完全丧失了革命时期的进步倾向，成为各党派和政治力量争权夺利、尔虞我诈、相互攻讦的工具。报纸受政党资助和津贴，经济上不独立，内容大多为政论文章，仅有少量政治新闻，读者面狭窄，不是面向大众，而是面向官僚政客。因此，这一时期被西方新闻学者称为“政党报纸的黑暗时期”。政党报纸占主体的局面直到大众化报纸兴起才告终结。

大众化报纸，也称廉价报纸、“便士报”，兴起于19世纪三四十年代，是工业革命的产物。18世纪后期到19世纪中期，英、法、美等国相继实现了工业革命。工业革命极大地推动了社会生产力的发展，也为报刊发展创造了前所未有的物质条件。工业革命带来的印刷、造纸、通信、交通等领域的巨大变革为报刊的大众化奠定了坚实的物质基础。从19世纪三四十年代起，美国、英国、法国等先后进入了“大众化报纸时期”。

廉价报纸是现代资产阶级报纸的雏形和先驱。廉价报纸可以说是对资产阶级革命胜利后占西方报业主流的政党报纸的一种反攻。与政党报纸相比，廉价报纸具有鲜明的特色，主要表现在以下几个方面：①标榜报纸在政治上的独立性，声称不受任何政党和政治力量的束缚，强调自己是“独立舆论”，是“超党派的独立报纸”。这与政党报纸由政党和政治力量直接开办或接受其津贴，具有极强的政治倾向性截然不同。②面向大众，以市民为读者对象。这与政党报纸以官僚政客为读者群有很大区别。③在报纸业务上，重视新闻报道，特别注意报道具有人情味的社会新闻和煽情新闻，以吸引读者，扩大发行量，与政党报纸大量刊登政论和少量政治新闻形成鲜明对照，“观点纸”成为“新闻纸”。④报纸经营方面，大量刊登广告，广告成为报纸的生存基础；报纸价格低廉，一美分一份，这与政党报纸靠政党资助和津贴维持，且售价昂贵迥然有别。

廉价报纸的这些特点与当今西方商业报纸无甚区别。到19世纪末、20世纪初，廉价报纸完全取代政党报纸而成为西方资产阶级报纸的主流。

无产阶级报刊从19世纪初开始出现。工业革命推动了资本主义经济的迅猛发展，也使整个社会分裂为资产阶级和无产阶级两大对立阶级。无产阶级报刊是随着无产阶级由“自在的阶级”转变为“自为的阶级”这一过程而产生和发展起来的。在19世纪三四十年代法、英、德先后爆发的规模空前的工人运动中，产生了著名的《北极星报》等无产阶级报刊。在1848年欧洲大革命中，马克思和恩格斯创办了世界上第一张马克思主义报纸《新莱茵报》。1900年列宁创办了《火星报》。十月革命后，社会主义新闻事业诞生，无产阶级报刊发展进入了历史的新阶段。

19世纪末，世界主要资本主义国家进入垄断资本主义时期，资产阶级报刊也随之开始了自己的兼并、集中和垄断的过程。报刊垄断的标志是报团的出现。所谓报团，据西方资产阶级新闻学者的观点，是指一家报业公司在两个以上城市，拥有两种以上日报。美国在19世纪末出现报团，最早的是斯克列浦斯报团和赫斯特报团。英国最早的报团是北岩报团，形成于19世纪末、20世纪初。法国的报团出现较晚，在第一次世界大战后才问世。

报团是资本主义经济垄断的必然产物，随着资本垄断的进一步加剧，报团不断发展，其经营范围也从报刊渗透到通讯社、广播电台、电视台等各种新闻媒介。第二次世界大战以后，“连锁董事”（报业公司与企业、银行之间联合）、“联合企业”（工商业兼营报刊、广播电视）以及“跨国公司”（新闻媒介的跨国经营）等均有很大发展。

第三节　广播电视业的兴起与发展

一、广播

广播（Broadcast）是通过无线电波或导线向广大地区传送声音和图像符号的传播媒介。按传输方式，可以分为无线广播和有线广播两大类。广播是建立在电子技术基础上的一种现代化的新闻传播媒介，它的产生，标志着新闻传播进入电子时代。

从历史上看，有线广播先于无线广播问世。据资料记载，1893年，匈牙利人西奥多·普斯卡曾把布达佩斯市的700多条电话线连接起来，进行新闻广播，这被称为“电话报纸”，是历史上最早的有线广播。

无线广播以无线电技术为基础，无线广播产生之前，已有过一段时间的无线电通信活动。1901年，马可尼将字母“S”传过大西洋，从欧洲一直传到美洲，从而证明了运用无线电进行长距离传递信息的可能性。在英国政府的帮助下，马可尼很快将这一新发明推广到欧洲各国，他因此名噪天下，于 1909 年获诺贝尔物理学奖。

在无线电技术广泛运用于通信联络的同时，欧美科学家们又开始了利用无线电传送语言和音乐的试验。1906 年，在美国任物理学教授的加拿大人费森登在圣诞之夜从实验室用无线电波进行了首次广播。一般认为这是广播的第一次成功发射，标志着人类利用无线电直接传送语言和音乐的开端。1916 年 11 月，德弗雷斯特在纽约的实验电台，用《纽约美国人报》提供的简讯，广播了威尔逊和休斯在总统竞选中的得票数字。这被称为美国的第一次新闻广播。

1920 年 10 月 27 日，美国威斯汀豪斯电气公司的 8XK 广播电台获得了美国商务部颁发的营业执照，并获准以 KDKA 呼号播出。11 月 2 日，KDKA 广播电台在匹兹堡正式播音。这是美国第一座商业广播电台，也是世界上第一座广播电台。

苏联也是实验和应用无线电广播较早的国家。十月革命期间，无线电通信技术曾发挥过重要作用。1922 年 9 月，按照列宁的指示建成的莫斯科中央无线电广播电台开始播音。9 月 17 日，这座广播电台第一次成功地举行了大型广播音乐会。该台发射功率 12 千瓦，是当时世界上功率最大的广播电台。11 月 7 日，中央无线电广播电台被命名为“共产国际广播电台”。

继美、苏之后，英、法、德等欧洲工业发达国家陆续在 20 年代初开办广播。到 20 年代末，欧美和亚洲、非洲、拉丁美洲的一些独立国家和殖民地、附属国，总共 50 多个国家和地区开办了广播电台。

在无线广播问世的同时，大规模的有线广播也开始出现。苏联是有线广播最发达的国家之一。到 1930 年，有线广播站总数达到 1 880 座，1940 年增加到 11 178 座。苏联的有线广播在第二次世界大战期间发挥了很大作用。第二次世界大战后，社会主义国家普遍发展了有线广播网。有线广播在这些国家具有广泛的社会影响。此外，德国、瑞典、瑞士、意大利、日本等国也有了有线广播网。

20 世纪 30 年代初，美国人阿姆斯特朗发明了一种新的无线电广播方式，即调频广播。广播方式从此由单一的调幅方式变成了调幅和调频方式并举。调频广播抗干扰能力强，音质纯净，特别适于音乐广播。到 80 年代，调频广播已成为世界各国普遍采用的方式。亚洲、欧洲的多数国家和非洲部分国家的主要广播节目，都用调幅、调频两种方式播出。美国的公共广播电台全部采用调频广播，商业广播电台中，采用调频广播方式的占 46%。

20 世纪 70 年代以来，电视逐步普及，给广播造成了很大冲击，但广播仍在继续发展，广播电台和收音机的数量仍然持续增长。例如，美国电视普及最早，70 年代初每百人拥有电视机 52 台，80 年代初增至每百人 74 台。而同期收音机的拥有率也从每百人 131 台增至 204 台。欧洲发达国家，在电视普及的过程中收音机的数量也同步增长。全世界收音机总量增长更为明显，60 年代中期约为 5 亿台，到 80 年代中期增至 16 亿台，90 年代前期达到 20 亿台，平均每 2. 4 人一台。在与电视的竞争过程中，广播扬长避短，开始了自身的改革。广播节目日趋专门化，广播电台日趋小型化、专业化。大型的、综合性的广播电台逐渐减少，以专门性节目（新闻、音乐、交通、文艺、教育及旅游）、特定的受众群为对象（老年人、中年人、青年人和儿童）的专业性广播电台迅速增加。同时，大型、综合、覆盖面广的广播电台也调整了节目编排，突出各套节目的个性，供听众选择，也供地区性和社区性的小型广播电台选择转播。总之，广播电台、广播节目以及听众对象的划分日趋精细，广播从“广播”转向“窄播”。

到 1995 年底，世界上所有国家都建立了广播电台，一些国家开始了数字广播。在发达国家，广播收听率逐年上升，已摆脱了电视冲击带来的影响。

1923 年初，美国记者奥斯汀利用华商资本在上海外滩开设“中国无线电公司”，呼号为 ECO，1 月 24 日正式播音，播送音乐和新闻，被认为是中国第一家广播电台。1928 年 8 月 1 日，国民党政府在南京开办的“中央广播电台”开始播音。1940 年 12 月 30 日，延安的新华广播电台开始播音，呼号为 XNCR，发射功率约 300 瓦，这是中国共产党创办的第一个广播电台。1940 年 12 月 30 日成为中国人民广播事业创建纪念日。

二、电视

电视是运用电子技术手段传输图像和声音（伴音）的现代化大众传播媒介，是继广播之后出现的又一电子媒介，被誉为 20 世纪人类最伟大的发明之一。电视的产生，极大地拓展了人类视听信息传播的广度和深度。电视以其视听兼备的独特传播优势，在当今各种传播媒介中占据着极其重要的地位。

1. 电视的产生

电视是电子技术高度发展的产物，它的发明同样经历了几代科学家的不懈努力。就技术而言，电视的产生必须具备两个基本因素：一是光电转换技术；二是图像扫描技术。

1873 年，英国科学家约瑟夫·梅发现了硒的光电子转换特性，即流经硒的电流会随着光照强弱的变化而变化，从而在理论上预示了把光变成电以及把光信号转换为电信号进行处理和发射的可能性。光电转换的发现为电视的产生奠定了基础。

1884 年，德国科学家尼普可夫发明了一种利用电讯号传播图像的机械扫描盘，并获得了专利。尼普可夫在一个金属圆盘上打了螺旋线状的小孔，当圆盘在光电管之间旋转时，影像便被分解成许多像素，逐个出现，通过视觉暂留作用，这个快速扫描的过程便可融合为一个个完整、活动的图像。这种机械扫描盘传送的图像质量差、不稳定、清晰度不高，但即使在今天的电视扫描技术中，仍可找到尼普可夫扫描盘原理的痕迹。

20 世纪 20 年代各国科学家从各个方面对电视进行攻关突破，其中，英国人约翰·洛吉·贝尔德对电视的发展作出了特殊的贡献，为此他被称为“电视之父”。1925 年 10 月 2 日，贝尔德利用尼普可夫发明的机械扫描盘，成功地制造出了电视机的雏形，并且做了实验：把一个店堂服务员的脸部在电视机上清晰地显示了出来。1926 年 1 月 27 日，贝尔德在伦敦第一次进行了电视公开表演，第二天，《泰晤士报》报道了这一新闻。此后，贝尔德成立了"贝尔德电视发展公司"，不断推出电视表演，引起轰动，美国《纽约时报》对此曾作过报道。1930 年，贝尔德开始播出有声电视，第一个声图并茂的节目是舞台剧《花言巧语的人》，这是意大利作家皮兰德罗的作品。但是，当时扫描只有 30 行，图像清晰度不高。1931 年 6 月，贝尔德利用电视转播了伦敦附近普孛姆村一年一度的赛马实况。9 月，他应纽约的 WMM 和 WDJF 两家电台的邀请前往美国，帮助它们建立电视广播。10 月 18 日晚，他第一次应邀在广播电台对美国听众作广播讲话。

1936 年 11 月 2 日，英国广播公司在伦敦亚历山大宫建立了世界上第一个公共电视发射台，定期播出电视节目。此后，许多国家相继开展电视的试验播出。但第二次世界大战的爆发，使电视的研究、发展暂时中断。

2. 电视的发展

战争结束后，电视发展速度迅猛。苏联、法国、英国、德国、日本等战前开办电视的国家相继恢复了电视广播，与此同时，许多国家也纷纷开办电视。其中，彩色电视的崛起震动了世界。

彩色电视的研制工作早在黑白电视实验成功之前就已开始。1920 年，奥地利物理学家芬·伯兰克最早提出了彩色电视的传送和接收原理，并获得了专利。贝尔德在研制黑白电视的同时，也进行过彩色电视的试验。1929 年，美国贝尔实验室的工程师艾维斯成功地再现了彩色电视画面。法国、德国、苏联等国家也开展了彩色电视的研制工作。但由于各种条件的限制，彩色电视技术进展缓慢。直至 1940 年，世界上第一部彩色电视机才由美籍匈牙利科学家彼得·戈得马研制成功。

对彩色电视的发明作出突出贡献的是美国的两家公司，即美国无线电视公司（RCA）和哥伦比亚广播公司。这两家公司曾围绕彩色电视制式展开过激烈的竞争。1950 年，美国联邦通信委员会批准将哥伦比亚广播公司研制的彩色电视制式作为美国彩色电视技术标准。但是，哥伦比亚广播公司的制式不能与黑白电视"兼容"，竞争者便抓住他们这一致命弱点对其进行攻击，一时责难纷起。1953 年 11 月 17 日，美国联邦通信委员会不得不撤销批准令，以美国无线电视公司研制的 NTSC 制为美国彩色电视的制式标准。1954 年，美国无线电公司所属的全国广播公司（NBC）采用 NTSC 制首次正式播出彩色电视节目。因此，美国成为世界上第一个开办彩色电视节目的国家。NTSC 制，即正交平衡调幅制，是目前世界三大彩色电视制式中最早研制成功的制式。除美国外，采用这一制式的还有加拿大、日本、菲律宾、中国台湾等国家和地区。

1958 年，法国现代电子公司总经理亨利·戴弗朗斯耗费巨资，在 NTSC 制的基础上加以改进，发明了"塞康"（SECAM）制，即顺序传送彩色与存储制。除法国外，采用 SECAM 制的还有苏联及东欧各国。

1963年，联邦德国汉诺威工科大学教授、德律风根公司研究部主任瓦尔特·布鲁赫吸收NTSC制和SECAM制的优点，发明了“帕尔”（PAL）制，即逐行倒相正交平衡调幅制。除德国外，采用PAL制的还有英国、意大利、中国、西班牙、瑞典、瑞士、泰国、新加坡、澳大利亚、新西兰、中国香港等国家和地区。

三大彩色电视制式均可兼容彩色和黑白，并各有优劣。为便于转播和交换节目，各国曾多次讨论世界统一制式的问题，但未能达成协议。三大制式相互竞争的结果，即形成目前世界三大彩色电视制式“三足鼎立”的格局。

继20世纪50年代美国率先播出彩色电视节目之后，60年代陆续开办彩色电视节目的国家有日本、加拿大、英国、法国、苏联、德国等。到七八十年代，世界上大多数国家已开办彩色电视节目。

在一些国家纷纷开办彩色电视节目的同时，通信卫星也开始运用于电视信号的传播。通信卫星的出现，极大地促进了全球电视事业的发展，也改变了国内电视覆盖的基本方式，是电视传播方式的一场革命。

电视广播采用的是超短波频段，频率很高，波长很短（在米波以下）。它只能在视距范围内传播，即像光线一样直线传播。因此，电视发射台直接覆盖范围极其有限。为了扩大覆盖面，需要建设大量的发射台和差转台，而且需要铺设同轴电缆或建设微波传输网络把发射台和差转台联结起来。这种传输方式需花费大量人力、物力和财力，并且工作条件艰苦。而运用通信卫星进行电视信号传输服务范围大，传送环节少，受地形影响小，信号稳定可靠。通信卫星系统由若干个通信卫星和大量的地面站组成。大多数通信卫星处于地球上空36 000公里的环形轨道上。通信卫星环绕地球的时间与地球自转时间相同，所以叫同步卫星，由于与地球处于相对静止状态，所以也叫静止卫星。一颗通信卫星可覆盖地球42%的面积，因此，如果位置得当，三颗通信卫星便可覆盖整个地球。通信卫星上设有转发器，具有接收、放大、传送等功能。它接收从地面发来的信号，经过放大、变频处理，再进行功率放大后经反馈系统向地面输送。因此，通信卫星相当于一个悬在空中的“中继转播站”，它接收地面上行站的信号经处理后传送给地面接收站，从而实现远距离的信号传输。采用先进的数字压缩技术后，一个卫星通道可同时传送4路电视节目或16路立体声广播节目。

世界上第一颗通信卫星，是美国太空总署于1962年7月10日发射的“电星1号”（Telstar 1）。美国也是世界上最早把通信卫星用于电视节目信号传输的国家。1962年7月23日，“电星1号”将美国发射的电视节目传送到欧洲，又将欧洲发射的电视节目传送到美国，有15个国家的47个电视台参加了这次传输，从而开创了通信卫星传播电视的新纪元。继美国之后，世界各发达国家纷纷开办卫星电视广播。1965年4月，苏联发射了“闪电1号”卫星，承担苏联全境以及苏联和东欧国家之间的电视转播。1974年以后，加拿大、日本、意大利、英国、联邦德国、印度尼西亚等国先后发射了本国的通信卫星。

许多记载世界重大事件的电视报道开始由通信卫星迅速传遍全球。1963 年 11 月 22 日美国总统肯尼迪被刺的电视新闻，经“转播 1 号”（Relay 1）通信卫星传送到欧洲和日本；1964 年 8 月的东京奥运会，经“同步 3 号”（Syncom 3）通信卫星传送到美国、加拿大、墨西哥以及欧洲各国；1967 年 7 月 20 日，美国东部时间下午 4 时 17 分，美国的“阿波罗 11 号”宇宙飞船登月成功，10 时 56 分，宇航员尼尔·阿姆斯特朗成为登上月球的第一人。几个小时的电视直播经过通信卫星传送到了观众面前，全世界大约有 47 个国家和地区的 7.23 亿观众目睹了这一旷世奇观。

进入 20 世纪 80 年代，卫星技术从传送电视节目信号发展到直接播出。按照国际广播卫星会议确定的技术标准，用 90 厘米以内的抛物面天线能够接收到信号的，称为“直播卫星”（英文缩写为 DBS）。直播卫星播出的电视节目信号不用地面站中转而可直接到达用户家庭。它的出现，是电视传播领域又一次具有根本意义的变革。随着卫星电视和有线电视的发展，世界电视传播开始进入星网结合覆盖的新时代。星网结合覆盖，即由直播卫星或通信卫星远距离传送电视信号，再经有线电视网将电视信号分配给用户家庭。星网结合覆盖方式综合了卫星电视和有线电视二者的优势，既实现了电视节目的远距离传输，又提高了电视信号的抗干扰能力和节目质量，增加了节目容量和节目套数，而且可以构成双向传输系统，与文字传真、计算机网、数据信息库相连，形成多媒体信息传输系统。它体现了电视信息传播方式的基本走向，八九十年代以来，该方式逐渐为世界各国普遍采用。

80 年代以来，高清晰度电视开始进入实用阶段。在高清晰度电视的研究和应用方面，日本处于明显的领先地位。美国以及欧洲各国也不甘其后，投入巨额资金，决心与日本一争高低。

总之，电视是现代电子技术的产物，它集中体现了现代电子高科技的成果。电子科技的日新月异，必将给电视传播方式带来一系列的根本性变化，从而推动电视事业的迅猛发展。

报纸、广播和电视的诞生虽然经历数代人坚韧不拔的努力方得以实现，但其亦无神秘之处。它们随着生产力，尤其是科学技术的发展而发展。生产力能提供什么样的物质手段，人类就根据新闻所具有的特点来运用这些手段。从报纸到广播再到电视，从印刷文字到声音再到声画合一，传媒朝着更迅速、更广泛和更逼真的方向发展着。更快、更广、更真，这是新闻的品格，也是传媒发展的最基本要求。

第四节　网络与新媒体的崛起

一、互联网

互联网的英文表达是 Internet，在中国一般翻译为“互联网”或“因特网”。所谓网络媒介，就是指借助国际互联网这个信息传播平台，以电脑、电视机以及移动电话等为终端，以文字、声音、图像等形式来传播新闻信息的一种数字化、多媒体的传播媒介。

1. 互联网的产生与发展

1969 年，美国国防部国防高级研究计划署资助建立了一个名为 ARPANET（即“阿帕网”）的网络。阿帕网成为互联网的雏形。

互联网的成熟是 TCP/IP 协议的开发和使用的结果。TCP/IP 是一种通信协议，TCP 和 IP 的中文意思分别是传输控制协议和网际协议。这两个协议定义了一种在电脑网络间传送报文的方法。1972 年，全世界电脑业和通信业的专家学者在美国华盛顿举行了第一届国际计算机通信会议，就在不同的计算机网络之间进行通信达成协议。同年 9 月，在英国伯明翰召开的会议上提出了 Internet 的基本概念。

1986 年，美国国家科学基金会（NSF）建立了自己基于 TCP/IP 协议的计算机网络 NSFNET。NSFNET 对互联网的最大贡献是使互联网向全社会开放。1990 年，随着 ARPANET 停止运营，NSFNET 彻底取代了 ARPANET 而成为互联网的主干网。

1986 年，北京市计算机应用技术研究所实施的国际联网项目——中国学术网（Chinese Academic Network，简称 CANET）启动，其合作伙伴是德国卡尔斯鲁厄大学（University of Karlsruhe）。1987 年 9 月，CANET 在北京市计算机应用技术研究所正式建成中国第一个国际互联网电子邮件节点，并于 9 月 14 日发出了中国第一封电子邮件：“Across the Great Wall we can reach every corner in the world.”（越过长城，走向世界）揭开了中国人使用互联网的序幕。

1997 年 6 月 3 日，中国国务院委托中国科学院在中国科学院计算机网络信息中心组建了中国互联网络信息中心（CNNIC），行使国家互联网络信息中心的职责，提供互联网络地址、域名、网络资源目录管理和有关的信息服务。从 1997 年 11 月至 2013 年 1 月，受国家主管部门的委托，中国互联网络信息中心（CNNIC）先后发布了 31 次《中国互联网发展状况统计报告》。截至 2012 年 12 月底，我国网民规模达 5.64 亿人，互联网普及率为 42.1%。

2. 网络新闻的发展及其传播特点

网络新闻的发展可以分为三个阶段。

第一个阶段是拷贝复制阶段，主要是将传统媒体上的新闻复制到互联网上，只是简单翻版，很少顾及互联网本身的特性。这个阶段，“电子报纸”成为此阶段网络新闻的主要形式。1987 年，美国《圣何塞信使报》开创网络报刊的先河。进入 20 世纪 90 年代，世界上的权威报刊像美国的《纽约时报》、《新闻周刊》，英国的《每日电讯报》、《卫报》都争先创办了网络版。到 1995 年底，20 多个国家的几百种报纸都在互联网上在线出版。

我国的“电子报纸”最早是在 1995 年出现的《神州学人》网络版。之后，以《人民日报》为首的各大报刊纷纷上网。至今，我国内地绝大多数公开发行的报刊都已上网。

第二阶段是加工整合阶段，主要是对传统媒体上的新闻进行加工，或扩展报道内容，或增添新闻背景，并对特殊话题进行专题报道，在综合性和深度上下工夫。从 1996 年开始，世界上优秀的新闻网站进入这一阶段。

从新浪、搜狐和网易三大中国门户网站来看，它们在十多年的发展历程中形成了各自的媒体特色。例如，新浪依靠强势的网络编辑团队使其新闻板块形成了一定的品牌效应，“看新闻上新浪”成为很多网民的共识；搜狐走的是另外一条路线，偏于娱乐和体育，富有个性，得到大量年轻网友的青睐，从“上搜狐知天下”这一搜狐的口号可以看出，搜狐首要注重的还是自身的资讯功能；对网易来说，资讯也是相当重要的，“有态度的新闻”，凸显自己的价值观，从而加强自己的竞争力。

第三个阶段是独家原创阶段，主要是专业网站派出自己的记者独立采编新闻，充分发挥网络的传播优势。

二、其他新兴媒体

网络平台催生出一系列新兴媒体，它们给传统新闻报道的模式注入了新鲜血液。以下介绍几种常见的新兴媒体。

1. 博客

“博客”（Blog）一词来源于“Web blog”的缩写，意为“网络日志”；博客写手通常被称为“Blogger”或“Blog Writer”。作为一种新兴的媒体，博客的准入门槛较低，任何人都可以在自己的博客页面上发布信息、发表评论。

博客的特点决定了它在新闻发布上的独特影响力。1998 年，一个名叫德拉奇的美国人在自己的博客上发布了一条被《新闻周刊》“枪毙”的消息，成为最早披露时任总统克林顿与莱温斯基绯闻的人。这是博客第一次进入人们的新闻视野。随后，美国新闻界对博客的兴趣渐浓。2004 年，部分博客记者被正式邀请参与报道美国总统大选，这标志着原本只在互联网角落里偶尔爆料的博客，开始“进军”美国的新闻领地。

放眼全球，博客在世界范围内的影响也在逐渐凸显。在 2003 年伊拉克战争中，由于美国主流媒体追随政府立场，一部分受众倾向于在伊拉克平民、自由撰稿人的博客中获取最新战事信息。2005 年伦敦地铁爆炸、印度尼西亚海啸，第一时间作出报道的也并非专业媒体，而是民间博客。对于一些突发性事件，人们越来越多地发现，在专业媒体第一条报道正式发布之前，相关的图片、文字甚至视频已经出现在民间第一手的新闻博客中。

我国于2002 年引入“博客”概念。截至 2012 年 12 月底，我国博客和个人空间用户数量为 3. 72 亿，网民中博客和个人空间用户占比为 66. 1%，较 2011 年底上升了四个百分点。以微博、空间和博客为核心的社交类应用成为增长最为迅速的互联网应用。[①] 在新闻领域里，博客迅速抢占了一席之地。2006 年“两会”期间，网上首开“两会博客”，不少代表委员在自己的博客里撰写文章，或是分享与会心得，或是讨论议案内容，与网民积极互动。2008 年“5·12”汶川大地震、2013 年“4·20”雅安地震，大量一线新闻工作者和赴川志愿者及时更新博客，向外界传递灾区情况，成为主流媒体报道的有力补充。尽管囿于较低的准入门槛和不尽完善的管理制度，博客也存在着假新闻、版权问题等弊病，但必须承认的是，博客以其绕过权威壁垒、揭示内幕的特殊力量以及突发事件传播时效上的竞争力，成为当下一种不可忽视的信息传播方式、一种新的舆论推动手段，成为专业媒体重要的信息来源之一。

2. 播客

播客译自“Podcast”，是来源于苹果电脑的“iPod”与“广播”（broadcast）的合成词。和博客一样，它也是个人通过互联网发布信息的方式。博客与播客的主要区别在于，前者以传播文字和图片信息为主，而后者则主要传播音频和视频信息。

世界上第一个播客网站是由 iPod 的发明者亚当·科利于 2004 年 8 月 13 日开通的。播客在我国的起步始于 2005 年土豆网的建立。在此后短短的时间内，互联网上涌现出一批专业播客站点，一些门户网站也纷纷推出播客服务，播客发展之迅速不容小觑。

目前可以在播客上看到的内容五花八门，除新闻节目外，娱乐八卦、音乐短片、电视连续剧、游戏动漫……原创或改编的音频、视频应有尽有。播客中不乏优秀的民间广播节目，但是也存在着内容鱼龙混杂、可信度不高等问题。就其发展前景来看，播客不应只是“恶搞”、“偷拍”的集散地，它在新闻领域的功能和影响尚存在品质提升的潜力与空间。

博客与播客，与 RSS（聚合内容）、WIKI（译为“维客”，一种超文本系统，多人协作的写作工具）等一样，都是 Web2.0 时代新兴媒体形式的代表。它们的出现打破了传统新闻“点对面”的传播模式，代之以“面对面”的方式，开创了“所有人向所有人传播”的新形态，使“信息的接收者从被动接收信息到主动创作信息，从单一获取信息到全面利用信息，从信息索取到孤立个体变为信息交流的聚合群体”[②]，让普通个体拥有了属于自己的话语权。

3. 手机

随着数字技术的发展，手机这个最初用于移动通话的通信工具，具有了一些特殊的功能。人们可以在手机上玩游戏、听音乐及看电影。同时它的信息载体功能也日益增强，当手机开始提供收发信息、WAP 上网功能之后，特别是手机开始接收、存储和转发专业组织发送的新闻时，它便具备了大众传播媒介的特质。

---

① 《第 30 次中国互联网发展状统计报告》，中国互联网信息中心，http：// cnnic. com。

② 高钢：《媒体融合：追求信息传播理想境界的过程》，《国际新闻界》2007 年第 3 期。

据 CNNIC 的统计数据显示，截至 2012 年 12 月，中国网民实现互联网接入的方式呈现出全新格局，在 2012 年上半年，通过手机接入互联网的网民数量达到 3. 88 亿，手机成为我国网民的第一大上网终端，并且这些数字仍在上升之中。依托如此庞大的用户群体，加上本身小巧、快捷又便携的优点，手机媒体迅速崛起。现在，它已成长为拥有手机短信、手机小说、手机报纸、手机网站、手机电视、手机电影等多种门类的大家庭。

手机参与新闻报道，不仅丰富了传统的报道手段，而且创造了全新的新闻报道形式，开辟了新的舆论阵地。手机新闻传播的特点可以归纳为：

其一，时效性强。手机新闻不受编辑周期的限制，新闻形式多为滚动式新闻，即跟踪新闻事件的发生、发展，实时滚动播出。手机新闻更能体现新闻的时效性。

其二，新闻文体丰富。手机新闻文本结构丰富，用户可以通过彩信手机报、手机网络视频、手机微博等，浏览新闻。手机新闻文体结构是多媒体多维结构，既有传统报纸的文字、图片，还包含声音、动画、视频等。由于网络的超链接技术，手机新闻的文体结构还具有多层次性，例如标题新闻、导语新闻、详细新闻、相关新闻等，既可以向外延伸、平面展开，也可以向内深化、纵深搜索。

其三，阅读方便。手机新闻省去了报纸的印刷环节，而且与电视、电脑相比，它不受地点的限制。用户根据个人的具体情况，可以选择阅读新闻标题、新闻导语，也可以阅读详细新闻及深度报道，还可以超链接阅读相关新闻和新闻背景等。特别是当遇到突发事件时，手机可以像网站一样实现新闻的动态传播。

其四，互动及时。手机新闻的用户不仅可以随时随地获取新闻讯息，而且可以通过对新闻内容进行实时的留言、评论，以及互动传播。此外，通过定制新闻的方式，手机用户可以实现对新闻内容的个性化选择。手机新闻记者可以通过互动写作与读者保持交流，成为新闻“导航员”，发挥舆论引导的作用。

手机最初只是作为移动电话，但随着技术的进步，尤其是在电信网和广播电视网、互联网向宽带通信网、数字电视网、下一代互联网演进过程中，手机已成为信息终端以及与社会互动的个人通信平台。在信息社会与体验经济的笼罩下，结合互联网的手机以其移动和便携的特性给予个人全新的信息交互与体验，成为未来个人无限移动网络传播的先行者，预示着新传播技术革命的到来和未来媒介传播发展的趋势。

【思考题】

1. 传媒业与古代新闻传播活动的区别是什么？
2. 近代报业的产生发展经历了哪些阶段？
3. 广播的产生发展经历了怎样的历程？
4. 电视的产生发展经历了怎样的历程？
5. 网络新闻区别于传统媒体的传播优势有哪些？

6. 手机新闻传播的特点是什么？

【延伸阅读】

1. 李彬：《中国新闻社会史》，北京：清华大学出版社 2008 年版。

2. 袁军：《新闻媒介通论》，北京：北京广播学院出版社 2000 年版。

3. ［美］阿尔文·托夫勒著，黄明坚译：《第三次浪潮》，广州：中信出版社 2006 年版。

4. 邱林川、陈韬文编：《新媒体事件研究》，北京：中国人民大学出版社 2011 年版。

第三章　当代世界传媒业

随着信息时代的来临，传媒业成为当今世界发展最快、变化最大的一个行业。近20年来，各国有关新闻媒体的新法规、新政策纷纷出台，引发新闻媒体从体制到运作模式的巨大变革；新技术的广泛应用，变革着整个人类传播的过程和结构。此间，新闻媒体的体制和运作方式，又因其所处的政治体制、经济体制、社会结构和文化传统的不同，不同国家呈现出不同的特点。

第一节　当代世界传媒业概况

从20世纪80年代初开始，世界传媒业发生了深刻的变革。变革包括整个新闻媒体的体制、运作模式和操作方式。特别是进入90年代后，各国媒体变化之快、变动之大，令人目不暇接。

一、世界媒体的新秩序

欧洲和美国的广播电视在体制上不同，欧洲以公营为主，美国以私营为主，但在20世纪80年代以前，政府对广播电视执行了基本一致的政策取向：强调广播电视的公益性，防止其过度的商业倾向。这一政策从广播电台正式播出开始，持续了半个世纪。到20世纪80年代初，西方各国政府陆续改变政策，从过去的“严格管制”变为“放松管制”（Deregulation）。

放松管制在西欧各国最集中的体现是：在保持公共广播电视网的前提下，允许私营电台、电视台的创办、发展，从而在20世纪80年代西欧各国掀起了广播电视的私有化浪潮。这股私有化浪潮最初由意大利领起：1976年，意大利宪法法院判决承认地方一批小型私营电台具有合法地位，从而在意大利全国掀起了创办电台、电视台的狂潮。很快，这股狂潮波及西欧各国，到80年代末，西欧各国的私营电台、电视台都具有了合法地位。到90年代中期，西欧各国的私营广播电视网已强大到可以和公共广播电视网平起平坐、平分天下，形成了西欧公私并举的双轨制广播体制。

美国的放松管制同样从20世纪80年代开始，FCC（美国联邦通信委员会）原有的对广播电视节目的大部分规定在80年代先后取消。例如，取消对电台、电视台广告时间的限制（1981年），取消必须播时事节目的规定（1984年），废除“公正原则”（1987年）。而对广播电视最具影响力的是《1996年电信法》，该法于1996年2月由美国参众两院通过，2月8日由克林顿总统签署生效。这部新的电信法的基本点是大大放宽了对广播电视的限制。比如，新法废除了一家公司最多只能拥有12家电视台的规定；把一家电视公司对全国的观众覆盖率的上限由原来的25%提高到35%；撤销在同一地区不能同时拥有无线电视和有线电视系统的规定等。

然而，最具冲击力的却是新法撤除电信和电台、电视台之间的障碍，新法准许电话公司经营有线电视，有线电视可以提供电话服务。此法一出，美国的电信网、广播网立即闻风而动，掀起一股兼并、联合和重组的集中化浪潮，广播电视的旧格局被彻底打破。

随着信息化浪潮席卷全球，各种各样的信息进入世界经济的中心，媒体政策事务已被国际货币基金组织和WTO纳入其职权范围。这使媒体不但蕴藏着巨大商机，也有着巨大的政治利益。西欧广播电视变革的原动力就来自工商界日益加大的压力，这一压力最终迫使政府改变政策。在美国，《1996年电信法》的实施，就是要给电信业、广播业松绑，让它们放开手脚发展，做大做强，抢占全球媒体市场。而新技术的不断发展，使广播的频率频道已不再成为稀缺资源，尤其是广播业的数字化将给广播业带来一场革命。新技术为广播业变革提供了技术保障，也依仗着政府的新政策加快新技术的推广和进一步发展。

放松管理的新政策使世界传媒业掀起了私有化、集中化、商业化及国际化的浪潮。

二、媒体的集中化浪潮

以西方媒体为代表的媒体集中化在20世纪90年代前期已初露端倪，而《1996年电信法》一出台，先是在美国，后来在欧洲掀起了一股集中化的狂飙。先是1995年，美国迪斯尼公司以190亿美元兼并美国广播公司（ABC），接着美国电信巨头西屋公司以54亿美元收购哥伦比亚广播公司（CBS），成立哥伦比亚广播集团（CBS. corp），随后CBS. corp又出大手笔，以37亿美元收购无线广播，从而占据城市电台40%的收入，接着又收购22家向拉美各国播放西班牙语节目的电视台，组成CBS/Tele Noticias。这一系列收购使西屋公司俨然成为媒体巨无霸。而最惊世骇俗的收购却是2000年1月，美国在线（AOL）以1 500亿美元天价收购了全球最大的娱乐公司——时代华纳，组成美国在线—时代华纳公司，这一兼并震撼全球。在欧洲，德国的贝塔斯曼公司、基希集团，法国的威望迪环球集团（Vivendi Universal），澳大利亚的新闻集团也都以兼并、收购的方式迅速壮大。

在集中化过程中，主要的方式有两种。

一是纵向兼并、联合，形成纵向一体化公司，这发生在跨行业的兼并、联合上。比如在电信业与广播电视业之间，在电视台和有线电视网、互联网之间，或出版业与广播电视业之间，其目的是在全国、全球范围内形成立体的媒体覆盖网络，对产品进行交叉促销。以Viacom为例，其旗下派拉蒙公司拍摄的电影，由其旗下的户外广告公司和MTV音乐频道、Nickelodeon儿童频道进行声势浩大的宣传，然后由派拉蒙公司的电影渠道广为发行；电影在影剧院上映后，再在电视台影视频道播出；最后制成录像带，在全美最大的音像出租连锁店 Blockbuster 向全国、全球发行。这样，公司把它的资源一次性产出，多次共享，形成完整的产值链，可以说“把每根骨头的油都榨干”，从而使公司利润达到最大化。

二是横向兼并、联合，形成规模化大公司，这发生在同类媒体、跨媒体的兼并、联合上。比如 1984 年，意大利房地产商出身的贝卢斯科尼以雄厚的财力，迅速地收购全国中小型的私营电视台，组建成菲宁韦斯特公司（Fininvest），占据全国 44.5% 的电视市场，与公营的意大利广播公司（RAI）平分天下。

当然，几乎所有的巨型媒体公司既进行纵向集中，又进行横向集中，以求迅速壮大。

经过十来年大规模的集中化，西方强国产生了世界媒体的巨无霸。据西方学者描述，有六家属第一集团的媒体大集团（见表 3－1）。①

三、媒体的私有化浪潮

西方媒体的私有化主要发生在西欧的广播电视业。因为西方的报业除少数政党、宗教、团体报纸外，绝大多数都是私营的；美国的广播电视业也基本上是私营的。相反，西欧的广播电视业在 20 世纪 80 年代以前，绝大多数是公共的。80 年代以后，私有化的狂飙兴起，彻底改变了西欧广播电视的性质和结构。

西欧广电私有化浪潮是从意大利开始的。20 世纪 70 年代中期，意大利广播公司（RAI）垄断广电市场，但枯燥无味的节目令受众倒胃口，一些人私设地下电台，以其丰富的、贴近市民生活的节目使 RAI 的听众大批流失。RAI 上告法院，要求严禁地下电台。1976 年，意大利宪法法院最后判决，这批地方的地下电台并不违法，这便等于承认私营电台的合法地位。私营电台、电视台如雨后春笋般冒出来，政府无法可依，无法管理，便放任自流，到 1982 年，私营电台、电视台达到 1 500 家之多。到 1984 年，贝卢斯科尼以菲宁韦斯特公司名义收购了大部分私营电台、电视台，组成了一个全国性商业广播网，垄断了意大利私营广播电视业。

意大利广电的私有化运动是一帖催化剂，西欧其他各国的反对党、工商业巨头都对政府、议会施加巨大压力，形成一股广电私有化的强大舆论，最终形成了私有化浪潮。

到 20 世纪 90 年代初期，西欧各国和日本基本完成广电的私有化。

值得注意的是，西欧各国广电的私有化有一个显著特点，即西欧私营电台、电视台都是新办的，而不是由公共台转制的，只有法国的私营电视台由三家国营台转制而来。这样，西欧各国和日本形成了公共台和私营台并存的格局，并由此引发了激烈的竞争。

---

① 资料来源：《经济观察报》，2002 年 1 月 4 日；［美］爱德华·赫尔曼等著，甄春亮等译：《全球媒体》，天津人民出版社 2001 年版，第 79～130 页。

表 3-1　世界六大媒体集团

	美国在线—时代华纳（Aol Time Warner）	维亚康姆（Viacom）	新闻集团（News Corporation）	沃尔特·迪斯尼（The Walt Disney Com）	贝塔斯曼（Bertelsmann AG）	威望迪（Vivendi Universal）
总部	美国纽约	美国纽约	澳大利亚悉尼	美国加利福尼亚州	德国尼特斯洛	法国
旗下公司	* 美国在线（AOL、ICQ、Netscape、CompuServe、Winamp、FM3651 * HBO 电影频道 * 特纳广播公司（CNN、TBS、TNT、华娱卫视） * 时代华纳有线网络 * 华纳兄弟电影公司（出品《黑客帝国》、《完美风暴》、《哈利·波特》） * 新线电影公司（出品《指环王》） * 华纳音乐集团（Atlantic、Elektra、London、WEA） * 时代杂志出版公司（拥有《时代》、《人物》、《体育画报》、《娱乐周刊》、《财富》、*Business* 2.0、《亚洲周刊》） * 时代华纳图书出版公司	* 派拉蒙电影公司（出品《阿甘正传》、《谍中谍》、《泰坦尼克号》） * CBS 电视网 * MTV 有线音乐电视网 * BET 有线电视网 * Blockbuster 音像租赁零售店 * 西蒙舒斯特出版社 * Infinity Outdoor 广告集团 * 互联网：CBS.com、MTV.com、Market.tom、Watch.con、Hollywood.con * 主题公园	* 福克斯广播公司 * （Fox 电视） * 卫视频道：英国 Bsky B，日本 NBJ，亚洲 Star TV、Channel V、凤凰卫视 * 福克斯有线网络（Fox 新闻频道、国家地理频道） * 福克斯电影公司（出品《星球大战》、《决战星球》、《X 战警》） * Harper Collins 出版社 * 报纸：英国《太阳报》、《泰晤士报》，澳大利亚《每日电讯》 * 互联网：ChinaByte.com、Broadsystem.con * 印度 Zee 电视台以及印度空际广播数字通信卫星公司 * 亚特兰大鹰以及亚特兰大勇士队等职业棒球队	* 迪斯尼媒体网络（ABC、ESPN、迪斯尼频道、E!） * 沃尔特·迪斯尼电影公司（出品《狮子王》、《木兰》、《恐龙》） * 点金石电影公司（出品《珍珠港》） * Miramax 电影公司（出品《莎翁情史》） * Dimension 电影公司（出品《惊声尖叫》、《恐怖电影》） * Buena Vista 戏剧集团（出品音乐剧《狮子王》、《美女与野兽》） * 迪斯尼出版公司（Hyperion 出版社、迪斯尼儿童图书） * 杂志出版：*Discover*、*Talk* * 迪斯尼网络集团（Disney.com、Oscar.con、Mr. Showbiz、NBA.com、GO.com、Toysmart.com） * 迪斯尼主题公园和度假地公司 * 550 家零售店 * 5 家欧洲电视公司 20% ~ 33% 的股份	* RTL 电视集团 * 贝塔斯曼音乐集团（Arista、RCA、BMG） * 兰登书屋公司 * DirectGroup 图书直销集团（CDNow.com、barnesandnoble.com、BOL.com、贝塔斯曼书友会） * Gnmer + Jahr 出版公司（美国 *Fast Company* 杂志，德国《明星》周刊、《焦点》周刊，中国《车迷》杂志） * Bertelsmann Springer 专业媒体出版 * Arvato 印刷集团 * 互联网：Napster、Lycos 欧洲	* 环球音乐集团（Decca、Geffen A&M、Motown、Polygram、Universal） * 环球电影（出品《侏罗纪公园》、《木乃伊》、《角斗士》） * VivendiNet 互联网集团（欧洲互联网接入和门户网站 Vizzavi、MP3.com、RollingStone.com、Education.com） * Houghton Mifflin 出版社 * 法国 Canal + 有线电视网 * 美国 USA Network 电视网 * 威望迪水处理公司 * Onyx 垃圾处理公司 * Connex 客运公司 * Dalkia 能源公司

（续上表）

	美国在线—时代华纳（Aol Time Warner）	维亚康姆（Viacom）	新闻集团（News Corporation）	沃尔特·迪斯尼（The Walt Disney Com）	贝塔斯曼（Bertelsmann AG）	威望迪（Vivendi Universal）
总部	美国纽约	美国纽约	澳大利亚悉尼	美国加利福尼亚州	德国尼特斯洛	法国
市场地位	＊ 占美国消费类杂志广告收入的24% ＊ 世界最大的在线即时通信软件(ICQ) ＊ 世界最大的在线地图服务提供商 ＊ 世界最大的互联网接入服务提供商(拥有3 000万美国用户和16个国家的600万国际用户),为美国75%的互联网用户提供接入服务 ＊ 美国片源最丰富的有线电视频道(1BS拥有8 000万美国收视用户) ＊ 美国受众最多的有线新闻频道(CNN拥有7 800万美国收视用户与212个国家和地区的1.51亿国际用户) ＊ 美国片源最丰富的有线电影频道(HBO拥有3 670万美国收视用户和50个国家的1 200万国际用户) ＊ 美国第二大有线网络运营商 ＊ 世界最大的影视片库 ＊ 世界最大的CD和DVD制造商 ＊ 拥有64种杂志,2.68亿读者	＊ 世界上用户最多的有线音乐电视频道(MTV拥有140个国家和地区的3.84亿收视用户) ＊ 世界最大的黑人电视节目网BET ＊ 世界最大的录像带、DVD和电子游戏租赁商,在美洲、欧洲、亚洲和澳大利亚等27个国家和地区拥有7 800家店铺 ＊ 世界最大的户外广告公司 ＊ 美国90个城市和墨西哥、加拿大、英国、爱尔兰及欧洲大陆等地的公共汽车、地铁、火车、电话亭和路牌广告的专营权	＊ 美国最大的电视广播公司 ＊ 持有亚洲、欧洲、拉丁美洲和澳大利亚的有线、无线、卫星电视频道的股份 ＊ 拥有美国、英国、澳大利亚、新西兰、斐济等国的160种报纸和20种杂志,全球最强大的体育电视	＊ 世界最大的主题公园经营公司 ＊ 在140个国家提供迪斯尼频道和ESPN体育频道的节目 ＊ 全球最大的动画片制作商、供片商	＊ 欧洲最大的广播公司,拥有10个国家的22个电视台和18个电台 ＊ 欧洲最大的电视片商 ＊ 世界最大的音乐出版商和音乐分销商,占有美国音乐市场的20% ＊ 是10个国家最大的音乐厂商 ＊ 世界最大的图书出版商 ＊ 美国和欧洲最大的杂志出版商,在世界范围内发行80种杂志 ＊ 拥有德国和东欧的14种日报	＊ 控制80%的法国电影制作 ＊ 欧洲最大的电影公司,美国第二大电影公司 ＊ 世界第二大影视片库,拥有8 200万美国有线电视用户,占领世界音乐市场的22.5% ＊ 世界最大的爵士和古典音乐唱片发行商 ＊ 欧洲最大的付费电视和数字电视运营商,拥有欧洲11个国家的1 550万收视用户 ＊ 世界第三大图书出版商、世界第二大教育图书出版商 ＊ 世界最大的在线游戏提供商、世界第二大电脑游戏开发商 ＊ 在欧洲和地中海沿岸提供固定和移动通信业务,拥有法国两家主要的移动通信运营商 ＊ 欧洲和美国的第二大互联网内容提供商(ICP) ＊ 在欧洲8国提供互联网接入门户网站服务

四、媒体的商业化浪潮

商业化运作的最高目的是赢利，赢利原则高于一切。媒体的收入主要来自广告商，而广告的价格和吸引广告商的力量主要取决于报纸的发行量和广播电视的收听率、收视率。这就带来媒体从制作到节目安排的一系列变化。

就积极的方面来讲，20 世纪 90 年代以来，世界媒体尤其是西方媒体呈现一片繁荣景象，这应该说得益于商业化的运作。

（1）广播电视的频率、频道大大增加。西欧各国的电视频道从 20 世纪 80 年代中期的 48 个增加到 2006 年的 800 个，而且各个频道力图办出自己的特点，这使得各个层次的受众都可从中选择自己喜欢的节目样式。

（2）媒体按照受众兴趣、关注重点的转移，不断调整自己的内容设计和节目安排，从而使媒体内容、节目十分贴近受众、生动活泼，呈现出多姿多态的景象。像西方各国大报一般都在 60～80 版，除 16～20 版新闻版外，其余是各种专版。虽然一般读者只看其中的 10% 左右，但这已满足了方方面面的读者需求。

（3）媒体的收益大大提高。从 20 世纪 90 年代初到 20 世纪末的 10 年左右时间，欧美国家媒体的广告收入平均年增加 10% ～15% 。再加上大公司其他各项文化产品的收入，媒体成为西方各国增长最快的行业之一。

然而，商业化运作必然带来激烈的市场竞争，竞争会带来活力，促进西方媒体的繁荣，但竞争也导致一定程度的混乱。

（1）对新闻事实充分、客观的报道，对公共事务理性的讨论，价值取向的多元化和普遍的全民性服务等理论与实践，曾经是欧美媒介业引以为荣的民主原则的体现，商业化的运作则动摇了这些原则①。商业化运作把媒体简单地看作商品，把媒体与受众之间的关系简单地看作买卖双方的关系，媒介的使命感逐渐淡化。比如，美国的 FCC 作为政府机构，原本的职责是必须监督媒体完成社会使命。然而，曾任 FCC 主席的马克·弗劳厄公开宣称："公众利益就是公众感兴趣的东西。"②

（2）媒体真正服务对象的重点从受众转向广告商。受众当然是重要的，没有受众就不可能有广告。但广告毕竟是媒体的终极目标，当公众利益和广告商利益发生冲突时，媒体就会倾向维护广告商的利益。美国西屋公司总经理米歇尔·乔丹就坦陈："我们就是要为广告商服务，这就是我们存在的原因。"

（3）娱乐化以其不可阻挡的潮流席卷西方媒体。西方各大报的版面，新闻版基本上不增加，近些年增加的版面几乎全是关于娱乐报道的。以美国大报《洛杉矶时报》为例，其每天出 60～80 版，其中娱乐化的版面，包括体育专版、家园专版、影

---

①② ［加］赵月枝：《公众利益、民主与欧美广播电视的市场化》，《新闻与传播研究》1998 年第 2 期。

③ 杨瑞明：《传播全球化——西方资本大规模的跨国运动》，《国际新闻界》2001 年第 2 期。

④ 黄玉：《风雨十年结硕果》，《世界广播电视参考》2000 年第 1 期。

视专版、时尚专版等，占 50% 左右，即每天平均 30 ~ 40 版。严肃报纸尚且如此，更遑论通俗化小报了。无论美国还是西欧，电视的娱乐频道都在 90% 以上。

五、媒体的全球化浪潮

在全球化经济大潮中，西方媒体领军的媒介帝国以先进的媒介技术为助力，在资本力量的驱动下，几乎垄断了全球信息产品的生产和消费市场③。

从目前的情况来看，欧洲是跨国公司最活跃的地区，最典型的国家是英国。一方面，国际跨国公司大量蚕食着英国媒体。默多克的新闻集团在 1981 年以 1 200 万英镑买下《泰晤士报》的版权和资产以后，又一口气买下了英国两家发行量最大的报纸——《太阳报》、《世界新闻》，成为英国报界最大的一个报系。1989 年，新闻集团和英国其他三家公司合资创办天空电视台，开办四个频道，由卫星直接进入家庭，1990 年其用户就达 100 万户。1990 年 11 月，天空电视台正式和英国卫星广播公司合并，成立天空广播公司（BSkyB），新闻集团持有 40% 的股份，1998 年用户已达 350 万户④。美国的媒体公司同样涌进英国媒体市场。1999 年，美联社并购世界上最大的电视新闻社 WTN，组建成美联社电视部，与路透社电视部竞争，成为世界上最主要的两个电视新闻供应商。美国媒体还出售它们的频道，像音乐（MTV）频道、体育与娱乐频道和发现（Discovery）频道，几乎已占领了英国以及欧洲的有线电视付费频道市场。

但是，另一方面，英国媒体以 BBC 为代表也大踏步走向世界。其中有影响力的跨国经营活动有：BBC 与英国的皮尔逊、福克斯泰公司合资在澳大利亚创办了一个娱乐频道“英国电视”（UKTV），订户已达 20 万；和英国皮尔逊、美国考克斯合办的一个面向欧洲的娱乐频道 BBC Prime，现在在全欧拥有 400 万订户；在美国创办电视剧和娱乐频道“BBC 美国频道”；在日本则开办互联网公司，提供体育比赛节目等内容。

当然，美国无疑是当今世界媒体资本和媒体产品最大的输出国，像迪斯尼、Viacom、时代华纳公司，目前它们 30% ~40% 的收入来自海外。

西方媒体跨国经营的主要目的是商业性的，但也必然带来政治、社会和文化等诸方面的影响。例如，在媒体实力不断增长的同时，默多克在各国的政治影响力也在增强。在英国，默多克在 20 世纪 80 年代和 90 年代一直支持保守党政府，大大削弱了工党的政治影响力。当他改变策略来支持复兴的工党时，工党就在 1997 年的大选中获胜，由此在欧洲和其他地区引发“默多克”恐惧症，“使法国和意大利政党们担心的不是默多克的蹩脚文化，而是他利用媒体控股公司来影响他从事业务的每个国家的政治”①。

---

① 张叔雄编译：《欧洲大陆流行“默多克”恐惧症》，《世界广播电视参考》1999 年第 5 期。

第二节　西方国家的主要新闻媒体

西方发达国家，尤其是西方六国（美国、英国、法国、德国、意大利、加拿大）还有日本，无论是新闻媒介的规模、技术水平，还是对世界事务的影响，都在新闻媒体领域发挥着主导作用。西方各国在世界传媒界展开激烈的竞争，相互渗透又相互结盟，力图霸占世界传媒市场。

一、美国的主要新闻媒体

毫无疑问，美国是当今世界传媒业的霸主。

1. 报纸

美国报业协会曾做的调查显示，美国的广播电视越来越呈现出强烈的娱乐化倾向，主流报纸却仍以提供严肃新闻和解释性报道为主。这并非是由于报纸保守，而是由报纸的受众定位决定的：以受过良好教育的中产阶级为核心读者群。这个群体占美国成年人的60%～65%，他们关心美国和世界的公共事务，需要严肃新闻和解释性报道。但在广播、电视和网络的冲击下，纸质媒体难以为继。在2009年10月召开的世界媒体峰会上，《纽约时报》国际版执行副总编指出：纸质媒体的收入已不是《纽约时报》的主要收入来源，而是通过互联网等多种渠道拓展收入。美国发行量最大的前7家报纸是：《今日美国》（229.3万）、《华尔街日报》（201.2万）、《纽约时报》（103.8万）、《洛杉矶时报》（78.0万）、《纽约每日新闻报》（68.1万）、《纽约邮报》（66.7万）、《华盛顿邮报》（63.5万）。①

2. 电视

目前，美国的电视市场基本上被25家大电视网所垄断，其中最大的有5家（见表3－2）。

表3－2　美国最大的5家电视公司

公司名称	拥有电视台数量	覆盖率
福克斯电视公司（FOX）	23家	35%
全国广播公司（NBC）	13家	25%
美国广播公司（ABC）	10家	25%
帕克森传播公司（PAXSON）	60家	35%
派拉蒙/哥伦比亚广播公司（Paramount/CBS）	35家	40%

与其他西方国家相比，美国的电视频道化是比较彻底的。美国目前有65%的家

① 据世界报业协会2008年6月5日于瑞典哥德堡发布的“2008世界日报发行百强”排行榜。

庭即6 500万户接入有线电视，一般拥有100个频道左右。这当中，大概只有10%的频道是综合节目，其他全是专业化频道。其中有闻名全球的CNN、FOX News以及CNBC三个全新闻频道，有在全美、全球有极高覆盖率的Animal Planet（野生动物）、Discovery（发现）、History（历史）、Travel（旅游）等频道，还有HBO（家庭影院）、TNT（电影）、E（娱乐）、VHI（音乐艺术）、Comedy（喜剧）、Cinemax（电影）、Showtime（电影）、ESPN、Classic Spoas（体育）等人们耳熟能详的影视音乐频道。除此之外，两个公共频道C-SPAN、C-SPAN2专门报道公共事务，国会开会期间，两家公共频道会进行全程报道。

3. 电台

在电视冲击下，广播一度衰落，但20世纪70年代以后，广播重新找到定位，那就是彻底走专业化道路。广播成为完全意义上的“窄播”，一家电台只办一个类型的节目，这样，电台不仅大大降低了成本，还牢牢吸引了一批忠实的听众。全美虽有11 000多家商业台，但实际每个台的工作人员都不超过10个人，收听率却节节上升，1997年广播的广告收入达到36亿美元，并连续6年保持增长。

二、日本的主要新闻媒体

日本的新闻事业起步较晚，但20世纪60年代以后，得到突飞猛进的发展。日本新闻媒体的数量不多，规模却惊人，据世界报业协会2006年的统计，日本报纸发行量达6 970万份，居世界第二；媒体广告收入在世界排名第二，2006年达到近6万亿日元。

日本新闻媒体的显著特点：

（1）高度的垄断和激烈的竞争。日本的新闻媒体在各国中的垄断程度最高，日本的报纸虽有110家，但真正有影响的报纸只有5家（见表3－3），这5家报纸占有日本全国发行量的53.5%。

表3－3　日本最有影响力的5家报纸①

报纸	发行量（万份）
《读卖新闻》	1 002.1
《朝日新闻》	805.4
《每日新闻》	391.2
《日本经济新闻》	305.4
《产经新闻》	220.4

日本的广播电视公司事实上只有5家，即公营的日本放送协会（NHK）以及私

① 据世界报业协会2008年6月5日于瑞典哥德堡发布的“2008世界日报发行百强”排行榜。

营的东京广播公司（TBS）、日本电视广播（NTV）、富士电视公司（FTV）和全国朝日广播（ANB），其余电视台分属上述5家公司。

（2）新闻媒介与政府、政党的关系十分密切。日本媒体都自称是客观中立的，但事实上各家大的报纸、电视台，其政府、政党背景都十分明显，这是由政府体制和媒体体制所决定的。日本最大的电视公司NHK是公营的，台长由政府提名、议会批准，视听费由政府的邮政省代收，这就决定了NHK天然地倾向政府。在日本，从国会、政府各部、司法机关到地方各级行政机构，从各政党到各团体，都设有记者俱乐部。俱乐部常向各新闻媒体发布消息或给内部吹风，或透露某些机密，发放“探测气球”，各媒体记者从中获取信息来撰写新闻。各媒体还专门设立政治部，专职采访政府、议会、司法当局以及各政党、大团体的新闻。这些政治记者都有特定的政治背景，与政府、政党关系特别密切，他们都成了议会、政府、政党和大团体在媒体的代言人或双方的中介者。

（3）背靠大财团、大公司。除了NHK，日本各大媒体的自有资本额极小，像日本四大私营电视公司自身资本全都不足1亿美元，全国朝日广播只不过1 000万美元。各大报纸的自有资本金也不高。所以，媒体的发展、日常运作基本上依靠银行贷款，而银行为分散风险，要求大企业来认购媒体的股份，大公司也同样需要一家大的媒体为自己造势。这样，媒体、银行和大公司就被紧密联系在一起。例如，《朝日新闻》依靠第一劝业银行、三井银行和住友银行；《日本经济新闻》背靠三井物产公司，与住友银行、三和银行关系密切。

三、英国的主要新闻媒体

英国是新闻自由的发源地。弥尔顿在1644年发表的《论出版自由》至今仍被世界新闻界奉为新闻自由的圭臬。英国媒体能在世界有一定的地位及重大的影响，要归功于它的三大媒体机构——路透社、《泰晤士报》和BBC。

（1）路透社。路透社成立于1850年10月，是世界上最早的通讯社之一，素以客观、公正且快速的新闻报道而闻名。路透社的新闻稿以国际新闻为主，采用英、法、德、西、日等10多种文字播发，订户遍及世界160余个国家和地区。路透社在1992年全部兼并了Vis News（维斯新闻），改名为“路透社电视”，成为世界上最大的电视新闻供应商，在全球拥有38家分支机构。路透社1997年的收入达47亿美元，但90%的收入并非来自向媒介提供的新闻，而是在于向遍布世界的20多万个公司信息终端提供的24小时信息。从这个意义上说，路透社实质上已成为商业信息公司和电子商务交易公司。① 2007年，汤姆森媒体集团并购路透社，成为全球最大的金融新闻和数据提供商，在全球金融信息市场占据约34%的份额②。

---

① ［美］威廉·哈森著，张苏、苏丹译：《世界新闻多棱镜》，新华出版社2000年版，第64页。

② 来源：中国经济网，2007年6月29日。

（2）《泰晤士报》。《泰晤士报》是英国历史最悠久、最有权威且消息灵通、可靠的报纸。它以《世界纪事日报》的报名创刊于1785年1月1日，其黄金时代实际上是在19世纪前期和中期，该报对当时英国和世界事务的影响力举世无双。当时美国总统林肯曾说，除密西西比河以外，他不知道有什么东西拥有像《泰晤士报》那样强大的力量①。但进入20世纪后，该报逐渐落伍，处境窘困。1981年，澳大利亚报业巨头默多克以1 200万英镑收购了该报。尽管《泰晤士报》的所有权几经易手，但它在英国和世界上的影响力却一如既往，至今还是各国政要的案头报。2004年11月该报改为四开小型报，因为读者喜欢小型报。尽管该报一再声称“缩小的是版面，绝对不是报格”，但《泰晤士报》在改为小型报以后不断增加趣味性内容却是不争的事实。

（3）英国广播公司（BBC）。BBC成立于1922年，是世界上最早的公共广播机构。BBC把“客观、公正”作为报道的总方针，并以新闻报道的客观、公正赢得了世人对它的尊敬，使它成为许多国家的领导人、外交官、经济金融界人士等实力人物每天必看必听的工作日程。BBC的国际广播电视包括世界电视台（BBC World）和BBC国际广播。世界电视台在美国、印度、澳大利亚、欧洲大多数国家以及中东主要国家都借用当地的有线台开设了专门频道，目前已拥有4 500万电视家庭，其中3 000万在欧洲。BBC国际广播已覆盖全球，有1.43亿听众。

四、法国的主要新闻媒体

法国的新闻媒体是西方各国中历史最悠久也是最年轻的媒体。说它悠久，是因为它是现代新闻媒介和新闻自由思想的发源地之一；说它年轻，是因为现在的所有报刊、电台、电视台绝大多数是在第二次世界大战以后才创办的。总体上看，法国的媒体除法新社外，在世界的影响不大，只有近些年崛起的威望迪环球公司才备受世人瞩目。

法新社最早称哈瓦斯社，“二战”后改名，为世界最早的通讯社，目前为与美联社、路透社齐名的西方三大通讯社之一。法新社总部设在巴黎，在165个国家或地区有分社、记者或兼职报道员。法新社的新闻采写按活动领域被分为5个报道区：以巴黎为中心的52个分社负责欧洲和非洲的报道；以华盛顿为中心的9个分社负责北美的报道；以蒙得维的亚为中心的15个分社负责拉美地区的报道；以香港为中心的25个分社负责亚太地区的报道；以尼科西亚为中心的9个分社负责中东地区的报道。它们分别以各自所在区域的主要语种来采编当地新闻，为当地客户服务，同时供给总社，并转发总社的新闻。

威望迪环球公司是近几年崛起的全球超级媒体集团。该公司原来以经营水处理

---

① ［英］马丁·沃克著，苏澹均、诠申译：《报纸的力量——世界十二家大报》，新华出版社1987年版，第54页。

闻名全球，20 世纪 80 年代中期开始涉足媒体。从 1996 年起，威望迪总共花了 875 亿美元收购各种媒体，包括远征好莱坞，以 340 亿美元收购了环球电影、环球音乐，以 108 亿美元收购了美国 USA 的电视网，以 110 亿美元收购了法国一家有线电视公司。这样，威望迪拥有了世界第二大影视片库，欧洲最大的付费电视、数字电视公司，以及欧洲最大的电影公司，在美国拥有 8 200 万有线电视用户。威望迪环球公司几乎一夜成名，也几乎一夜跌落。迅猛的扩展使其资金周转不灵，众多的公司一时难以协调，导致利润下降。当然，威望迪的市场地位还没有动摇，目前正处于整顿期。

五、德国的主要新闻媒体

在近代新闻史上，德国有其独特的贡献。1450 年，德国人古登堡发明了活版印刷。1615 年，艾莫尔创办《法兰克福新闻》周刊，被世人公认为世界上第一份真正的报纸。正因为上述两项成就，世界新闻界把德国看作近代报纸的摇篮。但德国经历长期的封建统治，又是两次世界大战的策源地，新闻媒体备受封建专制主义和法西斯统治的摧残，发展一直很是缓慢。直到 20 世纪 60 年代，随着德国经济的全面复苏和起飞，新闻媒体才得以步入发展的快车道。

目前，德国出版的报纸约 375 种，报业市场主要由三家大报业集团控制。施普林格集团占有 70% 的市场份额，《图片报》、《世界报》是其主要的报纸。WAZ 集团发行近 40 份报纸，《两德汇报》是旗舰报，其发行量为 60 万份。还有霍尔茨布林克集团，其最著名的报刊为《时代周刊》。其中发行量最大的是《图片报》，日发行 470 万份。

德国广播电视实行公营与私营并存的双轨制，公营台有德国公共广播联盟（ARD，也称电视一台）以及德国电视二台（ZDF），下属 11 个地方广播电视台。私营台主要是卫星电视一台（SATI）、卢森堡广播电视台（RTI）、电视七台（Pro 7）。目前，公营、私营广播电视台势均力敌，各占 50% 左右的收视率。

毫无疑问，德国是当今世界的媒体大国，然而，“最近几年来，德国报业陷入了第二次世界大战以来最严重的危机中”（德国《世界报》2002 年 6 月 27 日报道），其直接表现是广告大幅度下降。而德国全国性大报《法兰克福汇报》的柏林版不得不停刊，著名的《世界报》和《柏林晨邮报》合并。同时，德国报业加快了结盟步伐，以减少竞争的压力。

六、意大利的主要新闻媒体

在西方国家中，意大利是新闻媒体萌芽最早，却生长最慢的国家。15 世纪的《威尼斯手抄新闻》是近代新闻事业的萌芽，但直到 1770 年，取名《公报》的第一份正式报纸才在威尼斯出版，报式完全仿照法国，这比英、法等国晚了近一个世纪。自此以后，意大利新闻业发展缓慢，至今在总体水平上仍然落后于西方其他发达国家。

意大利目前报纸总数为101种，全国性日报以《晚邮报》、《新闻报》和《共和国报》为代表，发行量均在50万至80万之间。广播电视自1990年以来实行公营、私营并举的双轨制。

目前，意大利的广播市场主要是公营的意大利广播公司（RM）和私营的菲宁韦斯特公司两大公司相互博弈。RM目前拥有三套电视节目即电视一台、二台和三台，从1999年7月起又创办了六套新数字频道。其经费的55%来自视听费，45%来自广告和其他销售收入。菲宁韦斯特拥有三大电视网，即电视五台、意大利第一电视台（拥有25座地方台）以及雷蒂四台（拥有15座地方台）。双方从20世纪90年代初开始展开激烈的市场争夺战，势均力敌，二者占据了意大利电视市场90%的份额。近年来，随着数字技术的发展，各家传媒集团瞄准了新的电视市场展开争夺，各媒体集团间的竞争势必愈演愈烈。

意大利新闻媒介的最大特点是高度的政治化。正是由于政治斗争的需要，意大利的报纸大多数是全国性的，全国性报纸占全部发行量的73.5%。近几年，意大利公众已逐渐厌倦喧嚣不息的政治报纸，全国性报纸发行量逐渐下降。相反，中小型的城市报纸却逐渐走俏，这些报纸以服务当地居民的生活为宗旨，很受欢迎。

七、加拿大的主要新闻媒体

加拿大是西方六国中国土面积最大、人口最少的国家，而且分为西部的英语区和东部的法语区，新闻媒介也分成两大语种。其报纸全部集中在十来个大中城市中，总数在100种左右，分属四个报业集团。广播电视也实行公营、私营并举的双轨制。加拿大广播公司（CBC）属公营，占加拿大65%左右的电视市场份额，与之竞争的是私营的加拿大电视网（CTV）。

加拿大与传媒业的超级大国——美国为邻。美国的新闻媒体无时无刻不想着染指加拿大媒体；加拿大媒体则竭尽全力抵御美国的文化入侵，保卫加拿大的本土文化。两者的斗争焦点是文化的“加拿大化”还是“美国化”。在斗争中，美国方面可以说是咄咄逼人，而加拿大则是步步为营，这构成了加拿大媒体最独特的风景线。

CBC成立于1936年，传统上是加拿大唯一的全国性广播电视网，并获得议会授权，成为享有国家特权、政府财政支持的独立公营机构。它的使命是为加拿大全民服务：传播加拿大声音，讲述加拿大故事，告知加拿大人民所需要的信息，繁荣加拿大的文化。面对美国文化的大举入侵，CBC规定，在CBC播出的影视节目，至少有60%以上是由加拿大本地制作或与外国合作制作的节目。目前，加拿大独立制片人制作的戏剧、微型剧、纪录片是CBC节目中最受欢迎的。而美国媒体也不甘示弱，电视节目供应商通常以1%的成本价出售一些电视剧在加拿大的播出权。这样，在私营电视网以及有线专业频道上，仍然充塞着美国的影视片。

第三节　当代世界传媒业的发展趋势

21世纪前后，新老媒体在新形势下进行变革、整合，上演着一幕幕悲喜剧。

一、面对第三次冲击波的报纸

进入20世纪80年代，尤其是90年代以后，西方各国报业逐渐萎缩，报纸总量减少，发行量下降，广告收入降低。进入新千年，欧美报业危机加剧。西方一些学者称，“报纸正处于即将迈入衰落期的成熟期”①。对于报业逐渐衰落的原因，说法不一，但有一点原因是共同的：互联网对报业的挑战。互联网新闻的快速、海量、互动和多方面链接都是报纸难以达到的，而且看互联网新闻还是免费的。在互联网最火的1997年以后的几年，“互联网将全面取代报纸”的断言不绝于耳。为了生存，西方各国报业相继采取了一些措施。

1. 报业大兼并，资源大整合

从2000年开始，报业也像广电一样，进行规模巨大的兼并。西方报业兼并案数其大者有：在美国，2000年，美国的论坛公司（以《芝加哥论坛报》为核心报）出资80亿美元从时代镜报集团手中收购《洛杉矶时报》（发行量达80万份），从而使论坛公司成为全美发行量排名第三的报业公司；2000年6月底，美国报业发行量排名第一的甘乃特公司以26亿美元收购了中央报纸有限公司以及该公司旗下的所有报纸后，又以11.3亿美元，从加拿大汤姆森公司手中购买了21份报纸的产权。在英国，2000年10月，Trinity公司以20亿美元兼并英国著名小报《每日镜报》（发行量达到300万份）和所有地方报纸，组建成为英国发行量最大的报业公司——Trinity Mirror（三一镜报）集团。在德国，2002年初，著名的报业公司霍尔茨布林克集团一口气购并了《每日镜报》、《柏林日报》和《柏林信使报》（原属著名的贝塔斯曼集团）。在加拿大，两家最有实力的报业大公司——BCC公司和汤姆森公司在2000年9月合并，合并后的公司不但拥有加拿大最大的日报《环球邮报》，而且拥有最大的商业电视台ROB TV 50%的股份和全国电视网。

2. 向国外开拓，走国际化道路

眼看着国内报业竞争激烈，市场饱和，发展空间不大，西方的报业大鳄无不加快国际性的步伐，争夺其他国家的报业市场。一方面，发达国家之间相互渗透。例如，2000年2月，英国《金融时报》发行它的第一个外文版——德文版，招募130名记者，专门报道德国金融、经济和企业的发展动态，在欧洲德语区国家发行。而美国的甘乃特公司在1999年夏以15亿美元收购了英国最大的地区发行商Newsquest

① ［美］富兰克·丹东、哈沃德·库茨：《报纸的再生》（英文版），20世纪基金会（纽约）1993年版，第10页。

公司，2000 年春又以 7 亿美元收购另一个地区性大发行商 Newscom 公司，从而成为英国最大的地区发行公司。2000 年，瑞典现代时报集团在美国费城发行《现代时报》美国版，并逐渐扩展到纽约、旧金山、波士顿等大城市。另一方面，大的报业集团大举进军发展中国家，在亚洲地区，它们对中国尤其虎视眈眈，因为它们视中国为世界上最大的一块报业市场。

3. 采用新技术

2000 年春以来，欧洲已有超过 500 家报社安装了电脑直接制版系统，大大缩短了报纸出版时间。以信息管理、XML 国际互联网和报纸内部网络为基础的网络建设热火朝天。

但面对互联网的挑战，能够吸引读者的，归根到底还是报纸的内容。面对报纸发行量不断下滑的颓势，欧美一批新闻传播学者忧心忡忡，开出种种“药方”来挽救报业。其中，《报纸的再生》① 一书是很具代表性的著作。该书的两位作者回顾了美国和世界报业发展史，总结了报纸成败的经验教训，提出一个基本观点：报纸的真正生命在于报道质量，核心是硬新闻②。他们从报纸的优势出发，提出报纸的三大基本内容，分别是新闻、调查性报道和解释性报道。③

不断的改革，使报纸在互联网的冲击下稳步发展。全球报纸发行量自 2001 年以来，每年均以 1% ~3% 的速度增长。全球报业广告收入在 2000 年达到 1 200 亿美元的峰值，而后几年，则以 1% ~3% 的速度下滑，2003 年开始止跌回升，2005 年回升到 2000 年的水平，2006 年至 2007 年度进一步增长。

诚然，网络是强大的。就新闻传播而言，网络新闻的快捷、海量、互动性、强大的搜索功能以及博客、论坛内的自由讨论，都是传统媒体无法企及的。但是无论网络有多么强大，到目前为止，它仍然不能超越、覆盖报纸的全部优势。网络新闻的海量是其所长，也是其所短。所谓“过犹不及”，大量的信息使人们无从选择。报纸则经过编辑的精心编排，能方便读者在最短的时间内了解国内外的重大信息。网络上垃圾信息、八卦新闻充斥，也严重损害了在线新闻的可信度。读者总是更加信任报纸上的新闻，这种心理定式在相当长的时间内将难以改变。

二、电视：新技术旧节目

电视是 20 世纪人类最伟大的发明之一。从目前的发展势头看，电视的发展还是如日中天，显得生机勃勃。

---

① ［美］富兰克·丹东、哈沃德·库茨：《报纸的再生》（英文版），20 世纪基金会（纽约）1993 年版。

② ［美］富兰克·丹东、哈沃德·库茨：《报纸的再生》（英文版），20 世纪基金会（纽约）1993 年版，第 182 页。

③ ［美］富兰克·丹东、哈沃德·库茨：《报纸的再生》（英文版），20 世纪基金会（纽约）1993 年版，第 24 页。

近十年来，西方各国电视业在技术层次上的发展呈现以下趋势。

（1）技术数字化。几十年来，电视一直使用模拟技术，而今天从模拟技术到数字技术的转变已成为全球电视业发展的大潮。技术数字化是整个电视业的一场革命。数字电视包括从采访、制作、播出、传输最后到接收的各个环节。数字电视使采制节目方便、快捷，电视屏幕清晰，且可大大扩大电视频道的容量。从 20 世纪 90 年代起，欧洲各国及美国、日本相互赶超，力争抢占数字电视的技术制高点。1998 年 11 月，美国的 10 个大城市中有 43 家电视台开播数字电视，成为世界上第一个播出数字电视的国家。2009 年 3 月 1 日，美国关闭模拟电视信号，全国实现电视数字化。

（2）传输网络化。这主要包括卫星传送和有线电视的光纤宽带网。使用数字压缩技术把一地的电视节目送上卫星，从而使电视节目覆盖全国乃至全球，这在西方许多国家已经实现。目前致力于解决的是，改造原有的有线电视网，铺设光纤宽带网，将原来单向传输节目的有线电视变成具有双向传输功能、提供多种服务的综合信息网，并大大提高传输质量、数量，从原先几十套电视节目扩大到几百套、上千套节目。据 2009 年 9 月非营利机构 The Conference Board 公布的一项调查显示，有 1/4 的美国家庭在线收看电视，比 2008 年增加 20%。

（3）频道专业化。在 20 世纪六七十年代，电视台一般都是综合台，包括新闻、综艺、电视剧以及娱乐体育节目等。频道专业化伴随着有线电视的推广、普及而出现。专业频道以新闻、影视、音乐、体育和时尚为大宗。在这些专业频道中，英国电视有一半属免费（视听费必须交），另一半则属收费。美国免费的无线电视已经不多，大城市能收看到的频道也只有十来个，目前大约有 6 500 万个家庭订购有线电视，占美国家庭总数的 65% 以上。美国有线电视收费在 20 世纪 90 年代中期达到 300 亿美元，到 2000 年达到 400 亿美元，和全国电视广告收入相当。

然而，技术的进步并没有带来电视节目的飞跃，相反，电视节目反而出现了返祖现象——回复到电视最初的功能，即娱乐。1936 年 11 月，BBC 建立第一座电视台，几乎全部播放录制的文艺节目。到 60 年代以后，新闻才逐渐成为电视台的主打。而现在，影视频道已占据西方各国电视频道的 95% 以上，尤其是新开设的频道，几乎是清一色的娱乐节目。尽管像 CNN 那样的全新闻频道在西方主要国家的建立，使新闻节目播出的时间大大增加，但从电视播出的时间比例上看，新闻节目所占比例还是在缩小。即使在新闻节目中，“硬”新闻也在减少，而娱乐化的“软”新闻在增加。毫无疑问，追求收视率、追逐利润的节目市场取向是造成节目娱乐化的直接原因。

三、电台：重现生机

进入 20 世纪 80 年代，电台在与报纸、电视的抗争中站稳了脚跟，即使在 20 世纪 90 年代后期互联网的冲击下，电台依然稳步前进。目前，西方家庭、个人共拥有

13 亿台以上收音机，平均每人一台。有营业执照的电台，大的国家有一万多家（例如美国），小的国家也有数千家。

电台的复活，其直接原因有如下三个。

（1）家庭轿车的普及。20 世纪八九十年代，西方有过长期的经济繁荣。在这样的背景下，家庭轿车拥有量迅猛增长。美国被称为“车轮上的国家”，成年人几乎人均一辆轿车。每辆轿车上都装有收音机，边开车边听广播已成为民众的习惯，车民几乎都是电台的听众。这样，电台数量随着轿车的增长而增长。

（2）彻底的频率专业化。在欧洲、美国和日本，除对外广播外，电台基本上没有综合性的，各个频率专业化，只做一种类型的节目，大的可分为新闻、音乐、气象交通、体育和财经（主要是证券）五大板块，每一板块下又细分许多类型。其中音乐台数量最多，每个台的听众数量虽不大，但听众的层次清晰、固定，广告客户可以有针对性地做广告，且广告收费低廉。例如，在一般的美国音乐台做广告，15 秒仅收费 10 ~ 20 美元，全年 3 000 ~ 6 000 美元，还不到在《纽约时报》上做一条分栏小广告的价格。这样，电台的广告收入源源不断。而电台的支出不多，一般电台才三四个人，设备单一，经营电台成了有利可图的行业。

（3）采用高新技术。近年来，数字音频广播逐步取代模拟广播。数字音频广播可利用卫星直播，大幅度提高了广播的覆盖率，而更重要的是它有很强的抗干扰能力，音质好（CD 的质量），可保证高速移动时的接收质量，且一个频率可输出多套节目。所以，数字音频广播是继调幅和调频广播以后的第三次革命，将给广播界带来巨大变化。1994 年 1 月，美国、英国、法国、德国、日本、加拿大、荷兰等国在伦敦成立“世界数字广播联盟”，全力推进这一技术。到 2000 年，美、英、法、日等国的国内广播基本上已采用数字音频广播。

四、呈马蹄形发展的互联网

从美国国防部阿帕网于 1969 年建立四个节点投入运行算起，近半个世纪的时间，互联网以其惊人的速度迅速崛起，到 20 世纪 90 年代中期已经能和三大老媒体相抗衡，开始时被称为“第四媒体”，现在被称为“新媒体”，甚至许多学者称现在为“新媒体时代”。

根据美国国防互联网委员会发布的《国际互联网发展状况报告》，1993 年全球只有 153 个网站（全部在西方发达国家），9 万名用户；至 2006 年已有网站数百家，网页数达 20 亿，1 770 万的网络注册域名，网民达 10.7 亿。其中，美国的网民达 1.5 亿，占全球总数的 14%，互联网普及率达到 42%，位居全球第一；欧洲网民总数为 3.1 亿，占全球总数的 28.9%（见表 3 – 4）。

网民人数呈几何级数的激增孕育着巨大的商机，引发各国政府的高度重视，亦引发了投资互联网的狂潮，2000 年达到鼎盛时期。这一大批网站以内容来看，有综合性网站，以美国 Yahoo、America Online 为代表；也有专业的商务网站，以美国的亚马逊网站为代表；以其属性看，有政府网站，像英国在线（UK Online）、日本的ECOM；有民间网站，美国绝大多数网站都属此类。

表3-4　世界网民的发展

地区	总人口(2005年估算值)	占世界总人口的比例	最新网民数	网民占人口数量比率	占世界网民数量比率	2000年至2006年网民增长率
非洲	915 210 928	14.1%	32 765 700	3.6%	3.0%	625.8%
亚洲	3 667 774 066	56.4%	378 593 457	10.3%	35.2%	231.2%
欧洲	807 289 020	12.4%	311 406 751	38.6%	28.9%	196.3%
中东	190 084 161	2.9%	19 028 400	10.0%	1.8%	479.3%
北美	331 473 276	5.1%	231 001 921	69.7%	21.5%	113.7%
拉美及加勒比地区	553 908 632	8.5%	85 042 986	15.4%	7.9%	370.7%
大洋洲	33 956 977	0.5%	18 364 772	54.1%	1.7%	141.0%
总计	6 499 697 060	100.0%	1 076 203 987	16.6%	100.0%	198.1%

从新闻角度看，大的综合性网站和新闻媒体办的网站是互联网发布新闻的主体，尤其是媒体办的网站，正吸引越来越多的网民。据《美国新闻学评论》公布的数据，至1998年底，世界范围的网络报纸达4 925家，美国有800多家电视台、1 000多家电台提供网上信息服务。可以说，目前西方发达国家比较有规模的新闻媒体都开办了自己的网站，《纽约时报》、《华盛顿邮报》、《今日美国》、《泰晤士报》等著名报纸的网站日均页面访问量已达300万次以上①。而且，网络新闻也开始走向专业化。在美国，有专门报道科技新闻的ZDNet（日均访问量590万人次）、气象新闻网Weather. com（日均访问量500万人次）、金融财政网CNN/FN（日均访问量130万人次）、体育新闻网ESPN. com（日均访问量400万人次）等。

从2000年下半年开始，西方各国的互联网业开始退烧，主要是网络的财政发生危机。除极个别的专业网站外，全世界所有大网站没有一个是赚钱的，它们不断在烧钱，而且像永远填不满的无底洞。网络的收入主要是广告，但广告收入对于网站巨大的开支而言简直是杯水车薪，而且看不到赢利的前景，使投资者望而却步，纷纷落荒而逃。像美国的Yahoo，在2000年8月的股票市场上每股还值300多美元，2002年7月就每股缩水到15美元；1999年底，America Online每股达到150美元，2002年7月却只值5美元左右。大批网站破产或关门大吉，互联网高开低走，在2001年的一片凄风惨雨中跌入低谷。

然而，作为新兴媒体，互联网具有传统媒体不可替代的优势。这一点，决定了互联网必将重新崛起。经过两三年的消沉，从2003年开始，互联网强势反弹，并以

① 赵启正：《中国网络事业发展现状和趋势》，《新闻战线》2000年第2期。

前所未有的速度快速增长。

互联网不断开拓服务领域，为公众提供无微不至的周到服务。网上银行、网上购物、网上游戏等，尤其是以 Google 为代表的强大搜索引擎，为公众提供了丰富的信息资源。上网已成为越来越多人工作、生活的必需。

互联网不断开发新技术，不断开拓其功能，宽带网的普及、互联网的容量大大增长，使视频、音乐下载等成为可能。同时，网民上网、链接的速度大大加快，尤其是 Web2.0 的采用，实现了网络社会化和个性化的理想，开创个体主导互联网的时代，这极大激发了网民的积极性，博客、播客成为社会时尚。

正因为互联网不断扩大服务领域，从而使网络赢利途径大大拓展，广告已不再是网络的主要收入来源。多样化的赢利手段，促使公众不断开拓网络的新功能，吸引更多的人投资网络，这使网络呈现一派繁荣、兴旺之势。

【思考题】

1. 当今世界媒体在新的政府规制下呈现出怎样的特点？
2. 世界媒体集中化的主要方式有哪些？
3. 媒体在商业化浪潮中表现出的积极方面和消极方面分别是什么？
4. 了解西方发达国家（西方六国）及日本的主要媒体。
5. 面对互联网的冲击，西方报业采取了哪些措施？
6. 近年来西方各国电视业在技术层面上的发展呈现出怎样的趋势？
7. 20 世纪 90 年代以来世界广播媒体重现生机的原因何在？
8. 谈谈你对互联网发展的认识。

【延伸阅读】

1. 李良荣：《当代世界新闻事业》，北京：中国人民大学出版社 2002 年版。

2. ［美］威廉·哈森著，张苏、苏丹译：《世界新闻多棱镜》，北京：新华出版社 2000 年版。

3. ［美］爱德华·赫尔曼等著，甄春亮等译：《全球媒体》，天津：天津人民出版社 2001 年版。

4. 辜晓进：《当代中外新闻传媒》，北京：中国人民大学出版社 2012 年版。

第四章　传媒业的社会功能

所谓“功能”，是指某一事物所能发挥的有利作用或效能，也可以说，某一事物的功能就是这一事物所具有的有效作用。① 新闻事业的社会功能，是指新闻事业对人类、对社会生活所能发挥的作用，即新闻事业满足社会需要的效能。归纳起来，新闻事业的主要功能是报道新闻、引导舆论、传播知识、提供娱乐、刊播广告。②

第一节　传递信息

一、新闻传媒为什么要传递信息

新闻的本质是信息，上述新闻事业的主要功能中的“报道新闻”我们可以理解为“传播信息”。在新闻事业的多种社会功能中，“报道新闻、传递信息”是新闻事业必须要发挥的功能，也就是基本功能，美国著名新闻学者卡斯珀·约斯特在其《新闻学原理》一书中谈到报纸的性质和作用时指出：“报纸是一种反映人类本性对新闻的普遍需要和要求的东西”；“报纸的最初作用在于传播新闻”，新闻是“报纸的主要基础”。我国著名新闻学者徐宝璜把报纸比作“近代文明中势力最雄伟之物也”。早在1919年，他就在其专著《新闻学》中概括了报纸的六项职责：“供给新闻、代表舆论、创造舆论、输灌知识、提倡道德、振兴商业。”③ 并指出前三者尤为重要。

对于当代新闻事业的功能和作用，联合国教科文组织领导的国际交流问题研究委员会，在其1980年完成的研究报告《多种声音，一个世界》中作了全面的阐释。当代新闻事业的功能和作用包括“获得消息情报”、“社会化”、“动力”、“辩论和讨论”、“教育”、“发展文化”、“娱乐”以及“一体化”八种。

上面所提及的几个关于新闻事业功能和作用的观点中，都把传播（供给）新闻作为报纸的最“主要”、最“重要”、最“基础”的职责和作用。杨保军教授对新闻事业传播的新闻的功能进行研究，认为新闻的功能可以从两个层面去认识：第一个层面是新闻的本体功能，又叫作本位功能，这是新闻第一位的功能；第二个功能

---

① 郑保卫：《当代新闻理论》，新华出版社2003年版，第205页。

② 何梓华、成美：《新闻理论教程》，高等教育出版社1999年版，第89页。

③ 徐宝璜：《新闻学》，中国人民大学出版社1994年版，第132页。

是属于本体功能的派生功能或者叫作延伸功能。如果从新闻与社会，新闻与人类的生存、生活的关系，即从外在的角度考察新闻的本体功能，就会发现，新闻的本体功能满足的是人类最基本的需要，也就是了解和认识客观世界的需要。如果没有新闻的本体功能，新闻对于人类的特殊意义和价值就不存在。

基于以上观点，可以总结出，传递信息是新闻事业最主要、最基本的功能，是新闻事业对社会必须起到的作用，也就是说，新闻事业就是为此而存在的，人们之所以需要新闻事业，最主要的目的是从中获取各种与自己利益相关的新闻信息。而新闻事业之所以能够存在和发展，能够为社会与公众所接受和喜欢，就在于它具有作为“信息传媒”所具有的那种特质——传播新闻。既然如此，我们就有必要追本溯源，从新闻活动和新闻事业产生的原因来探究这一问题。

1. 新闻信息传递活动的产生是人类社会求生存、图发展的需要

尽管新闻事业产生的标志——近代报刊是在 17 世纪才出现的，但人们之间的信息交流和传递在远古时代就已经产生了。人类学、社会学和考古专家的研究发现，有人类就有信息传播活动。传播就是指信息的交流和分享。

原始社会的人们想要生存和发展，首先就需要获得生存所需要的物质，因而人们开始进行物质生产劳动。由于当时人们从事物质生产劳动的生产力水平极为低下，为了对付险恶的自然环境，人们便开始相聚成群，一起采集植物和捕猎，在这种共同的劳动和生活当中，为了适应随时变化的自然和社会环境，原始人需要互相联络、交流情况，传递、分享信息。因为自然界的变化关系着人类的生存，所以人们必须随时随地了解外界的变化，其目的就是商量对策，以便协调一致、采取行动，于是互通信息就成为当时人们进行生产劳动时所必需的活动。这就使信息传播具备了必要性和可能性。由此，我们从原始社会的新闻活动中可以得出，新闻活动产生的原因是因为客观世界的变动关系到人类的生存；人类的社会性决定了人类从事新闻活动的社会需要；人类从事新闻活动的目的是了解客观世界的变动。出于这个目的，新闻传播的主要内容是人们赖以生存和发展的信息。这说明人类生存与发展的需要是新闻传播产生的根本动力。

信息交往需要是人类新闻传播现象产生的直接原因。“人们之间必须交往，这是一个平凡的事实，是社会之所以存在和发展的根源。”① 在现实世界里，人们处在一定的社会关系中，为了更好地生存和发展，相互之间需要交换知识和意见，需要沟通思想和情感，这种“精神的交往”所能借助的最好的手段就是新闻传媒，而新闻传媒所能提供人们用于“精神交往”的最好的形式就是新闻传播。正是人们的这种“社会交往”的需要，促成了新闻传播活动的产生。

2. 新闻事业是新闻信息传递活动社会化的产物

所谓“事业”，按照《现代汉语词典》的解释是指“人类所从事的，具有一定

---

① 郭湛：《主体性哲学——人的存在及其意义》，云南人民出版社 2002 年版，第 250 页。

目标、规模和系统而对社会发展有影响的经常活动”。据此，我们可以这样理解新闻事业：新闻事业是指人类运用已经形成一定规模和系统的新闻媒介，有组织地采集、报道、评述和传播新闻，以影响舆论、服务社会的经常性活动。它包括报纸、广播电台、电视台、网络等传播媒介。新闻事业的产生是保证新闻传播活动能够连续不断地传播下去的必要条件。新闻事业的形成有以下几个标志：“第一，有了专业化的传播机构和专门化的从业人员；第二，形成了具有新闻需求的受众群；第三，非手工操作的传播工具；第四，规模较大和持续不断的新闻传播活动；第五，实现了传播方式由‘点—点’到‘点—面’的转变。”①

新闻事业是人类社会发展到一定历史阶段的产物，是适应这一阶段的社会需要而产生的。当人类社会发展到需要新闻传播活动成为经常性的、大规模的、连续不断的且非手工操作的传播活动时，新闻事业就产生了。

马克思在谈到需要和生产时揭示了一条朴实的真理：“没有需要，就没有生产。”② 报纸的出现以及它的大量生产，正是适应了当时社会对信息的大量需求。

从新闻活动和新闻事业（媒体）产生的原因来看，它们都是为了满足人类最基本的需要而产生的，舍此，新闻传播就无存在于世的理由，因此，传播新闻是新闻事业首要的、最为基本的任务。

二、新闻信息的特点决定了传递信息是新闻事业最基本的社会功能

传递信息之所以是新闻事业最基本的社会功能，不仅由于新闻事业在传播信息方面具有无所不包、无人不需的优势，同时也是由新闻信息的特征所决定的。

真实和新鲜是新闻信息与生俱来的两大特点，新闻信息之所以必须真实和迅速，是由于人类求生存、图发展的需要。

新闻以真实为生命。新闻的这一基本特征，使人们能够获取真实的信息，从微观和宏观两方面得到对事物真实具体的了解，减少认识上的不确定性。这正是人们认识世界、改造世界的前提和基础。

新闻信息的新鲜性，能够迅速及时地反映客观事物的新发展、新变化。客观世界永远处在不断发展变化的过程之中。大千世界，时刻都有新事物的出现，旧事物的消亡。这种正在发生的变化和潜在的变化，正是新闻所要捕捉和反映的对象。新闻的这种常新的面貌，盎然的新意，使它成为“有兴味的日新月异的教科书”。它不仅帮助人们不断了解新事物、新情况和不断获得新信息，而且逐步丰富和提高人们的认识，使人们在已知中去探求未知，不断地认识世界、监测和守望我们生活的环境，更好地调节自己的思想行为，协调与群体、社会的关系，在改造客观世界和主观世界的过程中，增强适应性和主动性。

---

① 项德生、郑保卫：《新闻学概论》，武汉大学出版社 2000 年版，第 89 页。

② 《马克思恩格斯全集》（第 23 卷），人民出版社 1972 年版，第 784 页。

三、传递信息是新闻事业其他社会功能实现的基础

传递信息既是新闻事业最主要的功能，也是其他功能得以实现的基础。这是由新闻事业反映社会生活的方式和手段所决定的。如表达意见进而引导舆论，就需要借助新闻信息的传递才能够完成，因为新闻事业引导舆论的功能是通过对意见的传递形成舆论，并对舆论进行引导。又比如传播知识，新闻媒介传播的大部分知识都建立在报道新闻、传递信息的基础上。

西方的传播学者也十分重视大众传播媒介传播新闻的功能，尽管他们对大众传播功能的表述各不相同，有的归纳为监测环境、协调社会和传播社会文化遗产三种，有的归纳为监测、协调、教育及娱乐四种。说法虽各有不同，但有一点是共同的，即都认为传播新闻信息是大众传播的首要功能。他们所说的“社会雷达”、“守望环境”、“岗哨”等功能，主要也是指传播新闻信息这一功能。大众传播媒介必须力求迅速、真实地报道新闻、传播信息，使人们能及时了解客观世界的变化，主动适应变化了的环境，并及时采取相应的措施，趋利避害。如果做不到这一点，大众传播媒介将失去存在的价值。综上所述，可以得出这样的结论：传递信息、报道新闻是新闻事业的首要功能，也是新闻事业存在的价值。

第二节　表达意见　引导舆论

一、表达意见、引导舆论取决于新闻媒体的性质

“新闻事业是以传播新闻为主要手段来满足人们信息需要的社会文化事业。在阶级社会中，它是一定阶级传播新闻、引导舆论、服务社会的舆论工具。作为信息产业的一部分，它在经营上实行企业化管理，遵循经济与市场规律。”① 这是对新闻事业性质的比较完整的表述，郑保卫教授认为新闻事业有三重属性：社会属性——社会文化事业；政治属性——阶级的舆论工具；经济属性——信息产业实体。但其根本属性属于上层建筑意识形态领域中的思想上层建筑领域，其特点表现为非强制性，非强制性的特点体现为对意见的反映和引导。从新闻事业的性质可以推断出，表达意见、引导舆论也是新闻事业的基本功能。关于新闻事业的舆论功能，国内外也有各种各样的表述方式。日本学者松本君平认为，报纸之所以有力量，“盖以新闻为舆论之引火线，而又为舆论之制造器也”②。徐宝璜认为，报纸可以“代表舆论，创造舆论”③。梁启超关于报纸两大社会功能——“向导国民，监督政府”的

---

① 郑保卫：《当代新闻理论》，新华出版社 2003 年版，第 197 页。

② 转引自余家宏、宁树藩等：《新闻文存》，中国新闻出版社 1987 年版，第 12 页。

③ 徐宝璜：《新闻学》，中国人民大学出版社 1994 年版，第 5 ~ 7 页。

观点，说的都是报纸的舆论功能。[1] 马克思把报纸比作“社会舆论的纸币”。列宁著名的“集体的宣传员、鼓动员和组织者”的论断，也主要是从报纸舆论功能的角度提出来的。而毛泽东关于报纸“五大作用”——“组织、鼓舞、激励、批判、推动”的概括，显然也是把报纸视为舆论工具，强调通过其舆论功能来实现“五大作用”。

新闻事业在传递信息的过程中，也在进行着意见的表达和反映，因为从新闻的生产过程来看，新闻是主客观相互作用的产物，新闻传播者可以根据自己的认识、观点以及特定的编辑方针等来选择事实，并经过遣词造句、制作编排等新闻手段处理后传播出去，营造一种信息环境，期望受众的思想、行为根据传播者的目的发生改变，受众在接受信息时同样是根据自己的认识、观点和社会背景有选择地接受新闻，这里蕴含着意见的表达与沟通。

表达意见是形成舆论进而引导舆论的基础。何谓舆论？“舆论就是在特定的时间空间里，公众对于特定的社会公共事务公开表达的基本一致的意见或态度。”[2] 可见，舆论的主体是社会公众，舆论的客体就是公众所共同关心的社会事务，舆论的本体是社会公众的共同意见。意见既具有个性化特点又具有社会化特点，影响意见形成的因素与每个人的文化、信仰、知识背景、看问题的方法有关。因此意见表现出个体的差异性，形成个性化特点，但意见的形成又离不开人生活的社会环境，个人意见在形成的过程中，必然要受到社会环境的影响，正因为如此，意见又具有社会化特征。新闻事业所要表达、反映和沟通的是具有社会性的意见，即具有共同性或基本一致的意见和态度。

新闻事业属于上层建筑的范畴，是社会不可或缺的信息媒介和舆论机构，负有监测环境、守望社会的职责。而舆论作为一种反映社会状况的“温度计”和“晴雨表”，代表和反映社会成员中相当数量的人们对某一问题的议论和评价，是群体意识的集合，具有鲜明的倾向性。舆论是意见的公开表达，只有公开表达，才能反映交流，并吸引更多的人参与从而形成更广泛的普遍意见。新闻事业既然具有对社会的监督作用，就应该担当对舆论的影响和引导职责。

舆论需要引导。一般来说，舆论大致可以分为国家舆论、阶级舆论和公众舆论。国家舆论体现的是国家控制者的意志和要求，具有权威性和影响力。阶级舆论是有共同经济利益和政治地位的社会成员，基于共同的利益要求所产生的共同的意见。阶级舆论通常以政党舆论的形式表现出来。公众舆论是需要引导的舆论，也是最常见、最普遍的舆论类型，上述舆论的定义即是指这类舆论。公众舆论之所以需要引导是由它的特征所决定的。公众舆论具有急迫性，即对与时局相关的事态作出的反映；公共性，即利益对公众而言的接近性，受到公众普遍关注；急迫性，舆论所涉

---

① 转引自关绍箕：《中国传播理论》，台湾正中书局1994年版，第346页。

② 李良荣：《新闻学导论》，高等教育出版社2007年版，第47页。

及的都是近在眼前而且迫切需要解决的问题。公众舆论是社会大众对现实生活中某一事态的一种初步、直接的反映，它内容广泛、大胆活跃，是未经组织而自发形成的意见，常带有某种程度的偏激与盲目，其影响力不能低估。

新闻传播之所以能够影响并引导舆论，不仅是因为它能够通过意见的反映、交流、沟通，代表舆论，营造舆论环境，还因为它具有“议程设置”的功能，“议程设置”主要讲的就是舆论导向的功能和方法问题。美国传播学者麦克姆斯和肖在阐释这一理论时认为：“大众传播具有一种为公众‘设置议程’的功能，传媒的新闻报道和信息传达活动以赋予各种‘议题’不同程度的显著性的方式，影响着人们对周围世界的‘大事’及其重要性的判断。”①

按照这一理论的解释，传媒正是通过设置能够体现传播者思想和利益的某一议程（话题），并将其突出到显著性位置，用以吸引受众关注，借此来影响受众对这一议程的重视和认可。通过新闻传播手段实现对舆论的引导，实际上就是形成有利于社会发展的社会舆论。新闻传媒表达意见、引导舆论的功能是由新闻媒体的性质决定的。

以上分析说明了新闻事业必须发挥引导社会舆论的功能，那么，在舆论从产生到形成并作用于社会生活这个过程中，新闻传媒究竟发挥了怎样的作用，也就是说新闻传媒与舆论到底是怎样的关系呢？

二、新闻传媒和舆论的关系

新闻媒介在舆论从产生到形成并作用于社会的每个环节中都发挥着重要的作用，舆论的形成过程一般经过以下阶段：第一，问题提出。分散的公众成员意识到涉及公众利益的事件、人物、问题等，即舆论意识的课题开始被列入公众关注范围、提上公众讨论议程。第二，社会讨论。特定的公共事务被列入议程以后，分散的公众成员开始就其公开发表个人意见，公众之间相互影响、相互作用，这是一个平等、充分、交换意见的过程，也是舆论形成的开始。第三，社会协调（意见整合）。分散的个人意见并不是舆论，必须经过讨论，把大量的、不一致的、散落的意见，通过选择、吸收、扬弃，进行集中、归纳并综合，最后形成一个集合性的、基本一致的意见，也就是经历一种有效的意见整合，形成舆论内核。这是一个在公众成员充分对话、共同探讨基础上协调一致的社会互动过程。第四，公开表达。一致性的意见或态度形成，还必须经过一定的渠道，借助公开的传播媒介向社会表达，才能成为最终的公众舆论并作用于社会各个领域。没有公开的意见表达就没有舆论，它是舆论最后形成的标志。②

舆论形成的四个阶段可以归纳为意见酝酿、意见表达、形成多数和达成共识。

---

① 郭庆光：《传播学教程》，中国人民大学出版社 1999 年版，第 214 页。

② 李良荣：《新闻学导论》，高等教育出版社 2007 年版，第 55 页。

在全部的四个阶段，新闻传媒都参与其中。第一，新闻媒介是舆论传播的载体。各种分散的意见，借助新闻传媒可以集中起来加以传播、扩散。第二，新闻是舆论形成的基础。舆论是一种意见，而意见产生于人们对某一现实问题的评价和判断，人们只有了解到问题的真实情况，弄清了它产生和形成的来龙去脉，消除或减少了自己在认识上的不确定的东西，才能对它作出判断，发表意见。而新闻传媒传播的信息就可以消除人们认识上的不确定性，从而形成舆论。第三，舆论是新闻报道的重要内容，舆论反映的是人们对社会上一些有争议的现实问题的意见，因而总是容易为公众所关注，具有较大的新闻价值。我们的新闻报道常常把视线瞄向社会上群众议论纷纷的那些“热点”问题。第四，新闻既可以反映和表达舆论，也可以影响和引导舆论。

总之，舆论是新闻报道的重要内容，舆论影响着新闻的产生，有时甚至是新闻报道的素材；新闻则是舆论的载体，新闻既可以反映和表达舆论，也可以影响和引导舆论；而新闻对舆论的影响和引导，又导致了新的舆论的产生。

【案例分析】

2003 年，西安《华商报》记者江雪报道了发生在陕西省延安市的一件事——“夫妻看黄碟　警察上门查”，报道时间持续半年。最后形成舆论，纠正了警方不恰当的做法。经过如下：第一，延安宝塔路派出所根据群众举报，拘留了和妻子在家看黄碟的个体医生张某。《华商报》报道了此事，并提出张某是否应该拘留，这是问题的提出。第二，张某的行为属于什么性质？公安机关的行为是履行公共权力，还是干预了他人私生活，侵犯了个人隐私权？《华商报》报道了社会公众的不同观点，引发了一场社会讨论。第三，社会协调（意见整合）阶段。记者江雪访问了权威机构，走访了法律专家，该问题经过探讨，最终统一了意见，认定张某的行为没有涉黄，属于个人隐私，不在公安机关执行的公权力的范围内，最后形成一个集合性的基本一致的意见。第四，综合公众的意见进行报道，公安机关释放张某。由此事件可以看到新闻媒体在舆论形成和舆论引导方面的作用。

三、新媒体时代的舆论引导

当前，在社会转型期和改革深化期，由于社会成员利益分配格局的变化，由于不公平、不正义乃至腐败现象的客观存在，社会矛盾趋于复杂，甚至在有些地区矛盾不断累积并恶性爆发，舆论引导显得比以往任何时候都更加重要。关于汶川地震的新闻报道和信息发布，在国内获得高度认同，在国际上也广受好评。主政者、新闻管理部门、新闻传媒及其从业者的舆论引导能力从中得以凸显。这一舆论引导的成功的经典案例对新媒体时代舆论引导有以下启示。

1. 及时提供真实而充分、公开且透明的信息，使谣言在信息公开面前失去传播的空间

信息是构建意见的基础，及时、真实、充分、完整的信息有利于正确意见的形成，因此，新闻传媒提供信息时要特别注意冷静、客观、准确、全面，保证不误导受众。反观近年来对社会发展带来不利影响的突发性事件，与舆论引导能力不强有关。例如，云南陆良事件、孟连事件，贵州瓮安事件，重庆万州事件，安徽池州事件，浙江瑞安事件，四川大竹事件等，都折射出一个大致相同的问题：在事件初起时，当地的新闻传媒都未能及时提供公开、透明、权威的信息，未能对社会舆论进行恰当而有效的引导。由于当地媒体的失语，以致“信息来源纷乱众多，没有民众公认的‘权威发布’”①，加之其他原因的合力作用，最后酿成了程度严重的社会群体性泄愤事件。

2. 把脉舆情变化，主动设置议题

随着社会舆论多元化，传统媒体要想成为新闻舆论的主导者，必须用主流声音主动引导舆论，及时准确地把握舆情变化，主动设置议题，才能赢得舆论引导的主动权。2011 年 7 月 23 日发生的温州动车追尾事故，主流媒体在事发当天就立即进行报道，新华社继 7 月 24 日系统报道温州动车追尾事故“紧急救援 24 小时”后，25 日以“不该发生的事故为何发生”为题，开始冷静探寻、理性反思事故发生的深层原因。《人民日报》的《人民时评》栏目，连续刊发 8 篇评论，多方面、多层次深度分析这起重大铁路交通事故原因及由此引发的社会敏感话题。在此次报道中，传统媒体保持了应有的理性，报道适时、适量、适度，在这一重大突发性事件报道过程中，主流媒体进行了精心的议题设置。从事故发生以来的报道可以看出，主流媒体以自觉的意识和强烈的符号冲击力，为公众设置了这样一些中心议题：一是党和政府及铁路部门高度重视“7 · 23”温州动车追尾事故，始终把人民群众的生命财产安全放在第一位；二是按照科学、严谨、依法和实事求是的原则，严肃认真地对事故进行调查处理，且调查处理工作公开、透明，调查进程及时向社会公布，给人民群众一个真诚、负责任的交代；三是全力救治受伤人员，全力减少因伤死亡、因伤致残的人数，准确核实遇难者人数和身份，妥善做好赔偿、抚恤等工作。这些既符合客观实际，又代表公众意愿，展示了高水平的社会动员和舆论引导能力。

3. 对新闻信息做好过滤、解析工作

主流媒体既是信息的传播者，也是信息的过滤器。它是一种建设性的社会力量，是公众主要倚重的信息源与信息获取渠道，是保障社会秩序的“稳压器”与“安全阀”。正确把握突发性事件新闻报道的舆论导向，提高应急报道水平是新时期党和政府对媒体提出的政治要求，也是媒体应承担的社会责任。

---

① 于建嵘：《社会泄愤事件反思》，《南风窗》2008 年第 15 期。

主流媒体是自媒体高可信度的关键信源，所以，一定要把握好传统媒体的信源关，主动及时地发布正面信息，传达党和政府的声音，特别是在突发事件发生后，要遵循及时、准确、有利的原则进行相关新闻的报道，引导自媒体舆论的正面发展。在重大突发事件面前，主流媒体的观点与态度直接影响到公众对问题的认识与情绪。在非常态下，由于正常的社会生活秩序被打乱，信息渠道被部分地阻隔，公众把对真实情况的获知愿望寄托于主流媒体，主流媒体要满足受众的知情权，使受众在充分知情的前提下依法行使其表达权、参与权、监督权，同时需要做好信息过滤工作，这是引导舆论非常重要的条件，通过正面舆论凝心聚力。

4. 提高舆论引导能力

新闻事业管理者、新闻传媒及其从业者的舆论引导能力参差不齐。舆论引导不得力和不得法的现象时有发生，正因为如此，必须强调“把提高舆论引导能力放在突出位置”。

进行舆论引导和具备舆论引导能力存在着层次上的差别。特定主体进行导向正确的舆论引导，在许多情况下未必就能获得良好的引导效果；如果具备比较高的舆论引导能力，那么所进行的舆论引导往往就能获得预期的良好效果。因此，从强调进行舆论引导到强调提高舆论引导能力，是根据新时期舆论引导的实际情况和需要对新闻传媒提出的要求。

5. 创新报道形式，提高引导艺术

在新媒体时代，主流媒体要充分研究、准确把握大众传播规律和受众的信息接收习惯，立足时代特征和当下特点，持之以恒地创新新闻报道形式，增强舆论引导的艺术性，力求形态新、包装新、风格新。要采用群众喜闻乐见的形式，提高舆论引导的吸引力和感染力。

第三节　联系社会

新闻事业的最根本的功能是传递信息、报道新闻，其目的在于沟通和交流情况，联系社会，使社会公众及时了解客观世界的发展变化，使上层了解下情，基层了解上情，增强人类社会的联系和交往。中国改良派人士王韬把这种功能看作是报纸的“通达”功能，把它的作用归纳为“民隐得以上达”、“君惠得以下逮”、“达内事与外”、“通外情于内”，其核心意思就是指传媒具有沟通交流作用。

人类生活是一种社会化的生活，成员之间彼此结成一定的关系。社会成员的相互沟通、联系和协调，是从事有序的生产劳动，维持正常的生活，求得和谐的生存条件以及社会发展的重要保障。闭目塞听，互不往来，必将影响和延缓个人的或社会的发展和进步。在人类的这种联系和沟通中，离不开新闻传播这一中介。尤其是在当代，随着电子传播媒介的出现，新闻活动已经跨越了时空界限，地球缩小成为“地球村”，人与人之间的沟通和信息交流越来越紧密和频繁，新闻事业更成为必不可少的中介物。

传递信息、报道新闻是新闻事业的本体功能，它所起到的作用是联系和沟通，新闻事业之所以产生，就是因为它能够满足人类社会联系和互相交往的需要。换句话说，如果失去了联系和沟通的作用，新闻事业便失去了存在的必要性了。因为在社会生活中，人的社会关系能够结成，无不借助于新闻传播，可以说，没有传播，就没有沟通，就没有社会。何谓社会？马克思说："生产关系总合起来就构成为所谓社会关系，构成为所谓社会。"① 新闻事业联系和沟通的作用在社会形成中无疑发挥着重要的作用。贝尔纳·瓦耶纳认为，"新闻形成社会，因为它给社会以形式，是新闻，实际上也只有新闻，能使全社会的单子凝结起来，能使潜在的现象明朗化，能够左右潮流，能够引出千百万条件相似的、渴望寻觅知音人们的共同感应。除新闻外，没有别的东西能把人们连通起来"②。

新闻事业的沟通和交流，既包括阶级、政党、政府和群众之间的纵向的沟通和交流，也包括人与人、个人与群体乃至民族与民族、国家与国家之间的横向的沟通和交流。通过对事实、情况、意见等多方面信息的上情下达、下情上达，对话协调，去塞求通，进一步加深彼此的理解，扩大彼此的共识，增强彼此的信任，密切彼此的关系，把社会上大多数人的认识、观念和感情联结起来，建立正常化、有序化和规范化的人际关系，共同维护社会的正常秩序，维护社会公德和人类的整体利益，促进社会的发展和进步。正如联合国教科文组织国际交流研究委员会在一份报告中所说，"交流能把知识、组织和力量结合到一起，而且像一根无形的线，通过人们为改善生活而进行的不懈努力，把人类最古老的历史和最崇高的理想贯穿起来"，"帮助人类摆脱贫困、压迫和恐惧，把整个人类联合到一起，组成一个整体，互相支持，增进了解"。③

在阶级社会里，新闻事业会为其所在的阶级承担沟通和联系的职责，它对事实、情况、意见、观念的沟通和交流，不是"纯客观"的反映，也不是自然主义的"有闻必录"，而是通过一个主动发现、分析、判断、选择的过程。在这一过程中，新闻事业自觉或不自觉地要反映阶级的愿望和要求，传播本阶级的思想和意志，首先保证本阶级内部的情况畅通、意见一致、行动协调，同时，努力扩大和强化本阶级的影响，争取把社会上的绝大多数人团结在自己周围，为实现本阶级的思想和目标服务。

刘少奇在《对华北记者团的谈话》中指出："我们党要通过千百条线索和群众联系起来，而你们的工作，你们的事业，就是千百条线索中很重要的一条。报纸每天和群众见面，每天把党的政策告诉群众。军队是党联系群众的桥梁，人民代表大

---

① 《马克思恩格斯选集》（第 1 卷），人民出版社 1972 年版，第 363 页。

② ［法］贝尔纳·瓦耶纳著，丁雪英、连燕堂译：《当代新闻学》，新华出版社 1986 年版，第 17 页。

③ 《多种声音，一个世界》，中国对外翻译出版社 1981 年版，第 3 页。

会、合作社等也是党联系群众的桥梁。没有这些桥梁，党和人民群众的联系就断了，党和人民之间就有了鸿沟，因此必须要有这些桥梁。千座桥，万条线，主要的一个就是报纸。”① 我国社会主义新闻事业是党和人民的耳目喉舌，是党和政府联系人民群众的桥梁和纽带。增强党、政府和人民群众的联系是社会主义新闻事业义不容辞的职责和使命。社会主义新闻事业一方面要积极、准确、生动地向群众宣传党的纲领、路线、方针、政策，密切结合实际，结合群众的切身利益，针对群众的思想和要求，运用群众创造的经验和典型，具体地、生动地宣传党的方针政策。另一方面要及时反映党的方针政策在人民群众中贯彻执行的情况和出现的问题，反映群众在社会实践中创造的光辉业绩、涌现出来的先进典型，以及他们的情绪、意见和要求，以使党的方针得到进一步的完善、丰富和发展。

【思考题】

1. 为什么说传播信息、报道新闻是新闻事业的首要功能？
2. 舆论是如何形成的？新闻媒体在舆论形成的过程中起到怎样的作用？
3. 谈谈你对新媒体时代舆论引导的看法。
4. 怎样理解新闻事业的联系沟通作用？

【延伸阅读】

1. 杨保军：《新闻理论教程》（第二版），北京：中国人民大学出版社 2012 年版。
2. 黄旦：《新闻传播学》，杭州：浙江大学出版社 1997 年版。
3. 丁柏全：《新闻理论探索》，上海：上海交通大学出版社 2012 年版。
4. 杨保军：《新闻的本体功能与派生功能》，《理论月刊》2010 年第 3 期。

① 中共中央宣传部新闻局编：《马克思主义新闻工作文献选读》，人民出版社 1990 年版，第 220 页。

第五章　大众传媒与社会

第一节　大众传媒与社会系统

人类社会的发展导致社会结构复杂化和社会分工的加剧，社会日益分化成功能各异的不同子系统，但各个子系统之间并不是互相分离的，它们彼此间相互依赖，再通过协调，整合组成社会系统。从社会系统论的角度来看，对大众传媒的分析和研究，应该结合特定的社会条件，从总体的社会关系中去把握、理解它。

一、媒介生态环境对媒介发展的作用

大众传媒也是一种社会系统，是社会的有机组成部分，它的存在和发展与其他子系统（如政治、经济、文化等）也存在着密切的关系。这种关系的总和即是媒介的生态环境。

所谓“媒介生态环境”，是指在一定社会环境中媒介各个构成要素、媒介之间、媒介与其外部环境之间通过相互良性制约而达到的一种相对平衡的结构。从新闻媒介产生和发展的历史来看，媒介生态环境对媒介发展的意义体现于三个方面。

1. 决定媒介制度

当今世界，健全的媒介体系已成为一个国家文明的标志。但各国的媒介制度却不尽相同，甚至是大相径庭的。这主要与一个国家的社会条件相关。如前所述，西方发达资本主义国家多为私有制或者公私并举的双轨制，而社会主义国家则较多采用国有制。在许多发展中国家，虽然社会制度不同，但媒介中有许多是国家所有的，政府对媒介有较强的调控能力，这又是与它们的经济水平、历史传统和文化发展密切相关的。因此，尽管媒介发展有其自身的内在规律，但一个国家或地区的媒介制度在很大程度上受制于媒介所处的社会环境。

2. 决定媒介发展水平

媒介要想健康有序地发展就必须依托一个平衡、和谐的媒介生态环境，在这样一种环境下，媒介运作进入有条不紊的自动调节、合理控制的轨道，各种媒介的数量比例、运行模式、资源配置和能量交换等都处于相对稳定的状态，媒介发展的潜能与环境阻力恰到好处地被置于动态的平衡之中。综观世界，一个国家或地区的媒介整体水平几乎无一例外的都是与社会发展水平相适应的。文明程度高、民主制度健全、经济发达以及综合国力强的国家和地区，媒介的整体发展水平必然较高。

3. 决定媒介的行业规范、职业理念和运作方式

媒介作为大众传播工具，它的理念与规范具有相当程度的共通性，如真实性原则与客观性原则。但处在不同社会环境中的媒介，在基本的规范、理念及运作方面也存在着相当大的差异。比如对新闻价值的认知，发展中国家与发达国家之间就存在很大差别。发展中国家的媒介多以维护社会秩序、促进国家发展为己任，因此认为“好新闻”具有较大的新闻价值，报道多以正面肯定为主；而发达国家认为舆论监督是媒介的重要职能，因此其报道多反映社会冲突与变化，“坏新闻”的新闻价值就被凸显了出来。当然，媒介并非总是被动地受制于环境，它同时对环境产生巨大的反作用力。

二、大众传媒在构建和谐社会中的作用

关于大众传媒的社会功能，很久以来一直是社会科学家关注的焦点问题。本书在第四章也作了较为详细的阐释。在此，我们将从相关案例入手，来探讨大众传媒在构建和谐社会中的作用。

1. “限制高消费令”与社会信用体系的维护

案例1：2005年2月2日，长沙市芙蓉区人民法院开出湖南省第一张“限制高消费令”，在报纸上公布了11名自然人的姓名和5家单位的名称，他们被禁止乘坐飞机、出租车、驾驶及乘坐小轿车等高档交通工具；不得在宾馆、酒楼等高消费场所消费等，只能按照长沙市最低生活保障的标准进行消费。法院将根据群众举报，对有高消费行为的“老赖”（欠债不还者）采取拘留等强制措施。就在“限制高消费令”签发的第一天，一名“老赖”因打手机被拘留。由于商业信誉受损和商业行为受阻，三名“老赖”主动来到法院，表示将以最快速度付清执行款项，并制订了还款计划，其中一名“老赖”向法院申请乘坐飞机资格。次日，又有六名“老赖”致电法院，表示将以最快的速度还钱，其中有两人交纳了第一笔执行款。

商业中的经济拖欠行为是众多社会不诚信行为的一种。法院、媒体和公众三种力量共同督促债务人履行义务，无疑是积极而有效的。媒体借助其公共通道的优势与公众进行沟通，将不诚信的行为公之于众，使社会舆论得以“放大”，促进了法院“执行难”问题的解决，凸显了媒体在维护社会信用体系中的积极作用。

“诚信”作为良好社会秩序的纽带和调节器，不仅是社会道德规范的重要内容，也是市场经济中契约观念的内在要求。在中国传统的“乡土社会”中，由于缺少地区性社会流动，地方风俗礼仪和乡情使人与人之间形成了“有机的团结”，讲诚信是自然而然的事情。而在现代的商业城市里，跨地区的流动人口增多，许多人素不相识，人与人之间是“机械的团结”，诚信的实现缺少情感的纽带，依靠的是法理社会中法律的权威。

改革开放以来，中国社会逐步从传统的“乡土社会”走向城市化，原来的礼俗与情感纽带逐渐弱化和消解，而法理型权威尚未确立，因此出现了诚信状况滑坡与恶化的现象。如大量堆积的“三角债”，到期未还的高校助学贷款，浙江金华的敌敌畏火腿，德州的病死扒鸡，肆虐乡村的“杀人奶粉”，街道的“牛皮癣”、办假证广告等。社会信用严重透支，制约了社会经济、文化的发展，甚至影响到社会的心理层面，人与人之间的关系变得冷漠而又尴尬，几乎到了人人自危的地步。

媒体的曝光有利于增强信息的透明度，减少双方的信息不对称，并通过曝光监督形成威慑作用，使组织或个人关心自己的信誉，调整自己的行为。有时大众传媒的报道对不诚信行为的打击是致命的，如金华火腿被央视《每周质量报告》曝光后，整个火腿行业受到重创。一位老总说，金华火腿事件能教育三代金华人，至少这三代金华人不敢再造假了。这给更多的造假者敲响了警钟。

同时，媒体还可以通过对讲诚信的组织或个人进行正面报道，依靠榜样的示范作用鼓励社会诚信，如媒体报道，河南信阳市的老汉刘汉新受人委托买彩票中了500万元大奖，依然把中奖彩票交还委托人，这深深触动了人们的诚信意识。

在从“乡土社会”到现代社会的转变过程中，社会诚信的树立有赖于法制的健全，没有法律的约束，难以形成诚信的社会。但是执法部门的资源非常有限，难以进行全面的监督，而媒体作为公共平台，其触角却可以伸入社会的各个角落，通过发挥揭示信息、舆论监督的强大功能来促进社会信用体系的建立。

2. “的哥追逃事件”与社会理性的培育

案例2：2004年8月1日晚10时40分许，两名男子拦下的哥黄某驾驶的的士，分坐前后排的两名男子先后把刀架在的哥的脖子上，搜走其身上的现金和手机后逃跑。黄某在开车追逃途中，因遭到持刀威胁而把其中一名歹徒撞死。检察院以故意伤害罪对黄某提起公诉，湘潭大学原法学院院长邱兴隆免费为黄某做无罪辩护。有关媒体则因势利导举行了一次热线讨论。黄某得到了社会的广泛声援，有的人还特地赶到报社发表意见。许多民众基于对社会治安的担心，赞扬黄某“为民除害”的壮举，但最后民意慢慢趋于理性，不再过激地认为非要将持刀劫匪杀死。

通过讨论，民众意见最后对的哥应负刑事责任表示认同，这种将社会矛盾和冲突的解决纳入法制轨道的做法，是社会理性的表现。一个缺少理性的社会不可能是一个和谐的社会，恐怖主义、人体炸弹、挟持勒索等都是极端无理性的表现，极端行为盛行，整个社会缺乏理性，和谐社会便只能是痴心妄想。

社会理性的培育需要塑造个人理性，更需要塑造群体理性。一个丧失理性的马加爵可以毁掉5个家庭，而群体的无理性可以造成社会的动乱和分裂，带来的可能是更大的灾难。公共选择理论告诉我们，社会中的个人一般来说是理性的“经济人”，但由无理性个人构成的社会群体却可能出现集体无理性，“文革”时期的动乱就是集体无理性的表现。一个理性的社会是基于公共利益或共同利益对“经济人”的动机和行为进行有效约束的社会，因而能够整合不同的利益主体，将各种利益冲突控制在有秩序的范围内，在冲突之中能够达成一致，在面对重大刺激时能朝相同的方向作出反应，不至于在冲突中以分裂的形式发展。

从根本上说，社会理性要求社会个体抛弃偏激姿态，增强容忍度，彼此达成共识。而以传播、沟通为首要宗旨的新闻媒介在社会生活中能够发挥“公共论坛”的作用，强化和谐合作氛围，培育社会公共理性，从而能够促使和谐社会得以建立。

大众传媒在培育社会理性方面具有独特的功能。在新时期，公共空间是大众传媒的必然选择，大众传媒作为公共空间，能够为民众提供一个氛围宽松的公共舆论平台，通过各方面的信息表达，实现民众之间不同观点的碰撞、交流和沟通。

公共空间作为私人领域与公共权威之间的非官方场所，能够促进公共权威及其决策和民众之间的互动，在政府和民众之间搭起一座沟通之桥和互信之桥。如在2003年《南方都市报》的运作下，深圳市市长于幼军与网文《深圳，你被谁抛弃》的作者吕中校进行了一场“平等”的对话，既让民意通过大众传媒得到了表达，又让政府在传媒论坛上作出了积极的响应，民众和政府最终通过协商讨论达成了理性的一致。

3. “袖珍妈妈”现象与对社会弱势群体的关注

案例3：长沙市坡子街的“袖珍妈妈”刘爱华，因小时候脊椎受伤而成为一个终生只有88厘米的残疾人，她40岁成家，冒着生命危险生下儿子小威，但儿子不到3岁，丈夫就去世了，之后她又下了岗，12年来，她靠摆烟摊、卖冰棍、擦皮鞋将儿子拉扯大。在中央和省市各级新闻媒体的关注下，刘爱华母子得到了社会各界的关心和资助，目前她正准备弄一个小商铺，靠自己的能力供儿子读书。2005年4月27日，长沙市天心区学院街街道居委会在全市首创“感动街巷十大人物”的评选活动，刘爱华被评为“自强之星”。（见《长沙晚报》2005年4月28日相关报道）

阶层分化是社会现代化进程中社会结构变迁的必然现象。改革开放以来，我国社会的经济成分、组织形式、就业方式、利益关系和分配方式日益多样化，人们由于职业分工、能力、机会等因素的差别所带来的收入差距逐步扩大，有一部分人沦为社会弱势群体，处于社会的最底层。由于多方面的原因，我国社会中底层的社会群体将在很长一段时间内继续存在下去，这在客观上扩大了不同社会阶层之间的碰撞几率和摩擦系数，增加了社会矛盾激化和转化的可能性，为构建和谐社会造成了巨大障碍。事实表明，社会底层人群特别是社会弱势群体极易在一些人的组织串联或煽动下酿成群体性事件，“一旦发生矛盾，部分群众情绪表现比较激烈，往往进一步恶化为过激行为”，“动辄冲击党政机关，堵塞交通，甚至出现打、砸、抢、烧等行为”。

面对社会阶层分化及其带来的社会矛盾的普遍化，大众传媒应该主动承担社会责任，关注弱势群体，促进各阶层团结互助和社会稳定。然而，由于传媒产业化和市场化，弱势阶层事实上有被大众传播事业边缘化的危险。

社会公正的一个重要表现是社会中最少受惠者的处境得到改善。一个社会如果一端是财富的积累，一端是贫困的积累，则明显有失公正，而缺少公正的社会无法实现和谐。值得庆幸的是，我国的新闻媒介在党和政府的领导下，在关注弱势群体方面做了许多有益的工作。比如，国有企业改革以来对下岗职工成功创业的报道；以2003年底温家宝总理关心农妇熊德明为标志，媒体开展了声势浩大的对农民工追薪的报道；每年高考后对资助贫困大学生的大力倡导等。这些新闻报道都为化解社会矛盾、增进社会和谐稳定作出了贡献。

以上三个案例无独有偶，从较为微观的角度隐喻着大众传媒之于和谐社会的特殊作用。诚信是社会和谐的基础，社会理性是社会和谐的条件，关注弱势群体、倡导社会公正则是实现社会和谐的保障。总的来看，大众传媒凭借其公共空间的优势，能够增强社会诚信意识，维护社会信用体系，培育社会理性并强化和谐、合作氛围，关注、扶持弱势群体以促进团结互助和社会公正。当然，在建构和谐社会的过程中，大众传媒的作用远不止于此。

第二节　大众传媒与政治

一、政治环境对大众传媒的影响

政治对大众媒介的影响是多方面的，集中体现在政治制度对新闻体制的影响。

新闻体制的焦点问题之一是媒介、政府以及公众三者之间的关系。而这一关系的基本面貌是由政治体制决定的，新闻体制只是将其明确地体现出来。在实行资本主义制度的社会中，媒介大多实行私有制，媒介相对独立于政府，并通过市场为公众服务。公众有合法权利接近并使用媒介。媒介的主要社会责任是为公众提供信息服务以及对社会权力进行监督，这通常是媒介代表公众舆论监督政府。这完全体现了资本主义政治制度所赖以生存的基础——自由与民主理念，以及权力制衡、个人至上的原则，这也是与由此派生的政治制度相吻合的。而在实行社会主义制度的社会中，媒介大多实行国有制，大众媒介运作的基本前提是维护社会的稳定，因此多与政府保持一致，力图在政府与公众之间建立沟通的桥梁与纽带。

如果说政治体制对新闻体制的制约与规定是相对宏观的，那么，政治活动则是以无处不在、无时不有、具体而微的方式渗透在新闻传播中。

大众媒介是整个社会的信息系统，社会的各个领域都有利用媒介谋求自身利益的需求，政治也不例外。从历史上看，政治活动与大众媒介有着非常密切的联系。在当前，尽管政治活动影响媒介的方式有所变化，但其实质依然没有变化。这种影响表现在政治利用媒介进行宣传。无论在何种社会背景中，政治活动都必须将大众媒介作为最重要的宣传工具。在当代社会，政治活动借助人际传播和群体传播的机会相对减少了，而更多地采用大众传播。在大多数情况下，政治家不再直接向民众诉求，而是利用媒介间接接触民众，宣传自己的政治主张。由于政治系统是社会权力的主要掌握者，政治对媒介的利用比其他的个人、团体或行业处于更加有利的位置。在当今世界上的各个国家，政治活动对媒介的渗透都是异常强大的（尽管方式不尽相同），能与之比肩的唯有经济。政府的政治活动对大众媒介的利用主要包括以下几个方面：

（1）发布政治信息。政治一直是媒介报道的主要内容之一，无论是严肃的媒介还是通俗的媒介，都对政治人物和政治事件给予极大的关注，这既是受众需求所致，也是政治影响力的强大表现。政府成为现代新闻业最主要的消息来源。政府将大众媒介视为发布信息的主要工具。

（2）宣传政治主张。政府要经常就政府立场和政治决策向公众作出解释和说明，以取得公众的理解、支持与信任。这不但能保证政策顺利贯彻、实施，更有利于政权的稳定。

（3）塑造政府和政治人物形象。政府和政治人物的形象即他们在公众心目中的信任度，对于推行政府的施政纲领，对于政局和社会的稳定都具有重要意义。在西方社会中，政治人物的形象在各种各样的选举中具有举足轻重的影响，利用甚至暗中操纵媒介是塑造政府和政治人物形象最直接、最有效的手段。西方一些学者把现代选举称为“电视竞选”、“显像管民主”，因为电视的出现让竞选者的形象直接呈现在千千万万的选民面前。在竞选中，候选人的形象比竞选纲领更重要。他们在电视上亮相，一举手一投足都给选民留下印象，决定着选票的投向。

（4）进行舆论导向。在现代社会，大众媒介是强大的舆论工具，不仅可以反映舆论，还有可能左右舆论。政府会尽可能地利用媒介将舆论引导至有利于自身的方向上，甚至不惜制造舆论以配合政府的重大决策。这在当代社会已司空见惯。

综上所述，政治活动对新闻传播的影响主要表现为：政界（主要是政府部门）通过持续不断的新闻发布活动，使自己成为媒介最重要的新闻来源之一；政府将媒介作为向公众传达自身观念和主张的工具；政府通过操纵媒介引导和控制社会舆论。

与一切社会系统的互动关系一样，大众传媒既受到社会政治的影响和制约，从另一个层面上来说，它又以自己的功能和特性影响社会政治的发展过程，并发挥着一定的社会政治作用。在现代民主政治中，新闻媒介已成为重要的中介机构，其作用主要体现在下文所述的几个方面。

二、大众传媒的政治功能

1. 政治整合功能

健康的政治系统要求公众有适度的政治参与，舆论过程就是社会公众参与政治的方式之一。舆论过程是指社会成员之间相互交流意见、彼此争论，然后经过取舍而形成对某一问题基本一致的看法的过程。

舆论过程中大众传媒起着举足轻重的作用。政治系统中执政者所制定的公共政策需要得到公众的支持，同时公众的利益诉求也希望得到政治系统的吸收和采纳，这需要社会公众在一定的平台上进行相关意见的交流、探讨甚至争论，从而得出能被大多数人认可、支持的对公共事务和政策的认识和看法，提供给政治系统的决策机构和执政者，作为进行决策时的参考依据，这个平台就是大众传媒。因为舆论过程的形成需要一定的前提条件，无论是在必要的技术平台支持方面，还是在吸引和辅助公众按照政治系统的需要对公共政策的形成提供一定的参与方面，大众传媒都是帮助舆论过程顺利实现的重要工具。

在这一过程中，媒介议程设置的功能发挥着作用。大量的证据已经逐步表明，在编辑和广播员们每天选放新闻时，他们在塑造我们的社会现实中起着主要的作用。大众传媒的这一作用——影响个人认知变化、构造他们思维的能力——已经被认作是大众传播的议程设置功能。① 公众关于外部世界的图像，在一定程度上受大众传播媒介议程设置的控制。

首先，议程设置是大众参与政治决策的重要方式之一。大众传媒利用自身的议程设置功能，可以帮助政治系统安排所需的议程，把国家的重要事务排列好——什么是必须认真对待的，什么是可以轻描淡写的，什么是可以根本不管的。② 这个功能使传媒具备了为决策机构、执政者和社会公众安排该对什么政策进行制定的设置和安排的能力。由于现代社会的政治复杂性和利益多元性，能够获准进入政治议程的，都是经过梳理和过滤之后的那些意见和诉求。大众传媒作为政治和社会的公共通道，是这个梳理、过滤角色最好的扮演者之一。

其次，媒介通过对不同议题的内容设置，形成有助于政策最终形成的舆论氛围。在大众传媒的传播过程中，对某一新闻事件关注的强度和报道的力度等，可以影响到媒体所覆盖区域的公众对这些事件的关注程度。由于对这些事件所构成的话题的始创和引领，使得大众传媒成为相关的“舆论领袖”。正是这个作用，在政治决策和公共政策的形成过程中，通过恰当的议程设置，媒介引导舆论的走向，在大众传媒、公众和政治精英的共同参与下，形成有助于政策形成的公共舆论。

再次，媒介议程设置能够整合各方利益，引领民意走向。现代社会的多元化特征，使得社会各个阶层的利益诉求也不尽相同，很多由下至上的公众议题的形成并不都能最终形成相对一致的民意，进入政治系统的决策里去。大众传媒的议程设置功能可以整合社会各方利益，在媒体平台上进行充分梳理和引导，最终形成符合政

---

① ［英］丹尼斯·麦奎尔、［瑞典］斯文·温德尔著，祝建华、武伟译：《大众传播模式论》，上海译文出版社 1997 年版。

② ［美］加里·沃塞曼著，陆震纶等译：《美国政治基础》，中国社会科学出版社 1994 年版，第 193 页。

治系统要求，同时也能被各个利益方所接受的公众意见。

2. 政治社会化功能

政治社会化是指通过社会互动从而形成政治态度和政治行为的过程。政治社会化是一个复杂的系统信息传播过程，在传播主体、政治体系和受众之间进行。除了作为中介性质的家庭、群体、学校等传播渠道之外，政治社会化主要依靠大众传媒来实现。大众传媒可以看作是政治系统的子系统，在政治社会化的过程中承担着不可替代的作用。

政治教育培训过程是政治社会化的一种表现形式。随着现代科学技术的发展，大众传媒作为人类信息传播的主导性渠道，成为现代社会人们学习和获取信息的重要方式，这使其可以承担政治教育的功能。由于大众传媒传播内容丰富，传播方式多种多样，既有政治思想理念的直接传输，也有寓教于乐的暗含式引导，有益于不同个体或群体接受。受教育者个人可以自主选择内容，多种类的思想政治教育传播内容使大众传媒成为现实政治系统进行政治社会化应用最广泛的渠道和工具。

政治文化的形成、发展、传播和继承是一个长期的过程，这个过程需要依靠政治社会化来完成。大众传媒帮助这个过程不断进行着循环和再造，成为政治社会化不可或缺的有机组成部分。在政治文化传播过程中，大众传媒所具备的思想功能（即大众传媒在形成群众的意识和觉悟，形成社会理想、志向、动机等方面的作用），以及组织功能（即大众传媒在“传播先进经验、利用潜力或纠正过失、缺点、错误方面的实际效果”），① 可以帮助政治思想对政治心理意识进行全面而深入的影响。

在这个传播过程中，大众传媒可以充分发挥自身内容整合的优势，把基于理性的政治思想内容进行加工和再创造，根据政治系统和社会系统的双重要求，按照传播的有效模式，把显得僵硬或教条化的政治思想进行包装或分解后再作传播，以达到促进政治思想与政治心理意识有机统一、政治系统和谐运转的终极目的。

3. 政治传播功能

民主的本质在于统治者与被统治者之间的沟通，而沟通就是彼此说服对方，政治说服是政治的本质。② 政治说服的两个主体是作为统治者的政治精英和被统治者的社会公众：对于政治精英来说，进行政治说服的目的，是使社会公众形成或保持与政治系统要求相一致的，维护政治统治所需要的政治态度和价值观等；而社会公众希望通过政治说服来维护自己的利益诉求。在政治说服过程中，大众传媒起到中介和桥梁的作用，利用自身的传播和引导优势，汇集政治精英和社会公众的政治说服目标和内容，促进两者之间的良性互动，同时将政治说服的影响渗透到社会的各个阶层的每一个角落，从而影响执政者和社会公众的思想和行为，为最终达成政治

① ［苏］E. 普罗霍罗夫等著，赵水福译：《新闻学概论》，新华出版社 1987 年版，第 60 页。

② DeaneAlger, *The Media and Politics*, New Jersey: Prentice-Hal, l Inc., 1989, p. 41.

一致和妥协服务。

政治说服是在执政者和社会公众之间双向进行的，其内容涉及政策的说明和执行。对于政策的执行者来说，任何政策的制定和执行的前提都是要对政策本身的内涵、意义、目标等有清晰明确的了解和认识，才可能将既定政策执行好，实现政策的应有效果。同时，所有政策因其具有的社会公共属性，反映的是公共问题，政策的制定和执行需要向社会公众进行必要的说明，来赢得公众对政策推广的理解和支持。公共政策也涉及公众的参与程度问题，只有公众广泛参与的公共政策，才能达到政策所希望的效果。因此，动员广大公众不但支持政策的制定，更要参与其执行，也是政治说服的重要组成部分。这些政治说服的功能一般是通过大众传媒来实现的。

4. 政治监督功能

对于权力和腐败进行必要监督构成了政治监督的主要内容。进入现代社会后，除了法制的健全、政体的完善和公民社会的发展，大众传媒成了政治监督常见的方式。在转型社会中，大众传媒担负着对社会系统和政治系统运转的双重监督职能，对社会系统的监督体现在弘扬传统文化和价值观、倡导主流理想和生活观念、监督监测有损社会风气和道德风尚的思想和行为。而政治监督则是根据党和政府的要求，对党和各级行政部门及人员进行监督，防止腐败和滥用职权等行为的发生。

舆论监督是指新闻媒介代表公众（公民）对权力运作尤其是权力滥用导致的腐败进行的监督，实际上就是媒体监督。舆论监督的实质即所代行的主要是公民所享有的法律权利中的表达权利和政治权利中的反对权利，所维护的则是所有的公民权利。① 舆论监督概念是一个主谓结构："舆论监督是指公众通过舆论这种集合性意见形态对各种权力组织和其工作人员以及社会公众人物（包括著名记者）自由表达看法所产生的一种客观效果。"② 我国大众传媒所承担的政治监督作用主要是通过舆论监督来实现的。

大众传媒政治监督功能的有效实施，依赖明确的媒体法律地位、基于民意的公共舆论、民主制度本身的结构等，这些都将在未来的社会发展中得到完善和健全。

第三节　大众传媒与经济

一、现代经济对大众传媒的决定性影响

改革开放以来，中国经济对传媒业发展的推动，可以很好地诠释现代经济对传媒发展的决定性作用。从党的十一届三中全会开始，中国稳定地推动了经济体制的改革，从计划经济逐步向社会主义市场经济过渡；党的十四大确定中国要建设社会

① 展江：《新世纪的舆论监督》，《青年记者》2007 年第 11 期。

② 陈力丹：《论我国舆论监督的性质》，《新闻知识》2003 年第 11 期。

主义市场经济体制以后，社会主义市场经济快速发展，由此进一步拉动了中国经济，也进一步推进了新闻改革。30 多年的新闻改革，每一步都和经济息息相关。从这 30 多年的新闻改革历程来看，现代经济对于大众传媒的决定性影响主要体现在以下四个方面。

1. 经济体制制约着大众传媒功能的发挥

尽管大众传媒有五大功能，但在计划经济的年代里，中国的大众传媒基本只发挥单一的宣传功能。因为在计划经济体制下，国家对企事业单位的产供销、人财物都采取大包大揽的政策，即国家对企事业下达生产计划，并按计划调拨生产要素资料；企事业按计划生产，然后由国家全部收购，再按计划分配到各商品供应点。在这样的体制内，信息对企事业基本没有作用。因为它们没有决策权，不可能依据信息作出任何反应。大众传媒所起的作用只是鼓动劳动者的生产热情，保质保量地完成或超额完成国家的计划指标。

而在社会主义市场经济条件下，情况发生了根本变化。不管是国有经济还是三资企业、私营企业、股份合作制企业，都是独立法人，自主经营、自负盈亏。在市场经济大浪中，优胜劣汰，它们必须收集各种各样的信息来自主决策。信息，在相当程度上决定一家企业或事业单位的存亡兴衰。决策主体的多元化使社会对信息的需求大大增强。1994 年的一项全国报纸读者调查表明，读者对新闻题材最感兴趣的前三位是：国内突发性事件、国内重大人事变动、国家政策和法令①。这说明，信息性内容已经超越宣传内容成为人们首选的读报目的。正是在这样的背景下，中国的大众传媒才逐步进行功能转换，到 90 年代初期，“传播信息是大众传媒的第一功能”在中国新闻界达成共识。快速传递信息、扩大信息量成为各新闻媒介孜孜以求的目标，并以此从机构设置、栏目变动到新闻业务实行一系列改革。同时，信息及时、信息量大也成为各个新闻媒介争夺受众、扩大市场份额最主要的手段之一。

2. 经济体制决定着大众传媒的运作方式

在计划经济体制下，中国大众传媒的基本运行方式是以传者为中心，即从宣传者的需要出发来选择新闻、安排版面（节目）。其背景就因为当时的大众传媒基本以依靠公费（政府财政拨款）办报（台），依靠公费订报，无需操心生存问题，只需按要求做好宣传。而在社会主义市场经济条件下，中国大众传播走向市场，必须争取到足够的受众才能生存下去。争取受众的目的是争取广告，为此，新闻媒介展开了激烈的竞争。为争取受众，新闻媒介就必须满足受众的需要。作为党和政府的喉舌，中国的新闻媒介当然不可能一切从受众需要出发，但目前中国新闻媒介已经从以传者为中心逐步向以受者为中心过渡，这是不争的现实。

3. 经济发展推动了大众传媒快速扩张

30 年间，中国大众传媒的增长速度惊人。报纸从 1978 年的 186 种发展到 2008

---

① 喻国明：《中国报业：面对结构性转换》，《中国报刊月报》1998 年第 9 期。

年的1 938种左右，期刊9 468种。截至2008年，中国大陆共有广播电视台2 000多座，开办广播节目2 495套，电视节目1 291套，同时还有39套数字付费广播频道和138套数字付费电视频道。这几乎是几何级数的增长。这当然也表明中国大众传媒数量增长过快，存在“散、乱”的状况，但中国大众传媒在规模上的快速扩张是无可争辩的事实。大众传媒的快速扩张是依靠经济增长来支撑的。

这种支撑作用最直接地表现在两方面：一是为大众传媒提供大量的广告，使大众传媒得以维持日常运转和不断发展；二是为大众传媒提供大量消费者。经济发展极大提高了人民群众的生活水平，这为媒介消费提供了广阔空间。报纸的自费订阅率大幅提高。

4. *经济发展为大众传媒的发展提供雄厚的物质力量*

具体来说，通讯的发达为媒介提供快速传送信息的便利；交通的四通八达极大地方便了记者采访新闻和报刊的发送；科技发明以及制造业发达为大众传媒提供了最先进的采访、编辑和传送设备，尤其是卫星通信的发展，使得全国从中央到地方的电视台联成网络，使得全国各地的观众可以接收几十个频道的电视节目。这一切都是显而易见的。特别值得一提的是，经济的发展加速了中国的城市化进程。城市化是一个国家现代化的标志之一。从一定意义上讲，大众传媒是依赖城镇而生，依赖城镇而长的，尤其是报纸，必须依托城镇的读者群才能存活。短短30多年的时间，中国城市人口从1.73亿增加到近6亿，城市化率从17%提高到43%。这为中国大众传媒提供了广阔的发展空间。

二、大众传媒对经济的促进作用

以传播的术语讲，大众传媒具有监测环境、协调关系、传承文化等重要功能，而这几项功能对于促进社会经济的发展也意义重大。

由于生产和经济活动在现代社会中所具有的极端重要地位，任何个人、组织与社会必须不断地获得可能对其经济生活产生影响的任何信息，并且根据这些信息调整自身相应的筹划与行为。因此，大众传媒对于社会经济的促进功能首先表现为收集与发布经济信息，引导生产和消费。从威尼斯手抄小报刊载商品行情开始，随着社会生产的发展，收集和发布经济信息已经成为现代大众传播最为重要的日常实践之一。报纸有经济版，电台有经济台，电视台有专门的财经节目，出版社与杂志社印刷发行大量的经济类书籍与杂志，经济信息成为现代大众传媒的宠儿。

大众传媒对经济信息的收集与发布，主要以刊载经济新闻的形式实现。由于经济信息既可以涉及宏观的关于国家或者地区的经济政策与经济形势，又可以涉及微观的关于某种产品、市场或者企业的具体情形，因此经济新闻具有丰富多彩的内容与形式。从内容上，经济新闻可以细分为工业新闻、农业新闻、科技新闻、金融新闻和贸易新闻等；从体裁上，经济新闻又可以划分为动态新闻、新闻评述等。由于经济新闻的特质是反映社会经济活动，因而现代经济新闻的总趋势表现为解释与分析性的加强。

事实上，许多学者认为，解释性报道作为一种文体的出现，就是针对社会生活和经济生活的复杂性以及超出一般人能理解的艰深性。解释性报道最早出现于 20 世纪 30 年代的美国。当时美国公众普遍认为，日常的新闻报道既未能预见第一次世界大战的爆发，又未能使其对 30 年代美国经济的大萧条做好准备①。针对这种批评，美国新闻从业者抛弃了以往为达到“客观性”而在报道中严格分割“叙述者”和“评论者”角色的做法，在报道复杂的社会与经济事务时开始注重提供背景和解说成果，以便更好地为人们的经济决策提供依据。

目前，世界范围内存在一批影响很大的专业性财经报纸与杂志，如美国的《华尔街日报》（*Wall Street Journal*）、《商业周刊》（*Business Weekly*）、《幸福》（*Fortune*）和英国的《金融时报》（*Financial Times*）、《经济学人》（*Economist*）、《远东经济评论》（*Far Eastern Economic Review*）等，这些媒体对于国内国际经济问题的报道和评论，历来为世界各国人士所关注。改革开放以来，我国也涌现出许多新兴的全国或地方性财经类媒体，如一批证券和计算机类报纸和杂志的崛起，对于宣传和解释国家的经济方针和政策、提供相关信息与知识及促进发展社会主义市场经济起到了良好的作用。

大众传媒对于社会经济的促进功能同时表现为监督市场秩序、反映社会舆论、纠正经济生活中的不公正现象和其他偏差。

市场经济虽然形成了一整套的法律和制度，但正如 1986 年诺贝尔经济学奖获得者 M. 布坎南认为的，“在任何交易过程中，参加者有一种作伪、欺诈、骗取和违约动机”②，尤其是在社会经济转型时期，由于市场的游戏规则往往不够健全，上述动机很可能会得到强化，从而在经济生活中侵害其他经济主体的正当利益。大众传媒在这种时刻应该担负起公众赋予的责任，行使监督职能，这是大众传媒促进社会经济健康发展的另一种形式。

在很多国家的大众传播发展史上，大众传媒的这种作用都得到体现。

从 19 世纪 80 年代末到 20 世纪初，美国社会中的经济权力逐渐高度集中化。当社会财富日益掌握在洛克菲勒和摩根这样的财团手中时，“三分之二的成年男性工人每年工资不到 600 美元——社会学家根据当时生活水准制定的维持像样的生活所必需的最低工资数”③。一批记者和作家针对这种社会现象，撰写了大量揭露像美孚石油公司、纽约人寿保险公司等大企业通过不正当竞争或欺骗手段聚敛财富的真相，这些“揭丑者”成为这一时期美国进步主义运动的先锋。

---

① ［美］J. 福克斯：《一个国家的声音》，美国麦克米兰出版社 1989 年版，第 411 页。

② 何清涟：《经济学与人类关怀》，广东教育出版社 1998 年版，第 254 页。

③ ［美］埃德温·埃默里、迈克尔·埃默里著，苏金琥译：《美国新闻史》，新华出版社 1982 年版，第 347 页。

从 1950 年至 1970 年，日本经济实现高速发展的同时，生态环境严重遭到破坏，但企业资本家与政府却联手掩盖事实真相，直到“熊本县水俣病”等四大公害事件被媒体披露，“公害报道”对于企业与政府形成强大压力，才最终使受害群众得到赔偿，此后，日本政府成立了环境厅，制定并通过了《公害罪法》①。

在中国建立社会主义经济秩序的过程中，中国的大众媒介同样以稳妥、积极的方式推进着社会经济的良性发展。例如，1997 年至 1998 年以《南方周末》为代表的媒介对维护消费者权益的报道就引起了相当大的反响。

大众传媒对于社会经济的促进功能还表现为刊登商业广告、激活或满足消费需求。

刊载或播出商业广告是目前大众传媒主要的收入来源，但这并不意味着商业广告仅仅维持了大众传媒的经济运营。事实上，商业广告对于现代社会经济的运作有着非常积极而重大的意义。

市场经济制度一般包括以下目标：较高的社会生产力和较低的生产成本，生产和生活必需品的生产与生产成果的公平分配，生产资源的优化配置，生产活动与闲暇的均衡。而现代商业广告对于实现市场经济制度的各种目标均能起到明显的作用：商业广告可以增加商品销售量，促进集约化生产，最终使得生产成本降低从而使消费者得益；商业广告可以刺激各类商品增加，改善质量，从而创造更多投资和就业机会；商业广告还可以鼓励社会成员为获得更多商品和服务而努力工作。

进入 20 世纪后，依托电子媒介和高新技术，广告业的发展更为迅速，成为世界各国的重要经济增长点，在国民经济中所占比例亦不断上升。以近邻日本为例，2004 年日本广告费总额达 568 亿美元，占国民生产总值的 1% 以上。

大众传媒作为一种信息产业，其本身就是国民经济中不可或缺的组成部分，为本国创造大量利税，提供大批的就业机会。在美国，大众传媒在国民经济中位列第十大产业；在中国，大众传媒在国民经济中位列第十五位。

在现代信息经济的浪潮中，在电子媒介产业崛起的新技术背景下，随着媒介产业所有权的不断集中，现代媒介产业向技术密集型和人才密集型产业转化，大量媒介产品的成功开发带动了消费市场，媒介产业成为现代各国的经济增长点。据统计，1997—2001 年美国信息传播业平均增长率为 6.5%，远远高于这五年间美国 GDP 的增长率。在美国 400 家最富有的公司中，有四分之一是文化传媒企业。英国文化传媒产业拥有 170 亿美元的产业规模，与汽车工业不相上下，其平均发展速度是经济增长的两倍。同样，我国传媒产业在国民生产总值中的比重也在不断提高。2005 年中国传媒产业总产值约为 3 205 亿元，同比增长 11.9%，占全国国内生产总值的 1.75%；2006 年，传媒产业总产值达到 4 236 亿元，比 2005 年增长了 32.1%，已占

① 张国良：《现代日本大众传播史》，学林出版社 1992 年版，第 106 ~ 107 页。

我国 GDP 的 2.1% ~2.2%。2007 年中国 GDP 的增长率为 11.9%，达到 1995 年以来的增幅最高值，而据《传媒蓝皮书 2007—2008》显示，中国传媒产业总产值为 4 811亿元，比上一年增长 13.6%，仍高于同期 GDP 的增长率。

第四节 大众传媒与文化

一、作为文化事实的“文化传媒化”

如果说，当前生活已经进入“传媒时代”还有些夸大其词的话，但至少可以说，人们的文化生活已经无法与传媒相分离了。自 20 世纪 80 年代以来，在经济进步的促进下，以电子技术为核心的传媒技术迅速提高。各种报刊、广播、电话、电视及因特网的发射信号和线路，已经覆盖全国，并且连接到了全球化的传媒网络之中。如果再看看收音机、电视机、移动电话和家用电脑的拥有量和普及率，以及有多少报摊分布在城市的大街小巷，有多少人几个小时一动不动地盯着电视屏幕、电脑屏幕，还有仅春节七天假期之内十几亿条的短信发送量，那么我们就不难想象，大众传媒已经多么深刻地介入我们的文化生活了。时至今日，人们的视听娱乐和文化享受基本上都仰仗于大众传媒的馈赠。

细加甄别，文化的传媒化包含深浅有别的两个层次。

其一，就浅层来说，是指各种类型的文化产品和信息，都藉由大众传媒的不间断发行和传播，得以在更大的区域范围内流通面世。这是一种工具论认识，认为传媒只是文化流通的载体和渠道，对于文化产品的内容和性质并无影响，只不过将其运送得更远、发布得更快而已。有不少人对文化的传媒化就是从这个层次上来理解的，比如陈力丹就认为，与其他渠道相比，报纸、出版、广播、电视和网络等传媒的最大优势就是能更好地促进文化的交流、传承和融合。

其二，就深层来说，文化的传媒化是指传媒对文化的重塑，也就是说，传媒不仅是载体，更是一种催化剂，改变着文化的形态和性质。麦克卢汉就是这一认识的代表，他认为，文化的变迁在根本上是由媒介形态决定的，而且人的感知方式本身也由技术媒介加以塑造成型。他举例说，电灯出现的真实意义不在于它所带来的光明，而在于它对传统时空关系的改变，以及对公共生活和私人生活方式的重构。后来的法国学者鲍德里亚说得更为明确：“电视带来的‘信息’，并非它所传送的画面，而是它所造成的新的关系和感知模式、家庭和集团传统结构的改变。”对此，甚至有人宣称，大众传媒就是今天人类生存不得不置身于其中的世界。尽管这种认识带有很大程度的技术决定论色彩，但这却通过一种更为显豁的态度明确了传媒与文化之间的紧密联系。

很多学者也已明确指出，文化的传媒化已经成为我国当前的文化事实。周宪在其《审美文化中的工具理性和表现理性》一文中说，技术给当代中国审美文化带来的巨大变化之一就是文化的媒介化，或者说，中国当代审美文化是正在转向媒介化的文化。有的学者甚至指出，中国当前最富活力的大众文化的形成就是传媒介入的结果，甚至认为大众文化就是一种媒介文化，并使得中国当前的文化版图走向复杂化。不管从哪个层次上来看待文化与媒介的关系，大众传媒都已经成为文化生态建设中不可回避的理论话题。

二、理论界对传媒的多种质疑

大众传媒在文化生态建设中到底发挥着什么样的作用，这是文化研究者需要首先回答的问题。但对于这一问题，学者们却普遍给出了否定性的答案，认为大众传媒是文化生态的天然破坏者，也是造成我国当前文化混乱的罪魁祸首，并因此对大众传媒展开了不遗余力的批判。就目前的研究来看，这种批判主要集中在以下几个方面：

第一，传媒的技术性特征对文化的削平。从根本上说，大众传媒是一套技术支撑性系统，尤其是对光电的依赖，更加表明了它的技术性内涵。但在当前的许多学者看来，尽管传媒的技术性使它具有了巨大的文化传输能力，提高了文化的生产能力，也为文化的普及化带来了福音，但技术毕竟是技术，它所遵循的工具性原则，是与文化要求的主体性原则相背离的。因此，当文化过多地依赖于技术进行传播时，它就不得不放弃自身对个体性、主体性、差异性和自由性的追寻，而俯身于科技理性的标准化、复制性、可传播性和可通约性，这显然是对文化之根的戕害。这些学者认为，尽管当前的传媒文化看起来五光十色、众彩纷呈且颇显个性，但终究掩饰不住其内在的空洞和浮华，这只是一种“伪个性”的奢华登场。而倚靠这种伪个性建立起来的文化多样性，也必然是虚妄的，无益于文化生态的建设。

第二，传媒的受控性与文化的单一化。早在20世纪三四十年代，霍克海默、阿多诺和马尔库塞等人就曾对传媒的受控性及其对文化生态可能造成的破坏提出批判。在他们看来，大众传媒并不是一个自由多元的话语空间，而是各种权力和资本的角逐场所，并受强势权力和资本的控制，发挥着意识形态功能，其最终目的是通过文化产品的制造和传播在社会上造就满足于虚假快乐、失去批判能力和反思能力的“单面人”。这就意味着，大众传媒所生产和传播的文化必然是一种单一的文化，是一种消灭其他话语权的“文化霸权”，这显然与文化生态所要求的文化多样性背道而驰。近些年来，学者们进一步发现，随着传媒技术的进一步提高，以及全球化传媒网络的形成，这种力图制造单一文化形态的“文化霸权”已经产生了世界化要求，其鲜明的表征就是以好莱坞影视为代表的美国文化对其他国度的“文化殖民”。在这种文化殖民面前，大部分国家的本土文化发出了告急之声。当前涌动的保卫本土文化的呼声，从反面证明了这种“文化霸权”的强大破坏力。在学者们的批判视野中，文化霸权所遵循的逻辑不仅体现在阶层、国度之间，还体现在其他具有二元对立色彩的群体，如性别、民族、种族和城乡之间。因此，对于文化霸权的批判渐趋成为传媒批评的重中之重。

第三，传媒的远距性与文化的无根化。当代传媒的另一特性就是它的远距离传播特性，这一特性大大促进了文化的传播范围。但在许多学者看来，恰恰是这一特性造成了文化的无根性，破坏了文化与其生长环境的有机联系，不利于文化生态的保持。这种批评并非毫无道理。文化的要义就在于它的鲜活性，在于它为人们的生活提供种种意义和形式，正如利奥塔所言："文化存在于一个民族与世界和与它自身的所有关系中，存在于它的所有知性和它的所有工作之中，文化就是作为有意义的东西被接受的存在。"因此，当一种文化被大众传媒从其母体上剥落，散播到异地之后，它原有的价值就失落了。在大众传媒的终端机上，原本富有意义的鲜活形式转变成与生活相脱离的视觉、听觉符号，其所有的内涵都趋向于平面化，成为仅具"展览价值"（本雅明语）的空洞形式。蒋原伦在其《符号泛滥：当代审美文化剖析》一文中进一步指出，对于接受者来说，这些远道而来、汹涌而至的文化符号只是一种压迫，因为它将人们的生活置于"一个符号泛滥、意义相对匮乏的社会中"，其最终结果也必将是文化和符号自身的贬值。

第四，对大众文化的批判。对传媒的批判最后必然集中到对大众文化的批判，这是因为在有些学者看来，大众传媒不仅传播文化，而且要产生与自己的技术性相适应的文化，这就是媒介文化，而媒介文化就是大众文化。在学者们的批判视野中，大众文化被形构为魔鬼撒旦，它通过对欲望的迎合，依靠技术的支撑，迅速地复制、繁衍、大行其道，对文化生态造成了严重的破坏。潘知常就认为大众文化对传统的文化和审美形成了很大的冲击，不仅侵夺了它们的地盘，还从内部对其加以改造、改编，使之名存实亡，从而确立起"文化霸权"的地位。而在滕守尧看来，这种四处出击的大众文化"必然是廉价的和花哨的"，它所引发的感情回应也是"浅薄的和有缺陷的"，并断言大众文化只是"一种被那些意在满足人们的不现实的梦想的聪明人制造的伪文化"。张汝伦认为大众文化是粗鄙的、平庸的、贫乏的，并导致了艺术精神的死亡，并沦落为意识形态的统治工具。而《大众时代的大众文化》一文，则更为直接地指出当今大众文化所发挥的功能无非就是代替了以往的意识形态对大众执行社会控制和心理操控的功能。很显然，这些批判从理论来源上看，基本上都是对法兰克福学派文化工业理论的挪用。

上面的种种质疑让人感觉到，大众传媒似乎天生就是文化生态的自然破坏者，且无更新的可能。而文化生态的建设，也只能绕开传媒，另辟蹊径。但这种近乎悲观的论调也让人心存疑窦，是否文化与技术果真就水火不容，而人类文化是否就此走向它的没落和终结？这其中所隐含的历史虚无主义，显然也会为这些批判者自己所不能接受。人类历史及其文化在总体上必将是不断进步的，我们必须以更为乐观的态度来思考大众传媒对于文化生态建设的积极意义。

三、可资利用的大众传媒

如果从更为宽广的视角和更为历史的态度对大众传媒加以审视，那么就会发现，大众传媒并非文化生态的天然死敌。不管是从哲学基础分析入手，还是反观历史经验，大众传媒都有与文化结盟的可能性，只有正视这一点，才能更为有效地对大众传媒作出积极的调整，以便使其服务于文化生态的建设。

首先，从符号学的视野来看，科技不是一个自变量，它从属于文化整体，并受文化系统的决定和制约。也就是说，技术并不是必然现象，它仍然是人类造就的并服务于人类生活。人类的目的决定着技术的形态与方式。比如说，在一个对节俭使用汽车不予重视的社会，会出现耗油量巨大的笨重汽车，而在一个具有节俭传统的社会中，汽车会小巧精致、低耗耐磨。人类设置技术的种种目的决定着技术问题的提出与解决，这些目的更多的是由文化观念共同决定的。从这个意义上讲，技术与文化之间并非水火不容，尽管它们有着各自的内在规则和价值尺度，但在服务于人类生活、创造生活意义这一个深层目标上两者是具有一致性的。西方重要的传媒理论家威廉姆斯也提出过相似的看法，他认为技术传媒的发展在总体上与“社会意向”保持一致，什么样的媒介出现在什么时间和哪个国度，都是“社会意向”主导和选择的结果。他分析说，摄影之所以出现，其原因在于，在急速流动的时代，人与人之间的关系趋于短暂化，因此，人们需要一种形式来保持人们在时空阻隔时的联系，于是摄影出现了，它将瞬间化为永恒。这实际上表明，主体的期望与选择也是一种能动的实践力量，它使人类创造的文化、技术等系统得以在根底上具有统一性。因而，由技术支撑的大众传媒可以与文化生态的建设结盟，成为积极的推动力量。

其次，从历史经验来说，大众传媒对文化生态的形成曾经起过良好的推动作用。哈贝马斯曾就西方早期的报刊业谈到过这一历史作用。在哈贝马斯看来，尽管早期的报刊业是从私人通信系统中发展起来的，但是不久之后，就成为学者和文人发布思想、公开意见的平台，哈贝马斯将此认定为“个人新闻写作”阶段。在 17 世纪前后，这些报刊大都归文人学者所有，并由他们自己承担经济风险，只是到后来才转变成发行制度。尽管发行人为报刊业所建立的是一个商业性基础，但在哈贝马斯看来这并没有使报刊业本身商业化。报刊在当时依然担当着公共讨论的批判职能，它使有关私人个体的事物在更广泛的范围内得到讨论，并由此推进了个体文化的表达，促进了文化的多样化及良好文化生态的形成。正是从这一点出发，哈贝马斯才将大众传媒称之为公共舆论领域。反观中国的近现代史也可以发现，大众传媒也曾对文化生态的良性发展起到过推动作用。20 世纪初，正是《新青年》、《新潮》等一大批杂志的创刊，才形成了“五四”新文化运动，给中国文化的发展注入了良好的生态因素。中西方的历史经验表明，只要具备必要的条件，实现恰当的转变，大众传媒就可以成为文化生态的积极力量。

再次，如果结合我国此前不久的社会语境来看待当前的大众传媒，那么它仍然是一种文化生态建设的积极力量。不可否认，大众传媒及大众文化在当前遭到了为数众多的学者们的强烈批判，但随着理论上的成熟和心态的平稳，这一批判本身也开始遭到质疑。有学者指出，阿多诺等人的文化批判理论主要是针对美国社会的大众文化，大众文化作为胜利了的“祛魅”英雄已经走到了自身的反面。但是中国社会的世俗化才刚刚开始，大众文化还远没有完成其“解神圣”化的历史使命，因此对于当前的大众文化更应报以充分的理解和支持。从历时性的角度看，我们会发现，经常拿来批判我国大众文化和大众传媒的法兰克福武器恰恰与文化大革命时期的文化症候相匹配。在国家的强力控制下，所谓的“严肃文化”大多表现出强迫性、遮蔽性、单一性和标准性等特征，并最终形成了“十亿人民八部戏”的文化霸权局面。从这个角度讲，大众传媒与文化工业的出现反倒是对过去文化专制局面的撕裂和突破，为多元文化的成长提供了强大的动力和空间。它在建立初期所表现出来的非政治、非道德和非文化等特性，可以说正是对过去文化霸权的强力反拨。在今天由大众传媒所建立起来的文化空间中，不仅仅是隐私、身体、本能和欲望的张扬，同时它创造着哈贝马斯所期望的公共话题，大众有关权利、法律、民主的许多意识和思想，也都是借助于大众传媒来获得的。时至今日，我国已经形成了意识形态文化、精英文化、都市文化、民间文化和传统文化五大文化形态多元共生的文化局面。显然，这种良性文化生态图景的形成是与大众传媒在当前的发展分不开的。更值得欣慰的是，我国大众传媒的世界化程度正日益加深，这必将以其横向上的延展来减缓纵向上的意识形态压力，而这也更有利于多种文化的聚合交汇，形成更加多元的文化生态图景。

【思考题】

1. 媒介生态环境对媒介发展有着怎样的作用？
2. 谈谈你对大众传媒在构建和谐社会中的作用的理解。
3. 大众传媒与政治有着怎样的关系？
4. 大众传媒与经济有着怎样的关系？
5. 怎样理解“作为文化事实的文化传媒化”？
6. 大众传媒对于文化生态建设的积极影响有哪些？

【延伸阅读】

1. ［加］文森特·莫斯可著，胡正荣译：《传播政治经济学》，北京：华夏出版社 2000 年版。

2. ［英］加汉姆著，李岚译：《解放·传媒·现代性：关于传媒和社会理论的讨论》，北京：新华出版社 2005 年版。

3. ［美］休梅克著，张咏华译：《大众传媒把关》（中文注释版），上海：上海交通大学出版社 2007 年版。

4. 潘常知：《大众传媒与大众文化》，上海：上海人民出版社 2002 年版。

第六章　新闻自由与社会控制

第一节　新闻自由从理念到实践

纵观欧洲历史，为新闻自由而进行的最早、最猛烈、最为持久的斗争出现在英国，从那里迅速波及美洲，并对欧洲大陆略有影响。英国新闻自由的历史可以分为三个阶段：第一个阶段是从 1528 年到 1694 年的争取出版自由时期；第二个阶段是从 1695 年到 1861 年的争取意见自由时期；第三个阶段则为第一、第二次世界大战间的争取消息自由时期。① 在前两个阶段上学者们的意见基本一致，到了第三个阶段，也就是在对当代新闻自由内涵的介绍中，不同学者的看法有所不同，这里将各种不同观点加以综合介绍。

一、新闻自由内涵之出版自由时期

新闻自由的获取，在很大程度上要归功于人民反抗政府的英勇斗争。在争取出版自由的时期，这些斗争包括星法院（the Court of Star Chamber）的废除（1641）和出版特许制的终结（1694）。其结果是在形式上批准了出版各种印刷品的自由，并且为第一份日报《每日新闻》（*Daily Courant*）（1702）的出现开辟了道路。

英国自 1528 年亨利八世开始即对出版事业加以管制，1538 年英王亨利八世正式建立“皇家出版特许制度”，规定所有出版物均须经过允许才能出版。1586 年和 1637 年两次成立出版法庭，颁布的《星法院印刷条例》以法律形式严厉管制未经皇家批准的印刷品。由于当时西欧各国的小册子、书籍和报刊的出版控制在国王和教皇手里，许多历史上著名的文学家、哲学家、法学家、社会学家、经济学家和政治家们的著作都属于被禁之列。而在当时的英国，印刷仅仅是一小部分人的职业，还没有成为资本主义的一个工业。随着民营出版业的壮大，其代表人物提出了打破皇家特许制和宗教审查制的主张，随后产生了弥尔顿的《论出版自由》（1644），以及几十本令人叹为观止的捍卫出版自由的小册子。

弥尔顿是一位热情似火、才气如虹的大诗人，在英国的诗人里，其名望仅次于莎士比亚。除诗歌外，弥尔顿还写过一些大气磅礴、正气凛然的政论，由于长期辛

---

① 方兰生：《新闻自由与新闻自律》，允晨文化实业股份有限公司 1984 年版，第 5 页。

劳工作而双目失明。他最出名的政论无疑是《论出版自由》。这部小册子在人类思想史上具有显赫地位。但其问世的原因之一却有些滑稽。弥尔顿一生有过三次婚姻，他的第一位太太小他 17 岁，第二位太太小他 20 岁，第三位则小他 30 岁。老夫少妻的组合导致他们的生活中有不少磕磕绊绊。于是他不停地写一些论述离婚的小册子。1644 年，因为发表这类小册子，弥尔顿被国会招去质询，恼怒之余，他慷慨陈词，于是便有了新闻传播史上里程碑式的文献《论出版自由》。但这本小册子在当时并没有多大影响，他的观点是在他百年后的 1788 年，由法国著名演说家米拉波伯爵翻译成法文，在法国大革命前夕的革命氛围中得以广泛传播的。

《论出版自由》的核心思想是：①谴责压制真理。压制出版的实际效果，是迫害真理，阻碍人民的所有学习。②呼吁给予人们发言权。在所有自由中，应该给予人们根据良心自由获知、自由说明、自由辩论的权利。③提出出版自由的“天赋论”。上帝赋予人类的自由是神圣不可侵犯、不容剥夺的。④人们运用理性可以辨识真理和错误，真理是可以表达出来的，让真理参加自由而公开的斗争，真理就具有不可战胜的力量。⑤提出出版自由是人类幸福的保证。因为有自由才能有选择，有选择才能有幸福。自由比任何东西都更为重要。⑥反对书报检查制度。

虽然弥尔顿的出版自由思想对“意见自由市场”、“真理的自我修正过程”等自由主义新闻思潮的经典论述具有“奠基意义”，在自由主义新闻思潮中有着“特殊重要的地位”。但事实上，从弥尔顿的出版自由思想发展到自由主义新闻思潮成熟时期，期间经历了明显的思想演变，其思想与成熟时期的自由主义新闻思潮，还存在较大差距。弥尔顿出版自由思想的局限性主要集中在以下三个方面：①

其一，弥尔顿的出版自由思想，主旨在于批判出版许可制，而对于如何确立出版自由制度，弥尔顿的认识是肤浅的，而且没有提出有力的建议，即其思想重制度批判，忽略了制度建设。

其二，弥尔顿的出版自由思想，有不少重要论断是建立在“上帝”这一虚幻观念之上，“上帝”成为弥尔顿论述出版自由思想时的最终求助对象。这使弥尔顿的出版自由思想染有基督教神学色彩和先验主义特征。

其三，弥尔顿所言的出版自由，是清教徒的自由，是非民主主义的自由，是一种有限的自由，缺乏普遍性。在他看来，“凡是不能自制的人，以及由于心智鲁钝或错乱而不能恰当地管理自己事物的人”②，是不配享有崇高的出版自由的，这种自由只能是庄重、高尚及有教养的人们的特权。③

弥尔顿的文章“没有全面论述言论自由和出版自由的原则，但是在当时提出了

① 唐海江：《弥尔顿出版自由思想的局限性剖析》，《国际新闻界》2004 年第 3 期。

② ［英］弥尔顿著，何宁译：《为英国人民声辩》，商务印书馆 1982 年版，第 302 页。

③ 张昆：《约翰·弥尔顿的出版自由观念》（下），《当代传播》2001 年第 1 期。

反对集权主义控制的强有力的论点”①。虽然并不是任何时候所有报刊都是政府的压制对象，但对新闻自由理解中的这种二元对立的框架，是直到现在都十分流行的对新闻自由的一种描述方式。以要求言论、出版自由为一方，以当政者控制为另一方，这种二元对立的话语结构，不仅规范了人们考察言论、出版和新闻自由的视角，而且报刊的传统及其历史也就因此成为控制和反控制的历史。②

总的来看，这一时期出版自由的主要目标是要争取民营出版业的权利，要求免除出版之前的特许，允许免交保证金，出版前免予检查。为实现这些目标耗时 150 余年。所以，这一时期的新闻自由内涵可以归纳为在 17 世纪反对皇权特许出版制和印刷品审查制中提出的争取出版物自由，以英国思想家弥尔顿出版的《论出版自由》一书为代表。

二、新闻自由内涵之意见自由时期

1694 年废止出版法案后，英国报业转趋活泼，但争取到自由后不久又面临过去曾遇到过的困境，那就是一方面不断遭受攻击的国王、政府及宗教当局再度要求国会管制出版，另一方面享受特权的出版商不愿将既得利益拱手相让。尽管如此，争取自由的奋斗从未停歇，并转向了以讨论政治问题、批评政府为主要内容的争取发表意见的自由。

18 世纪的英国有三种独特的方式管制新闻自由。一是向报纸、广告及纸张征税，也就是所谓的报税、印花税、广告税和纸张税，史称“知识税”，用以对出版物施加经济压力。后来为了避免报刊逃税又设立了津贴制度，扶持倾向于政府的报刊，一度使新闻自由受到金钱的控制，严重影响到了报纸的采访和发行自由。第三个方式就是在法律上管制新闻自由，在刑法上对出版业设立了四种处罚，其中以煽动诽谤罪牵涉最大、名目最多，对新闻自由压制最严。

通过不断的反抗，1792 年英国制定了“福克斯诽谤法案”，处罚诽谤有了具体的法律准则。从 1833 年到 1861 年逐步废除了“知识税”，1868 年国会正式承认记者有报道及批评国会的自由，不构成煽动诽谤罪。由于津贴制度的废止，独立报业也在这一时期兴起。至此，英国对意见自由的要求，经过了又一个 100 多年的努力并终获胜利。也正是这一时期言论和出版自由延伸到了新闻自由，并最终形成欧美国家对新闻自由的一般性理解。关于“第四等级”的经典性表述也在此种背景下应运而生。③

除此之外，1776 年制定的美国《独立宣言》及后来的宪法修正案，1789 年法国的《人权宣言》和 1859 年英国学者约翰·斯图亚特·密尔的《论自由》一书都

---

① ［美］韦尔伯·斯拉姆等著，中国人民大学新闻系译：《报刊的四种理论》，新华出版社 1980 年版，第 51 页。

②③ 黄旦：《从新闻职业化看西方新闻自由思想的历史演变》，《浙江大学学报》2004 年第 1 期。

是这一时期新闻自由思潮的代表。

1776 年制定的美国《独立宣言》不仅是美国民族独立的战斗檄文，还是美国立国的宪法性文件，它对天赋人权的强调，即“融会了启蒙运动的两大思想传统——自由主义（强调对个人权利和自由的保护）和共和主义（强调公民对公共事务的参与）——构建了新的美国自由的传统”，奠定了美国宪法的思想基础。① 随后，美国《权利法案》第 1 条（美国宪法第一修正案）中又确定“国会不得制定(法律）……剥夺人民言论或出版自由”，确立了包括言论出版自由、宗教信仰自由及集会、结社、请愿等自由主义的权利内容。1789 年法国资产阶级革命胜利后，以美国的《独立宣言》为蓝本，国民议会制宪会议通过了《人权宣言》，其中第 11 条写道：“无拘束地交流思想和意见是人类最宝贵的权利之一，每个公民都有言论、著述和出版的自由，只要他对法律规定情况下的这种自由负责。”该宣言在 1791 年列入法国宪法的序言。这些都标志着新闻自由作为现代法律制度的正式确立，而这些制度确立的主要依据都是自然法思想。

在十八九世纪，为自由主义新闻业理论作出贡献的还有英国哲学家 J. S. 密尔（又译为穆勒）。他在 1859 年出版的《论自由》一书，被誉为新闻史上为自由主义辩护和论证的集大成者。他主张一切行为应为最大多数人创造幸福，社会要保证其成员为此作出最大贡献，主要办法之一，就是给其成员以自由去思想和行为之权利。密尔指出他全书的要义就是两条格言：“第一，个人的行为只要仅涉及自身而不涉及其他任何人的利害，他就不必向社会承担责任。其他人在为了他们自己的利益而认为有必要时，向他提出忠告、指教、劝说以致回避，这些是社会对他的行为正当地表示不喜欢或责难时所能采取的唯一举措。第二，对于损害他人利益的行为，个人则需要承担责任，并且在社会认为需要用这种或那种惩罚来保护他自身时，个人还应当承受社会的或法律的惩罚。”一言以蔽之，密尔致力于划清个人与社会之间的权利界限，强调个人的行为只要不涉及他人的利害，那就不应该受到限制。②

所以，《论自由》主要不是呼吁减少政治压迫，或者改变政治组织，而是主张真正的社会自由，它包括：第一，意识的自由，即最广义的良心的自由，在思想和感情方面，在实践的和理论的方面，在科学、道德、神学和信仰等问题上的自由，发表和表达意见的自由；第二，个人旨趣的自由，即自由制订个人生活计划，以顺应自己的性格，自由照自己所喜欢的去做，实现个性的充分发展；第三，个人之间联合的自由，如在经济、贸易、生产和生活各方面的自愿联合。

密尔支持思想和言论自由的论点有两个：①我们永远也不能确信试图压制的观点一定是谬误；②我们即使确信它是谬误，压制它也仍然是罪恶的。密尔不认为真理能永远战胜迫害，但他坚信真理会越辩越明。只有在一个社会公众宽容大度的气

---

① 曾尔恕：《试论〈独立宣言〉的思想渊源及理论创新》，《法律文化研究》2006 年第 9 期。

② 顾肃：《重译密尔〈论自由〉序》，《社会科学论坛》2010 年第 6 期。

氛下才可能有公共讨论的自由，才有可能保护少数人或个人的思想、言论以及私生活的自由。这种宽容与妥协精神也是现代民主制度成熟的一个重要标志。但同时密尔并不认为言论自由是绝对的、无条件的，他肯定一切意见应当允许其自由发表，但在方式上须有节制，不要越出公开讨论的界限。密尔对于过激言论划了一条界线，只有那种直接煽动社会产生祸害结果的言论才应受到惩罚。

此外，密尔恐惧"多数的暴政"，更恐惧"社会的暴政"，因为前者是多数压制少数，至多只是压抑少数人意见的表达；而后者则不止于此，它更积极地逼使社会中非主流的意见向主流意见靠拢、整合。结果是社会愈趋向齐一，不同的意见和个体的创见便愈难有存在的余地。密尔的这种担忧并非多余，密尔所关注的是在一个政府权力已受到限制的社会中，对个人的舆论压力或公众意见下的道德压力问题。可见，密尔的主要论点是针对社会而不是针对国家统治机关。对自由的威胁，密尔主要担心的不是政府，而是社会上多数人不能容忍非传统的见解。在个人同政府的关系上，在确保自由的问题上，社会成为第三个因素，而且是影响力更大的因素。① 例如，在一些国家或地区多数人的宗教狂热、狭隘的民族主义、种族主义和反恐怖主义的恐怖心理以及复仇等情绪和偏见也往往会使一个社会走向非理智状况，从而构成对个人和少数人的社会压迫。这种非理智状况在特定条件下会伴随着政治组织与公众情绪或舆论的互动，这不仅导致对思想和言论自由的压迫，甚至可能促使国家内外政策以及制度走向极端。由此看来，《论自由》所表达的基本观点不受其时代局限，具有永恒的价值。

密尔在书中始终强调多数人的社会舆论和公众意见下的道德压力的威胁，这与他本人的感情经历也有关系。1830 年，25 岁的密尔爱上了一位已育有子女的有夫之妇哈里特·哈迪，即泰勒夫人。两人维持这一特殊的恋爱关系达 20 年之久，甚至结伴旅行，直到泰勒夫人的丈夫病逝两年后的 1851 年，两人才终于结婚。这种恋爱关系自然受到了社会舆论的责难以及公众意见下的道德压力。《论自由》一书实际上是密尔与妻子共同完成的。

密尔理论是功利主义的。功利主义理论不同于此前的自然法理论，后者把权利当作天经地义的前提，由此来推导出正义、法律和社会组织的合法性。密尔则采取了与自然法相对立的功利主义的理论前提，把权利与总体功利联系在一起，认为拥有一种权利是社会应当捍卫个人持有的东西。他之所以坚决捍卫自由主义的原则，强调个人思想和创造性、经济和政治活动的自由，主要依据在于只有这样才能使社会的总体功利达到最大值。反之，扼杀自由的最大代价是全社会的平庸、懒惰，缺少真知灼见和决策的合理性，最终导致总体功利的巨大损失。②

---

① ［美］乔治·霍兰·萨拜因著，刘山等译：《政治学说史》（下册），商务印书馆 1986 年版，第 780～781 页。

② 顾肃：《重译密尔〈论自由〉序》，《社会科学论坛》2010 年第 6 期。

经过330余年的努力，英国新闻界获得了出版自由和意见自由，新闻自由在英国的思想上、法例上与实际工作上，都已奠定了坚实的基础。经过长时间的奋斗与改进，获得的不仅是文明的规定，更主要的是宽容的精神与共同的体认。此后的继续努力，都是在这种精神与体认下迈进。① 因为与美国及其他西方国家不同，直到20世纪末，英国一直没有保护言论出版自由的宪法性规定或议会制定法。言论出版自由主要是作为普通法的原则得到承认。言论自由在英国很大程度上是剩余性的，也就是说，这种自由只存在于没有制定法或普通法规则的限制之处。②

三、当代新闻自由的内涵

1. 社会责任意识中的新闻自由

新闻自由的历程是自由的内涵在实践中不断修正和调整的历史，是一部自由思想的社会史。有学者将当代新闻自由归纳为争取消息自由的时期。第一次世界大战后，英国政府为了保障国家安全，扩大机密消息的尺度，压制消息发布，曾实施新闻检查，报界因而提出“人民的知晓权”的要求。第二次世界大战后，英国新闻界又率先提出采访自由及消息传播自由的要求，对新闻自由的要求，从对内的免除新政府干涉、放宽新闻发布、降低机密尺度，进一步到对外要求打开铁幕，准许采访自由。与此同时，媒介逐步走向商业化、垄断化，新闻自由逐渐为少数人所控制，公众通过新闻媒介获得信息、交流思想及表达舆论的权利受到损害。于是，“知晓权”逐渐盛行起来，那种视新闻出版自由仅为新闻媒介之权利的观点逐渐发生变化，新闻自由被看作公民的基本权利之一，即用媒介表达意志的权利。

这就是说，当代新闻自由开始把关注的焦点部分地转向了受众，重视公众对信息的需求权是当代自由主义思潮发展的结果，也是当代新闻自由的核心内容。当代新闻自由除继承了之前从传播者角度提出的七项权利（创办新闻媒介权、发表权或报道权、编辑权、采访权、保护新闻来源权、使用传媒权及对新闻侵权的诉讼权）外，还从多元角度补充了三项重要权利，即知晓权与知情权、交流权与对话权以及更正权与答辩权。

在肯定以上对当代新闻自由内涵认识的同时，也有学者认为当代的新闻自由是要求承担社会责任的自由，是现代自由主义思潮遭受挫折的产物。如1947年美国的“新闻自由委员会”（又称哈钦斯委员会）出版的小册子《一个自由和负责的新闻界》和该委员会委员维廉厄内斯持·霍京出版的专著《新闻自由：一个原则框架》都阐述了当代新闻自由的责任意识：①报业应当享有新闻自由，反对集权势力和金融寡头对报界的控制；②人类的思想和行为并非完全合于理性，报业的自由放任主义是有害的，主张积极的自由，即“有……做的自由”，使人民能利用报刊表达自

① 方兰生：《新闻自由与新闻自律》，允晨文化实业股份有限公司1984年版，第15页。

② 顾肃：《重译密尔〈论自由〉序》，《社会科学论坛》2010年第6期。

己的意见；③报刊必须承担社会责任，新闻自由以社会责任为规范，报道新闻要正确而有意义；④政府不仅仅允许自由，还必须积极地推动自由，对报业滥用自由加以干涉，维持社会秩序和个人安全，对正当的自由加以保护和支持。因此，当代新闻自由思想修正了新闻自由思想中自由放任的观点，强调政府在传播活动中的正当干预，是新闻自由思想的重大进步。①

2. “第四权利”的新闻自由

但以上观点也受到了质疑，有学者认为《报刊的四种理论》曾提到，“社会责任论”指出了新闻自由思想的发展方向，某些方面也已见于现实，但主要的仍只是一个理论，并非是在实践中得以确立的阶段，也没有取代原有的“自由主义”报刊理论。1951 年，国际新闻自由协会（IPI）提出了世界公认的衡量新闻传播自由的四条标准：①自由采访。记者对任何新闻事件有采访、了解和发掘新闻事实的自由，政府机关、有关部门和个人应予以便利，其业务上的正当行为，不受任何干扰。②自由传播。无论新闻事件发生在国内还是国外，记者采访所写成的新闻，首先必须传送一所属的新闻单位，方能进行新闻传播的其他程序，如果传递受阻，将视为对新闻自由的触犯和违反。③出版自由。报纸的出版和发行，如果受到限制，或发行前受到检查，该项自由即遭破坏。④表达自由。允许每个公民有思想、意见和言论自由，可以评论时政，批评政府的政策和官吏的行为。这种对新闻自由的标准化界定，代表着新闻自由也就成了报刊自由——一种社会政治体制的自由。

虽然新闻自由是受宪法保护的基本权利，但这自由针对的是个人，“无法保障新闻媒体的特殊地位”，出于这样的缘由，美国联邦最高法院的大法官 P. 斯特瓦特在 1974 年的一次演讲中，就新闻媒介组织在宪法确立的统治系统中的作用专门进行了讨论，并从法学角度提出并解释“第四权利理论”。他认为，保护一个有组织的新闻媒体，是宪法保障新闻自由的目的。这种保护不是要让报刊成为中立的论坛或意见的自由市场，而是要建立一个政府之外的第四制度，使之可以监督行政、立法和司法三种权力，以防止政府滥用权力。② 在这种观念中新闻自由的价值不再是“追求真理”，而成为健全民主程序的手段。有学者更突出当代新闻自由是作为“第四权利”的媒体的新闻自由。

所谓“第四权利”的新闻自由大致有这么一些特点：第一，新闻自由的定性起了变化。宪法中保护的是作为个人基本权利的言论自由，在“第四权利理论”这里，新闻自由是制度性的权利。因此，保护新闻自由，也就是保护民主社会的一项基本制度。第二，权利主体不同。“第四权利”的新闻自由，其权利主体是新闻媒体。过去所谓的言论自由是任何个人都可以享受的，但新闻自由必须是新闻媒体才能享有的。每个人都可以以言论自由的权利来监督政府，报刊则是以新闻自由来监

---

① 刘建民等：《新闻学概论》，中国传媒大学出版社 2007 年版。

② Stewart, P., Or of the Press, *The Hastings Law Journal*, 1975 (26), pp. 631 - 637.

督政府。第三，保障新闻自由的目的不是为个人，也不是为报刊自身的利益，而是为制衡政府的权力，以保护人民的民主权利。这就需要为新闻自由提供依靠言论自由无法保障的权利。①

四、新闻自由观念的中国化演进

一般认为，中国新闻自由的观念是随着新闻学首先由外国传教士传入中国的。1833 年《东西洋考每月统记传》上刊登的一篇新闻学专文《新闻纸略论》在简略地叙述了报纸的起源和西方报刊出版的现状的同时，也提到了新闻自由。为了便于清廷接受，在陈述办报理由时，外国传教士不是从西方的天赋人权出发，用理论论证新闻自由的合理性，而是从中国国情出发，从实用主义出发，强调报刊沟通中外、沟通上下及富国强兵的功能，并进一步将近代的报刊比附于中国古代的谏鼓谤木，在为报刊自由进入中国制造舆论的同时也混淆了国人对新闻自由的理解。

中国近代早期报人在阐述他们的办报思想时都是围绕抵御外侮、自救图强而展开的，比较集中地讨论了报刊的工具职能，没有对新闻自由理论作系统的探讨，不像西方那样有哲学、政治学和法学的深厚理论依据。如洪仁玕、王韬和郑观应主要是把报刊看作“同民隐、达民情”的工具。到了维新运动时期，维新人士突出报纸的“去塞求通”、联络同志、权衡国事的政治职能，以此作为办报的理由，这种为了保国保种、救亡图存而争取办报自由的观念与西方新闻自由的观念毫不相干。因此在光绪帝发布“准许自由开设报馆、学会”的诏书这种自上而下将出版自由“给予”民众的行为背后不是真正意义上的新闻自由。没有经过自下而上的争取，它只是恩赐的出版自由，不包括言论自由。同时，这种自由缺乏明细的法律条文的保证，如果不是为了富国强兵，而胆敢“妄议朝政”，照样可以查封。②

密尔的《论自由》在 1903 年同时出版了两个中译本，即分别由上海商务印书馆出版的严复的译本——《群己权界论》和由译书汇编社出版的马君武的译本——《弥勒约翰自由原理》。其中以严复的中译本更加广为人知。该中译本反映出在个人自由问题上严复与密尔的思想差距。密尔突出强调针对社会的个人自由的价值和意义，而严复却强调个人与具体的权利界限或个人自由与社会管理之间的“相剂”。美国汉学家史华兹指出：“密尔所论及的自由与严复所关心的自由是完全不同类型的自由”；“假如说密尔常以个人自由作为目的本身，那么，严复则把个人自由变成一个促进‘民智民德’以及达到国家目的的手段。”③ 也正因如此，尽管密尔的《论自由》很早就通过严复等人的翻译介绍而在中国广为人知，但实际上在中国产

① 刘迪：《现代西方新闻法制概述》，中国法制出版社 1998 年版，第 12 页。

② 李五洲：《论近代中国对新闻自由思想的认识偏差》，《新闻大学》2001 年第 4 期。

③ ［美］本杰明·史华兹著，叶凤美译：《寻求富强：严复与西方》，江苏人民出版社 1995 年版，第 125 ~ 133 页。

生的影响非常有限，远远不如严复翻译的英国生物学家赫胥黎主张物竞天择和生存竞争的《天演论》的影响那么大。①

如前所述，中国的新闻自由思想基本可以说是近代舶来的，因为缺乏宗教及民主、自由传统的支撑，不免被误解；尤其是在近代救亡压倒启蒙的形势下，当救亡与新闻自由发生矛盾时，毫无例外的是新闻自由为救亡、国家的富强让路。这都使近代中国的新闻自由思想常常表现出急功近利的功利主义，有时不免似是而非，带有那个时代的鲜明特色，纯粹以国家、民族利益为取向的反西方新闻自由原则的“新闻自由”。

在后来孙中山、谭嗣同、梁启超和章太炎的报刊思想中，言论自由思想开始萌生。戊戌变法失败以后，清政府开始查禁民办报刊，作为自由主义的一个有机内容的新闻自由才跟随西方自由主义在中国的传播进入中国思想家的视野中。直到爆发推翻封建王朝的辛亥革命，尤其是经过新文化运动及五四爱国运动的洗礼，新闻自由思想及实践的意义才为进步的中国知识分子所认同。

五四运动时期的思想先驱们所执著的对自由的信念发生了明显的变化，他们此时已认识到：科学的世界观是以进步性和自由性为依据的，即是说，中国的思想界不仅要有科学的方法论和认识论，更要有高于一切的思想自由和言论自由。因此，启蒙的目标就是要把科学与民主、科学方法与思想自由的斗争联系起来。但旧文化的封建残余在文化思想领域仍进行着顽强的抗御。因此，在实践领域中，新闻自由的境遇较之于以往仍无多少明显的改善。②

中国近代争取新闻自由并不是在争取人权过程中产生的，而是作为政治斗争的根据被提出、被利用的。中国历史上就缺少民主思想、自由思想，缺少新闻自由赖以产生的民主基础，因此近代争取新闻自由的呼声，往往被政治斗争的需要所掩盖。

当西方早期一直坚持的自由主义传统中的新闻自由遇到现实矛盾的时候，有社会责任论的适时提出来加以弥补；而中国早在近代引入新闻自由观念以服务于政治斗争时，就开始注意到了报刊的社会责任，但由于过分重视报刊的工具作用、社会责任，以责任扼杀了自由，不知不觉地走向了新闻自由的对立面。这一取向深深地影响了中国的新闻事业，留下了长久的负面作用。③

中国共产党登上中国政治舞台后，也提出了自己对新闻自由的理解。毛泽东在20世纪20年代初写的《向左还是向右》的文章中指出：“言论自由只让多数人自由，即少数人的自由一定给他剥掉，和这以前恰恰相反。”（《政治周刊》第二期）。《人民周刊》第八期的一篇述评指出：“言论自由对于人民是最重要的一种自由，要‘唤起民众’就全靠人民能有言论的自由。”这说明，中国共产党人认为，言论出版

① 龚刃韧：《重读密尔〈论自由〉》，《政法论坛》2010年第4期。

② 吴永和：《坎坷艰辛的追逐——新闻自由在中国近代史上的发展概貌》，《新闻大学》1993年第4期。

③ 李五洲：《论近代中国对新闻自由思想的认识偏差》，《新闻大学》2001年第4期。

自由是有阶级性的，真正的自由不应是少数人的特权，而是人民应享有的权利。这一主张与西方资产阶级的新闻自由划清了界线，也使其与以往中国流行的各种各样的新闻自由观区别开来。在一定意义上，该主张在以后中国共产党人的新闻实践中成为一条具有鲜明特点的行为准则。①

第二节　新闻自由的含义

在英语中，指代“自由”一义的有两个词，freedom 和 liberty。用两个词来表达“自由”含义的，只有在英语中出现，法文中使用 liberte，在德国则是 freiheitt。“freedom”起源于德语，通过盎格鲁萨克森人传递给了英国人，而“liberty”是带有古法语的拉丁语，它通过诺曼人传到了英国，由此在英国形成了两个单词并用的情况。

这里，我们不在这两个名词上过多地停留，重点就其更深层面的意义，即“自由”这一概念包含着什么样的含义进行讨论。就自由的一般意义来说，它指的是“免于受到政府或者国家的直接强制”。在另一意义上，它也必然包括人的独立。据此，在消极的意义上也可以表达为人的不依从，故有人认为自由指的是不受支配。但若从历史的视角来考察就不能只是看到这个概念的含义，而需要考察这个概念的含义究竟在何时形成，并固定下来且为我们接受。在历史中重新再现关于“自由”的不同定义和丰富的内容，在更宽广的视野中来考察与理解“自由”这一概念的演变，把抽象的理论还原为实际的历史进程，则能够在一个长时段中，更加清楚地看到一个多维的自由。实际上，只有在历史的演进中，我们才能领略自由相互搏击和不断扩展的丰富性，找寻到什么是自由的定义。这样，当我们在说到自由时，我们将会清晰地知晓，这是谁的自由，是作为普遍性的抽象的自由，还是某个群体认同的自由，还是其他。②

新闻出版自由在当代是一个法制概念，法律是它的灵魂。除了法律之外，对它的任何限制，都是对这种自由权利的破坏。新闻自由是在法律范围内，新闻媒介发布消息和讨论公共事务的自由，是人民用以维护公共利益和公共秩序的权利。在这一定义中，新闻自由的主体实际是公民和媒体，而媒体则应是新闻出版自由的保障者。当我们谈到新闻自由时，有时是指媒体（记者）采访、报道和传播新闻的自由；有时是指公民利用媒体表达思想、获取消息、讨论社会问题的权利；或者二者兼而有之。③

自由不是一大堆超越时间限制的哲学范畴或概念，也不是一部朝着一个既定的终极目标逐渐演进的叙事历史。任何人试图建立一种“真正的”自由定义并以此为

---

① 吴永和：《坎坷艰辛的追逐——新闻自由在中国近代史上的发展概貌》，《新闻大学》1993 年第 4 期。

② 李宏图：《重叙自由的故事——读方纳的〈美国自由的故事〉》，《学海》2007 年第 3 期。

③ 刘建民等：《新闻学概论》，中国传媒大学出版社 2007 年版，第 299 页。

标准来判断和衡量其他的自由定义，都显然是毫无意义的。正是因为自由一词所包含的普遍性，所以对自由的研究绝非只是一种词义学意义上的演练。“历史往往浓缩在老百姓的口头禅之中。”观察自由的思想如何被用来为不同的目的服务以及这些使用所揭示的更为广远的信仰体系，相对于只是了解某一个别自由定义的演变来说，具有更为重要的意义。所以除了回答什么是自由，我们不妨来思考另外三个更有意义的相关问题，那就是自由的内容（对自由的认知）、致使自由成为可能的社会条件和自由的界限（谁应享有自由）。

1. 自由的内容——自由的相对性

从历史上争取自由的历程来看，每个时代都在按自己的志趣来重新确定自由这个概念所包含的内容。处于历史中的个人对自由的体验和解释也会不同。自由从来都是一个充满冲突的战场，众多的定义在这里竞争和交锋，自由的定义因而不断得以创造和再创造。没有任何一套固定的范畴能够全面地表现处于历史中的个人对于自由的体验和解释，也无法完整地解释自由的一种定义如何影响了自由的其他定义。

在古代社会，缺乏自制力往往被看成是一种被奴役的状态，是一种自由生活的对立面。将自由看成是对道德规范的绝对服从，这种对自由的理解在基督教的宇宙论中占有极为重要的地位。

在所有基督教盛行的地方，解放的思想都被奉为神明，但基督教奉行的解放指的是精神上的解脱，而不是世俗意义上的解放。基督教义认为，自亚当的堕落开始，人类总是为自己的情欲和感情所俘虏。对于基督徒来说，自由意味着抛弃这种带有原罪的生活，接受耶稣的教诲。在这种定义下，遭受奴役与获取自由是两种不但不矛盾、反而相互强化的状态，因为接受了基督教诲的人在“从原罪中获得解放”的同时，也成了“上帝的仆人”。

在英属北美殖民地早期殖民者的世界观中，自由通常被界定为一种精神状态，而不是一种政治或社会地位。这种自由定义的基础是对自我的否定和对道德的选择，与当时那种对言论、宗教、运动和个人行为自由的严格限定是非常吻合的。个人的欲望必须让位于社会的需要，“基督教自由”意味着对上帝意志的服从、对世俗权威的服从，以及对一整套不言而喻的、相互联系在一起的责任与义务的服从，而且这种服从必须是百分之百地出于自愿。

基督教关于自由是一种精神解脱的思想一直延续到美国革命之后，甚至直到我们今天的时代。包括历史学家们常称的“大觉醒”运动的宗教复兴运动，实际上进一步强化了这种对自由的认识。①

一旦自由从普遍性的抽象权利变为实际内容的展开与实现时，我们便会发现，从 1776 年美国建国开始至今，在 200 多年中，不同的阶层、团体、性别对自由都有

① ［美］埃里克·方纳著，王希译：《美国自由的故事》，商务印书馆 2002 年版，第 24 页。

着不同的理解，并为自由的成长做出了努力。独立战争后，当美国作为一个国家获得了自由时，奴隶制的存在依然使黑人处于“奴役”的不自由状态；当所有的男性都获得了自由的时候，而女性却始终没有得到她们应该具有的自由权利；当资本家获得了“市场经济”的自由之后，与此相对照，工人阶级却没有劳动的“自由”；在冷战时期，当美国宣称他们是自由的，而社会主义的苏联是专制独裁的时候，美国国内信仰社会主义者却因“麦卡锡主义”的盛行而被剥夺了基本的权利和自由。从某种意义上说，自由往往是通过不自由来界定的。

2. 致使自由成为可能的社会条件——自由的政治性

自由又是分裂的和冲突的，不同的人群都从各自的角度来理解自由、定义自由和争取自由。当我们说某个群体实现了自由，无异于说他们对自由的定义得到了承认，被提升到了合法性的地位。从这一意义上说，自由的成长和实现的历史并不是一马平川的坦途，而是在冲突、斗争、让步、妥协甚至退步等过程中实现的。是什么社会条件限制了自由的实现，又是在什么样的社会环境下人们实现了自由？这其中，政治上的权力机制至关重要。实际上，争取自由的斗争就是不同的群体为控制国家权力的斗争，或其要求被纳入权力机制的斗争。在美国独立战争后，白人的自由和权利都是通过掌握和控制国家的政治体制而获得保证的，相反，黑人却没有这些足够的力量来实现自己的自由。因此，他们的自由等一系列权利也就无从谈起。正是从这一意义上讲，争取国家权力的斗争就显得如此重要，同样，一个政府必须要有这些集团的利益代表。由此推演，在任何一个国家内，其政府的全部行为都体现其“公共性”及公正性，恐怕这是对国家和政府的过于理想化要求。这也就是说，当我们一提起自由和民主时，我们必须要问，这是什么时候的自由？这是哪个群体的自由？我们不能大而化之地把美国在自由民主口号下所做的一切都等同于自由民主本身。

3. 自由的界限——自由的具体性

自由的“界限”即谁有权享有自由的问题，也还在辩论之中。在我们历史的大部分时间内，许多人曾被排除在享有自由的行列之外。令人最为震撼的例子当然要数非裔美国人的经历。直到内战结束之前，他们中的绝大多数人一直处于受人奴役的状态之中；内战之后，他们又继续饱受了持续一个世纪之久的政治、经济和社会的多重歧视。同样，美国妇女也曾经被长期地剥夺了许多被男性理所当然地视为是构成美国自由基本要素的权利，包括选举权、接受高等教育的机会以及获取竞争技术工作的能力。其他群体的美国人同样也感到他们曾被剥夺了真正的自由。所以，推动自由在美国历史上扩展的动力，正是来自这些被排斥的群体按自己对自由的理解、不断开展的争取享有完整的自由的斗争。无论是反对奴隶制的斗争、女权运动、劳工争取“经济自由”的努力，还是激进派和持不同政见者对言论自由的要求，所有这些“围绕自由的界限所展开的战斗”都有助于扩展自由的内容。

在“二战”中，面对法西斯主义的嚣张，罗斯福在1941年1月表述道：人类最根本的自由是言论自由、信仰自由、免于匮乏的自由和免于恐惧的自由。他还把这场斗争描述成为一场“介于人类自由与人类奴役之间”的战争，并认为美国人必须肩负起保卫“伟大的自由，反对专制主义的黑暗力量对自由的围剿和攻击；反对它对世界的奴役”。这种应该承担起维护人类自由的使命感一直就是美国的传统和政治文化的组成部分。① 所以就自由这一主题而言，它似乎既是美国立国的基础和根本，又成了美国的象征。既然享有自由乃是美国人特有的品质，向外输出自由，或者去解放那些“不自由”的民族，也就顺理成章地成了美国人的“责任”。由此我们可以看出“美国人”的定义给自由带来的民族排他性。②

自由曾是一种基于种族、性别和财产的特权，许多人被权力、法律和习俗排除在“自由的范围”之外；对自由的享有曾被附加许多限制性的条件，如理性、财产、爱国、血缘、身份、性别等，不能满足这些附加条件的人，就被自动剥夺了享有自由的权利。而且，一些人享有的自由，有时是以其他人不自由为代价的；一些人所宣称的自由，正是对其他人自由的漠视甚至否认。另外，自由还时常处于权力的威胁之中，特别是当自由的定义权和政治权力掌握在同一批人手中时，他们就可以任意将他们需要的东西加进自由的定义，将他们不喜欢的东西排除在自由的定义之外，从而剥夺他们所憎恶的人或组织的权利。

自由若成为“自由者”的应得之物，那就成了一种按地位、种族、性别和国籍而分配的部分人的特权。根据这种逻辑，使用契约仆、奴役黑人、将妇女置于依附地位、推行海外扩张、倡导文化霸权，都不仅与自由毫不矛盾，而且可以用自由的名义进行。自由如果作为一种工具，它所带来的弊端必然损害其作为一种价值的真实性。

第三节　控制者与控制手段

一、新闻控制的由来

1. 自由主义新闻理论的危机

在西方各国争取新闻自由的斗争中，逐渐形成的自由主义新闻理论的主要观点和主要原则包括：任何人都拥有出版自由，而不必经过政府当局的特别许可；除人身攻击外，报刊有权批评政府和官吏，报业在性质上是“寻找真理的伙伴”，是“监督政府的第四等级”，是不受政府控制和干预的独立的私人企业；在新闻自由的内涵上，新闻事业及其从业人员，为了满足人民享有的自由获知所需消息的权利，应有办报的自由、传递自由、出版自由和批评自由，政府不得干预；在涉及观点、

① 李宏图：《重叙自由的故事——读方纳的〈美国自由的故事〉》，《学海》2007年第3期。

② 李剑鸣：《对美国自由的一种历史阐释——评埃里克·方纳的〈美国自由的故事〉》，《世界历史》2004年第2期。

意见和信念的问题上，真理和谬误的传播必须同样得到保证。

自由主义新闻理论和新闻自由的权利在实践中的确立是人类文明史上的巨大进步，自由思想的交流推动了社会进步，人民的民主权利得到了保障，民主政治进一步发展，探索真理的道路更加通畅。当代新闻自由的观念虽然已不容改变，但19世纪以来，新闻界也面临着许多新的问题与抉择，例如：

新闻自由造成了机密的泄露，今天是否可以设立战时新闻检查？

新闻自由是否可以产生真正有价值的舆论？

新闻人能否充分自律以享受自由？

黄色新闻泛滥是否为新闻自由的弊病？

新闻所有权集中的趋势是否威胁到了新闻自由？

当前的新闻自由又是否已被少数的报业老板所操纵？

如此种种都是当初在争取新闻自由时所不曾考虑，而今天却不得不面对的问题，这意味着新闻自由观念将再一次面临新的考验。

2. 社会责任论的提出

其实自由主义新闻理论的危机，正体现了人类的生存窘境。人类要为自己的生存创造一个空间、一种秩序及一套文化体系，或者说一种人类生存环境。但是，当这种生存环境确立之后，人类又反过来使自己的生存去适应自设的生存环境，发展到极致的时候，人类实质上又将自己关进新的牢笼。于是又要打破这个牢笼，去寻找新的生存环境。集权主义、自由主义和社会责任论从某种意义上说，也是人类为解救自己所处文化困境的方法。

在谈社会责任论之前，我们必须明确：社会责任理论与其说是抛弃了自由主义理论，不如说是对自由主义理论的某些修正和修补。社会责任理论的基础仍然是自由主义，换言之，社会责任论是自由主义新闻理论发展的新阶段。

社会责任论的产生与19世纪中叶以来在哲学社会科学领域里古典自由主义向新自由主义的转变有关。所以，自由主义新闻理论与社会责任论在对一些基本问题的认识上有所不同。

(1)“消极自由”与“积极自由”。

在对自由的表述上，以美国宪法第一修正案为代表，其表述的自由是一种消极自由——“国会不得制定任何法律……剥夺人民的言论自由、出版自由……”。只要国会不制定相关法律，发言者和媒介就是自由的。消极自由的核心是个人。当且仅当政府不干预时，个人才能自由地思考、评论和倾听各种意见，成功实现民主。

社会责任论认为，消极自由赋予潜在的发言者以自由表达的观念，但没有提供工具。人们应该思考的不是免于政府控制的自由，而是“为实现某种目标的自由”，并将政府看作有能力确保这种自由的唯一实体。如果说政府干涉是对消极自由的侵害，那么，当政府参与成为促进意见自由表达的必要条件时，政府的不作为反倒是对积极自由的一种侵害。自由主义者只是假想理性自主的个体应当受保护；社会责任论不仅怀疑个人理性，还认为个人自由应为社区、社会和集体的利益服务。只要发言者的利益与公众利益一致，个人就被赋予了积极的自由。政府是推动积极自由的关键，“从本质上说，政府是实现人类群体共同目标的最好工具”。

（2）公民的新闻自由与媒介的新闻自由。

在自由竞争的资本主义时代，众多的、小型的媒介代表人民监督政府，几乎也就等同于人民；保护了意见发表者（报刊）的自由，也就等于保护了公众的自由。但是，媒介的大型化、集中化和垄断化使得人民通过报刊表达自己意见的机会大大减少，报刊也会在某种程度上远离人民，成为与政府权力相平行的类似机构。媒介的新闻自由与公民的新闻自由之间发生断裂，媒介的自由得到了很大程度的保护，而公民的自由却几乎被遗忘。社会责任论认为，人民的言论自由高于媒介的新闻自由，公民应该拥有获知新闻的权利，即我们今天耳熟能详的“知晓权”。对媒介的新闻自由和公民的新闻自由在概念上的区分以及对公民知晓权的强调，从观念上修正了美国宪法第一修正案。

（3）媒介和政府的关系。

古典自由主义理论的立足点是个人主义，认为个人是本源，社会是派生的，除了个人利益之外，社会没有任何独特的利益。新自由主义认为个人的性质由他所处的社会的性质决定，“自我乃是社会的自我”，整体大于部分之和，社会有某种共同的利益。在处理政府和媒介的关系时，自由主义新闻理论把政府视为使媒介不得自由的首要敌人，认为媒介只要在政府之外保持独立，就能获得自由。政府应该做的就是提供自由能够存在的环境。

因此，在两种不同理论所支持的原则之下，在政府向媒介实施控制的问题上就出现了分歧。

自由主义理论所支持的三大代表原则是个人或发言者至上，免于政府控制的自由以及承担风险。这并不代表自由主义者忽略了公众利益，自由主义理论认为，即便在个别案件中牺牲了公众利益，但对发言者利益的强调依然是最终实现公众利益的极佳途径。它关注人在民主政治中至高无上的地位和保护个人免受政府控制。而新自由主义理论的代表性原则是公众利益至上、积极的政府和规避风险，赞成控制言论内容，并将公众利益视为必要因素。

两种规则所包含的自由决断的程度不同。新自由主义者更少怀疑政府，因此政府的决断自由较少受到鄙视。而自由主义理论倡导让发言者在免于政府控制的条件下畅所欲言，并认为言论自由必然带来诸多观点。新自由主义理论担心，不受控制的观点会伤害公众，因为这类观点会赋予部分人更多的优势。通常，某些发言者、公司、强势媒介和有钱人会扭曲观点的市场。自由主义者将政府的控制视为问题。新自由主义者将新闻媒介和有钱的发言者视为问题，并认为他们的影响力过大，因此需要加以约束。对新自由主义者而言，政府控制不是问题，而是解决之道，好比捍卫公众知与不知的权利之卫士。①

社会责任论提出的解决方法之一，是向人的道德良知发出呼吁，要求新闻媒介自律和负责。但是，社会责任论立论的基础就是质疑自由主义信奉的理性至上，认为人的行为有某种非理性特征。一方面怀疑人的理性，另一方面又将解决问题的希望寄托在人的理性觉醒上，这使社会责任论陷入尴尬的境地。社会责任论提出的解决方法之二，是要求政府有限地管理媒介，但同时又认为政府不应过多地干涉媒介。既相信传统自由主义理论认为政府乃自由的天敌的观点，又希望政府促使新闻自由。在这个问题上，社会责任论又将自己置于自相矛盾之中。

要从根本上解决这些矛盾，只有转变媒介的所有制形式，让新闻媒介真正为全体公民所有。但是，当前西方的媒体变革不仅没有朝这一目标靠近，反而从 20 世纪 80 年代以来，媒体私有化、集中化、垄断化、全球化的状况进一步加剧。法国、德国、意大利、英国等欧洲国家的公营电视台纷纷由政府主持改制，转变为私营台。看来，要实现新闻自由仍然要经历一个漫长的历程。

二、作为社会控制手段的新闻控制

1. 新闻控制的含义

社会控制是伴随着人类社会矛盾的产生而出现的一种特殊现象。但作为一个概念，是由美国社会学创始人之一的爱德华 · A. 罗斯在 1896 年首次提出的。在罗斯看来，社会秩序不是大多数人所认为的某种理所当然的东西，相反，人类社会正是从某种无序和暴力中逐渐走向有序状态的。伴随着社会的复杂化、经济上的分化和政治上的组织化，仅靠个人所具有的某些自然情感而维系的“自然秩序”，即没有人工设计和作用的秩序是不完美的，很难保证其在社会中发挥调控作用。随着人们的关系日益变得客观化和非个人化，以稳定的不受人的情感影响的关系逐渐取代无常的私人的关系是社会进步的标志。这种关系就是社会秩序，它所关心的正是社会与个人之间的关系，它是社会秩序得以实现的基本保证，是社会生活的主要内容。

罗斯认为，社会秩序的难点虽然是社会与个人关系的冲突，但二者并非是不可调和的。人们应该采取各种方式引导和规约个体顺从于社会，以利于社会稳定与和平秩序的形成。可见，与古典自由主义不同，罗斯在个人与社会的交汇点上把社会利益放在第一位，控制的主体是社会，个人的社会行为是受控的客体。社会控制必须遵守下列准则：①社会干预的每一次增加给作为社会成员的人带来的利益应大于它对作为个人的人引起的不便；②社会干预不应轻易激起渴望自由的感情对社会干预本身的反对；③社会干预应当尊重维持自然秩序的感情；④社会干预不应是家长式的；⑤社会干预不应限制生存竞争。因此，社会控制实际上就是一种自我约束和

---

① 斯蒂芬 · 海利著，付鑫鑫译：《新闻自由的两面——关于政府控制的不同理解》，《新闻与传播评论》2006 年第 10 期。

平衡机制的建构。罗斯提出了数十种社会控制工具，他认为，舆论、法律、信仰、社会暗示、宗教、个人理想、礼仪、艺术乃至社会评价等都是社会控制的手段，是达到社会和谐与稳定的必要措施。如此，大众传媒新闻事业同样归类为社会控制的手段。

新闻控制在一种意义上讲是对新闻传播的控制，即通过对新闻信息流、新闻内容和新闻传播方式的控制（调控），来影响新闻传播媒体和新闻传播者的新闻传播行为。这种意义上的新闻控制，是指一定社会系统的统治者或者其他社会力量对新闻媒体、新闻传播者的新闻传播行为的操控。另一种意义上的新闻控制指的不是对新闻传播本身的控制，而是指利用新闻传播实行对社会的调控，对社会大众言行的调控。两者之间有着密切的联系：任何一种社会力量，如果试图通过新闻传播来调控人们的社会言行，它首先必须控制新闻，即控制新闻媒体、新闻传播者的新闻传播行为。由此，从新闻媒体之外的控制主体的角度来看，两种意义上的新闻控制在本质上是一致的。但是，我们也明显看到，这是两种直接对象不同的控制。①

2. 新闻控制的性质

新闻的控制功能主要表现为两个方面：一是由新闻媒体的实际拥有者和控制者，通过新闻传播来约束社会大众、社会言行的一种力量和功能，这是控制功能中的约束功能，也可以说是一种信息限制功能；二是通过新闻向社会大众证明或者解释媒体所有者和实际控制者拥有的各种观念是合理的，新闻传播所维持的各种社会秩序是合理的，这是控制功能中的维护、辩护功能。从新闻控制主体的角度来看，这两种功能可以笼统地称为引导功能，因为不管是约束限制，还是维护，目的都在于通过新闻信息，将收受者引导到控制主体希望的、设计的信息轨道以及信息方向上来，引导到一定社会主流意识形态、主导价值观念的轨道和方向上来。

新闻控制的直接结果，表现为对人们知情权的约束和控制，这也可以看作是新闻控制的核心——对新闻内容的控制。信息占有优势是利益优势生成的基础，因而知情范围和数量、知情程度和质量的约束与限制，总是信息控制、新闻控制的核心。当新闻自由是真实的自由，当新闻权利成为所有人的权利，一个社会也就是民主的社会，这时的新闻控制就会降到最低限度，这也可能是最为合理的控制。

（1）新闻控制是一种利益控制，是一定的利益集团按照自身的利益目标对新闻信息流进行控制。居于一定社会统治地位的政治势力、经济（商业）势力与大众媒介之间的合谋已经是公开的秘密，即使在今天这样的传播环境、媒介生态情境之下，也是如此。新技术不仅带来了民主的机会，同时也带来了新的思想控制的手段。处于社会强势地位的各种力量总是试图通过各种手段将民众的思想统一到他们的思想中去，“统一思想”才是他们的兴趣、利益所在。在如此观念支配下，他们能够做

① 杨保军：《试论作为社会控制手段的新闻控制》，《当代传播》2008 年第 5 期。

的，就是用自己的思想来控制大众的思想，把自己想让人们获知的信息传递给大众，并且要做得无声无息。

（2）新闻控制是一种软权力控制，它往往是间接的、潜移默化的且范围广泛的控制。大众传媒以其特有的方式广泛渗透到社会生活的每一个角落，改变着人们的社会环境、生活方式、思维方式和价值观念，推动着人类教育的发展，丰富着人们的文化生活，通过多种方式而在潜移默化中达到对人们思想和行为的有效控制，从而成为现代社会控制体系的重要组成部分。同时，新闻控制不是人类群体或一定社会中谁控制谁的问题，即不是一部分人控制另一部分人的问题，而是新闻实际上控制了所有的人。那些试图利用新闻控制他人的人，也被新闻本身所控制，其本身也成了新闻实现自身功能的中介手段或工具。

（3）新闻控制是一种有限的控制。当人们对新闻本身的特征有所了解和把握之后，控制者、传播者对收受者的约束和控制就是有限的，我们不能凭借自己的想象任意扩大新闻的控制功能和作用。新闻信息限制是必然的，控制也是必要的，如何把新闻控制在合理的范围内，才是新闻控制在研究、控制实践中的核心问题，当然也是难题。

三、新闻控制的手段

1. 大众传媒通过舆论导向与舆论监督实现社会控制

所谓舆论导向，一方面，大众传媒将由立法部门和公共管理机构所制定、颁布的法律、政令公之于众，呼吁人们遵从现有的社会规范；另一方面，大众传媒将公众意见与呼声反馈给社会的统治集团，促使立法部门和公共管理机构考虑公众需求，对现行法律和制度体系进行调整和完善，不断提高其行政能力，以维护社会稳定和社会秩序。

所谓舆论监督，是指大众传媒通过对偏差行为的曝光、批判与谴责，促使社会行为符合社会规范，以维护社会秩序。一方面，大众传媒通过对少数社会成员的违规行为、违法行为及违纪行为进行曝光；另一方面，大众传媒通过对公共管理部门中腐败行为与不作为行为的曝光，以引起社会成员对其指责，形成社会舆论压力。

2. 大众传媒通过建立和巩固信仰实现社会控制

一方面，大众传媒通过塑造典型，控制公众的个人理想。如对革命人物和优秀事迹的宣传，倡导公众树立“为人民服务”的社会理想；通过对历史人物形象的渲染，敦促公众要清正廉洁、遵纪守法；通过对英雄事迹的宣传，鼓励人们忠诚、爱民、拼搏、敬业，坚持正义；通过对先进人物和先进事迹的宣传，鼓励人们在各自的岗位上恪尽职守、勇于开拓创新，为社会主义建设事业多作贡献。

另一方面，大众传媒通过对大众进行意识形态的培养和灌输，引导大众形成共同的价值观。意识形态的控制是社会控制的关键所在，任何一个国家的统治阶级和执政党要想维护和巩固既有的统治秩序，都不能放弃对意识形态阵地的话语权。大众传媒通过反复地向公众传播和灌输代表统治集团和执政党利益的意识形态，于潜移默化中影响人们的认知结构，于“文化涵化”中形成共同的价值观，从而维护和巩固既有的社会秩序。

3. 大众传媒通过社会暗示实现社会控制

心理学研究表明，在无对抗条件下，人们对接收到的某种信息有可能迅速而无批判地加以接受，并依此做出行为反应，这种反应过程便是社会暗示。大众媒体通过自己的各种强调方式来进行问题重要性的设置。这种感受日积月累，于是在潜移默化中使公众关注的问题在一定程度上逐渐与媒体趋于一致。

除了设置议程，大众传媒还通过“媒介真实”的建构来实现对社会成员的控制。媒介真实是大众传媒主体根据其经验、知识、文化背景而对客观真实做出主观选择、判断和评价之后，通过大众传媒传递给受众的社会事实。这种社会事实不断界定、影响和制约个人的行为与价值观念，并潜在地成为现代社会文化日益重要的参考情境。

4. 大众传媒通过教育实现社会控制

首先，大众传媒通过传播支持现行体制的政治文化，通过政治社会化实现对社会成员的政治控制。一方面，大众传媒通过政治教育培养个体的政治参与热情和能力；另一方面，大众传媒通过政治教育来培养公众对现行政治制度和政治价值的认同、忠诚和责任感。此外，大众传媒还通过对传播信息的选择，如政治教育内容的确定、学校教科书的界定、新闻出版审查等来把握政治控制的方向。

其次，大众传媒通过传播符合社会发展需要的道德规范，通过道德社会化来实现对社会成员的道德控制。一方面，大众传媒通过对道德规范的宣传与灌输形成对社会成员的“道德他律”；另一方面，大众传媒通过播放道德题材的电影、电视、广播，刊发道德题材的文章，以道德为话题开设互动栏目等方式，使社会成员内化道德价值，形成社会成员的“道德自律”。

四、新闻控制的社会影响

大众传媒一旦被歪曲地加以利用，将不但不能起到社会控制的作用，反而有可能威胁并破坏社会秩序。为此，我们在重视大众传媒正功能的同时，也要对大众传媒的负功能有充分的认识。大众传媒的负功能对社会控制的影响主要体现在如下四个方面。

1. 过度干预会削弱正式的社会控制力量

在法律和政策允许的范围内对公共权力进行监督与制约是必要的，也是可行的，但大众传媒对社会政策的过度干预往往会削弱正式的社会控制力量，影响制度控制的权威性。比较典型的如媒介审判和网络暴力。

在现实生活中，媒体越俎代庖给嫌疑人定罪的情况时有发生。如果司法者在案件的审理过程中，不得不考虑新闻舆论的反应，从而影响了他“遵从法律的精神和原则”独立做出裁决和判断，其结果必然是司法公正的偏离和丧失。此外，网络暴力的主要表现有：网民对未经证实或已经证实的网络事件，在网上发表具有攻击性、煽动性和侮辱性的失实言论，造成当事人名誉受损；网民在网上公开当事人现实生活中的个人隐私，侵犯其隐私权；网民对当事人及其亲友的正常生活进行行动和言论侵扰，致使其人身权利受损等。如果这种暴虐得以假正义之名，则群体的放纵更会受到崇高感的鼓励而越发膨胀，并最终导致群体暴力的发生。

2. 传者本位的传播方针和大众传媒自主性的缺失导致社会控制弱化

在传者本位传播方针的指导下，我国当前大众传媒往往采取以灌输式为主的传播方式，缺乏互动。在这种情况下，大众传媒所灌输的显性价值观念和道德规范对社会成员而言只是一种“装饰的门面”，无法真正起到约束作用，真正为社会成员所认可并实际发挥控制作用的却是与之相矛盾的隐性价值规范体系，社会成员的内在控制很难实现。

在控制本位的管理模式下，我国大众传媒将舆论引导功能发挥得淋漓尽致，在各类大众传媒中，宣传中国市场经济改革伟大成就的报道随处可见。这些报道对于增强社会凝聚力和民族自豪感、对于促进稳定具有重要的意义。然而，相对于正面报道而言，当前我国大众媒体对社会问题的反思显得远远不够。若将建设性的批评与舆论监督视为否定成就和破坏社会稳定的行为，必定影响舆论监督功能的发挥。另一方面，一些大众传媒在宣传先进事迹时，过于强调“高、大、全”，往往把先进人物描绘成不食人间烟火、超凡脱俗的“圣人”。面对这种理想角色与现实生活的冲突，人们往往采取一些变通的方式，即要么降低理想层次，以缩短理想人格与现实人格之间过大的距离，要么干脆放弃理想。这样一来，大众传媒信仰控制的功能便会大打折扣。

3. “媒体失语”——一种隐性、消极的社会控制方式

媒体失语会导致社会监督的严重缺位，如果人们无法知晓事件本身，社会监督就无从谈起了。公共危机发生时，各种复杂的因素让受众暂时失去了辨别力，如果这个时候媒体也集体失语，各种谣言就会滋生、传播，甚至会在一定程度上成为公众话语的主要内容，导致猜测、恐慌等各种社会集体心态出现，进而采取不利于社会稳定和战胜危机的行动。值得注意的是，媒体失语是一种隐性的社会控制方式，往往不易察觉。无论媒体是出于自身原因还是迫于政治、经济利益的压力，媒体失语都会给受众的知情权和自由表达权造成危害，从而产生负面的社会控制效果。

4. 公众对大众传媒的过度依赖导致社会成员整体思维能力的降低和社会关系的淡漠

人们似乎都有这样的经验，在现代生活中，人们的感官几乎都麻木了，每天我们不是根据自己皮肤的感觉来增减衣物，而是根据大众传媒所作的天气预告来决定是该增衣还是减衣。也就是说，过去人们的生活经验是来源于对生活的直接感受——“第一空间”，而现代社会里，人们的生活经验却在相当程度上来源于一种

间接感受——“第二空间”。特别是以电视为代表的现代电子传媒出现以后，人们对大众传媒的依赖性就越来越强。此外，这种依赖也会导致家庭成员间、邻里间的沟通、互动越来越少，人们越发喜欢关起门来打开电脑、电视完成与外部世界的虚拟“沟通”。人与人之间的亲身交往被冷冰冰的电视、电脑屏幕所取代，紧随而来的是人际关系的淡漠、人文关怀的缺失、精神的空虚和社会凝聚力的下降。

新闻媒体的所有者和实际控制者，利用新闻传播来维护自身及其所代表的利益群体的利益是必然的行为。为了实现这样的功能，各种社会制度中的新闻控制主体都会运用各种各样具体的控制手段（比如法律控制、经济控制、行政控制、伦理控制等）来调控新闻传播的内容和方式。在有些社会制度中，比如在新闻媒体实行国有制的社会中，新闻控制主体还会制定更为具体的直接指导新闻传播行为的政策和方针。在我国，作为新闻控制主体的党和政府，就要求所有的新闻媒体必须坚持以正面宣传为主的方针，这实际上就是对传播什么、多传播什么的严格控制；通过这样的控制，也就实现了想让人们知道什么和多知道什么的目的，从而期望实现引导社会舆论的目的，期望实现维护社会主义核心价值体系的目的。当社会处于特殊的变动时期，新闻控制主体更是会采取临时新闻政策，对新闻内容和新闻传播方式实行比较严格的控制。①

在现代社会的运行中，一定程度的社会冲突其实是无法避免的。尤其在中国这样一个处在转型剧变中的社会，社会冲突的加剧更需要合理的社会控制。合理的社会控制在于促进社会的团结与和谐，从而保持社会规范的稳定和社会秩序的稳定，增强社会整体应对危机的凝聚力。目前，个别地方社会控制的合理性以及控制本身如手段的合法性问题值得深入探究，如“非典”谎报瞒报事件和松花江水污染事件即是以社会控制操控传媒凌驾新闻自由的。社会控制的目的是“为最大多数人做最多的事”，是为达到社会和谐与稳定。一些如限制负面新闻报道等社会控制行为和手段明显侵害了广大人民的利益，这是与社会控制的目的相悖的。因此，大众传媒应当有足够的独立性去拒绝统治当局不合理的手段与不合法的社会控制行为。②

【思考题】

1. 如何给新闻自由下定义？新闻自由的内涵可以从哪些角度去认识？
2. 如何理解新闻自由的历程是一部自由思想的社会史？
3. 当代新闻自由的内涵有哪些？如何理解中国当下的新闻自由？
4. 自由主义新闻理论与社会责任论在新闻控制中的分歧在哪里？
5. 新闻控制可能会带来什么样的社会影响？

---

① 杨保军：《试论作为社会控制手段的新闻控制》，《当代传播》2008 年第 3 期。
② 金玮：《浅谈以社会控制意图凌驾新闻自由现象》，《法制与社会》2008 年第 1 期。

【延伸阅读】

1. ［英］弥尔顿著，吴之椿译：《论出版自由》，北京：商务印书馆 2010 年版。

2. ［英］密尔著，顾肃译：《论自由》，南京：译林出版社 2010 年版。

3. ［美］弗雷德里克·S. 西伯特、西奥多·彼得森、威尔伯·施拉姆著，戴鑫译：《传媒的四种理论》，北京：中国人民大学出版社 2008 年版。

4. ［英］卡瑞·辛顿著，栾轶玫译：《英国新闻史》，北京：清华大学出版社 2005 年版。

5. ［英］约翰·基恩著，刘士军译：《媒体与民主》，北京：社会科学文献出版社 2003 年版。

6. ［美］埃里克·方纳著，王希译：《美国自由的故事》，北京：商务印书馆 2002 年版。

第七章　新闻

第一节　新闻的定义

信息化社会已然到来，资讯的全球化传播也在快速推进，这得益于媒介技术的发展，正因此，我们身处的世界好似一张巨大的信息之网，我们感受到新闻资讯的丰富，也体验到新闻的繁杂带给我们的困扰。每时每刻，新闻经不同媒介传播给公众，满足了公众的信息需求，方便了大家的工作、生活和学习，同时也为公众构建了一个信息环境。然而，对于“新闻”这一概念的界定，新闻学界一直存有分歧，众多新闻学研究者都从自己的理解层面来界定这一概念，这导致了“新闻”定义繁多。据说国内有人曾统计，“新闻”的定义有300多个，国外则声称“新闻”的定义在千种之上。

一个众所周知的“新闻”定义是19世纪美国《太阳报》的采访部主任博加特所说的：狗咬人不是新闻，人咬狗才是新闻。这一定义更多的是基于商业化逻辑，说明反常性的新闻会引起读者关注，而诸如“凡是趣味性的事情，都是新闻”、“能让女人喊一声‘啊哟，我的天呀’的东西，就是新闻”等定义，则是强调新闻的趣味性和显著性因素。另一个关于“新闻”的典型定义，是《纽约先驱论坛报》的采编部主任斯坦利·瓦利克尔提出的，他认为新闻是建立在“3W”基础上的：Women（妇女）、Wampum（金钱）、Wrongdoing（坏事）。这些“新闻”定义的提出，是基于西方国家的社会背景和传媒制度，隐含着资本的逐利本质。显然，这些定义没有从根本上反映新闻的本质内涵，只是揭示了新闻的某些价值要素和属性特征。

我国现代新闻业发展晚于西方国家，作为后来者，我们在新闻学研究方面却体现了极大的热忱和探求精神。关于“新闻”的定义，我国的新闻学研究者一直在探寻，企图找到最合理的权威解释。徐宝璜认为：“新闻者，乃多数阅者所注意之最近事实也。”① 此句中的定语从关注范围和发生时间上对“事实”加以限定，强调“新闻是事实”。陆定一在《我们对于新闻学的基本观点》这篇文章中，提出“新闻是新近发生的事实的报道”这一经典的定义。这个定义阐明了“事实是第一性的，新闻是第二性的”理念，但是，陆定一的“新闻”定义强调“新闻是报道”，而报

① 徐宝璜：《新闻学》，中国人民大学出版社1994年版，第6页。

道是经由人来完成，作为个体的人，具有自己的认知结构，形成自己的价值观念和情感倾向，所以新闻是具有主观因素的。即使是媒介组织，也是有自己的新闻理念和编辑方针的，其报道的新闻难以完全客观。所以，陆定一的“新闻”定义成为经典的定义，有其合理性。宁树藩在《新闻定义新探》一文中从另一角度阐述了“新闻”的定义：“新闻是经报道（或传播）的新近事实的信息。”然而，在不同学科体系下，信息所指涉的内容和形式都各不相同，如花开花落、铁片加热变红、人的头痛鼻塞等都传递了信息，而新闻传播活动中的信息应称为新闻信息，只是信息体系中的一支而已。“所谓新闻信息，指新近发生的为公众所关注的具有新闻价值的社会信息。”① 基于这一观点的思考，有学者提出了以下几种新闻的定义：

新闻是向公众传播新近事实的讯息。

新闻是传播新近变动事实的信息。

新闻是及时公开传播的非指令性信息。

这些定义的产生，说明新闻学研究者已经认识到新闻传播活动就是信息的传播活动，新闻信息是这一活动的核心与本质。然而，新闻传播活动中所传递的信息不同于一般信息，它既包含客观事实因素，又可以是传播者在一定传播情境中需要表达的观点、看法、评价和主张。因此，童兵认为，新闻信息不仅包含着事实变动的客观信息，还传递着传播者的主观信息。

综上所述，新闻是基于事实的，具有客观性，但传播者（传播组织）的价值理念和思想情感等因素，决定了新闻具有不可避免的主观性。赵振宇在《新闻及其时空观辨析》一文中认为：“新闻是对新近发生或发现有价值事实及意义的信息传播。它通过报纸、广播、电视、互联网和新兴媒体，运用对事实过程的描述和对该事实性质判断、价值意义的评论让大众更深切地感受和领悟该事实。”② 这里将评论纳入新闻定义的考量范围，这一观点应该是符合当下新闻实践的，也是符合国际通例的，如普利策新闻奖就包括公共服务奖、报道奖、社论奖、漫画奖、批评评论奖、通讯奖、特写奖、新闻摄影奖等。但我们不能说新闻包括事实也包括评论，这是难以接受的，我们可以说新闻包括对事实的报道和对事实的评论。③ 特别是当下，媒介技术的发展推动了传媒变革，重塑了媒体格局，同时，新闻行业竞争进一步加剧，时评成了传统媒体（特别是报纸）打造核心竞争力和赢得市场的“杀手锏”，因为互联网等新媒体时效性强，主要呈现的是碎片化阅读。据此，“新闻”的定义应该结合新闻传播实践的最新发展，与时俱进，从传播新变革中提炼本质内涵，现表述如下：

新闻是对新近或正在发生的事实及其意义的报道。

---

① 童兵：《理论新闻传播学导论》，中国人民大学出版社 2011 年版，第 45 页。

② 赵振宇：《新闻及其时空观辨析》，《新闻与传播研究》2009 年第 2 期。

③ 陈红梅：《新闻学概念修正的学理追问——对赵振宇“新闻”定义及“第一现场”概念的思考》，《当代传播》2010 年第 2 期。

新闻所传播的信息源于事实，或传播的就是事实，但一经公开传播，作为新闻信息，就有客观信息和主观信息之分。所以，我们可以将新闻分为传播事实的新闻和传播观点的新闻（观点必须基于事实），前者主要是指事实，后者则偏重事实的意义。

传播事实的新闻，即对新闻事实进行客观叙述，不夹杂议论和评价。如 2013 年 4 月 29 日《广州日报》A7 版的《波士顿爆炸嫌疑人通话记录曝光》一文：

据新华社电 美国官员 27 日说，波士顿马拉松赛爆炸案发生数日后，美国获得俄罗斯 2011 年秘密监听嫌疑人之一塔梅尔兰 · 察尔纳耶夫与母亲的通话录音。

在这份录音中，塔梅尔兰与母亲祖贝达特 · 察尔纳耶夫含糊提起一些宗教极端主义的想法，讨论前往巴勒斯坦地区的可能性。不过塔梅尔兰告诉母亲，自己不懂阿拉伯语。

多名美国官员说，俄罗斯联邦安全局同时交给美方的另一段电话录音显示，祖贝达特与身处俄罗斯南部地区、当时正受到美国联邦调查局审查的人员交谈。不过，两段谈话没有涉及在美国发动袭击的信息。

按照美联社的说法，如果美国联邦调查局更早获得这些信息，可能有足够证据对察尔纳耶夫一家展开更全面的调查。依据这两段录音，俄罗斯情报部门 2011 年 3 月请求美国联邦调查局协查身在美国的塔梅尔兰，原因是他可能关联宗教极端主义活动。联邦调查局随后介入调查，没有证据，数月后结案。

上面这条新闻是纯事实报道，没有评论，避免了主观判断，特别是关于敏感问题的报道，客观事实的叙述是最好的报道方式。然而，传播事实的新闻也是具有倾向性的，因为新闻报道通过选择事实，或借用修辞手法，可以巧妙地传播新闻立场和观点，如 2007 年 5 月 18 日新浪网的《重庆车祸死亡赔偿城乡差 4 倍》一文：

重庆市近日公布新的道路交通事故死亡赔偿金，城镇居民和农村居民，交通事故死亡赔偿标准（20 年）分别为 231 400 元和 57 480 元。新的赔偿标准从今年 5 月 1 日至明年 4 月 30 日期间执行。

各地的道路交通事故死亡赔偿金标准依据是 2003 年通过的《最高人民法院关于审理人身损害赔偿案件适用法律若干问题的解释》，司法解释中规定：60 周岁以下人员的死亡赔偿金按照受诉法院所在地上一年度城镇居民人均可支配收入或者农村居民人均纯收入标准，按 20 年计算。

重庆市 2006 年度城镇居民人均可支配收入为 11 570 元，农村居民人均纯收入 2 874元。计算之后得出，交通事故死亡赔偿标准（20 年）分别为 231 400 元和 57 480元。

如此一来，城乡之间人命差别整整相差 4 倍。(《东方早报》)

这条新闻虽然是客观叙述，但读者阅读后，会对“城乡之间人命差别整整相差4倍”感触颇多，不公平感油然而生。

传播观点的新闻，不是指新闻评论，而是指着重报道基于新闻事实的观点的新闻。事实是新闻的根源，观点必须基于新闻事实，但在信息化日益发达的今天，以事实为卖点的独家新闻似乎越来越成为不可能，所以媒体渐渐重视观点新闻，阐述新闻事实的意义。如中央电视台的《新闻1+1》栏目，就是“从时事政策、公共话题、突发事件等大型选题中选取当天最新、最热、最快的新闻话题，还原新闻全貌、解读事件真相，力求以精度、纯度和锐度为新闻导向，呈现最质朴的新闻”。因此，“解读”新闻事实成了节目的重要环节。财新网还专门设置了“观点新闻”板块，请看其中的一条新闻：

龙永图：企业所有制应有思想大解放

【财新网】4月21日，在2013中国绿公司年会上，博鳌亚洲论坛国际咨询委员会顾问龙永图表示，中共“十八大”以后，全社会已经形成共识，必须进一步深化改革，扩大开放。而深化改革最重要的一步，就是进一步解决政府和市场的关系。

龙永图称，对企业家来说，当前最纠结的问题就是企业和政府应该建立什么样的关系，是亲密无间还是保持距离？他认为应该保持“君子之交淡如水”的关系。“君子之交”即政府和企业相互尊重、信任和支持，要同舟共济。“淡如水”即不要吃喝关系，不要不清不楚、不明不白的关系。“这样官员会更加廉政，企业家会更加坦荡，而市场会更加公平。”

龙永图认为，政府应该对不同所有制的企业一视同仁。他认为，全社会应该对企业的所有制问题来一次思想大解放，只有一视同仁，才能使得民企以及大量的中小企业蓬勃发展；若没有中小企业的蓬勃发展，就没有中国企业发展的质量。

同时，龙永图认为应该坚持对外开放，因为对外越开放，对内的环境就会越宽松，市场就越有竞争性。对于当前一些人认为中国企业对外环境更为严峻，龙永图称这是对某些大国意图的误判。

他举例称，美国将军事和战略部署重点放在亚洲的做法，并非针对中国，而是因为全球经济力量发生了重大转变，亚洲成了美国经济、军事、外交最重要的地区。他认为美国历来最在意自己的利益，将战略重点转向亚洲，就是为了美国的利益。

观点新闻没有特别追求报道的时效性，而是注重对新闻事实的深度分析。但它仍是新闻，需具备新闻要素。

新闻要素是指构成新闻所必须具备的材料。概括起来，新闻需具备五要素：新闻主角（Who）、新闻事情（What）、发生时间（When）、发生地点（Where）和新闻原因（Why）。所以，新闻五要素也称为新闻的五个W。

对新闻报道来说，新闻五要素具有两个作用：

一是有助于记者在采访中迅速抓住并弄清新闻事件的要点。记者在采访过程中，会尽量挖掘并掌握新闻的事实细节，也希望采访对象多说新闻事件发生的过程。但记者要牢记新闻五要素，采访中必须查实这五个方面，这是记者采访的基础任务。

二是有助于记者迅速抓住新闻重点，这体现在新闻导语中。“小结论式的导语”浓缩了新闻五要素，读者阅读导语后就知道新闻内容的大概了，但缺点是新闻重点不突出，主次不分。现在，新闻导语一般要突出五要素中最有意义、最有趣味的一两个要素。

如突出新闻事情（What）的导语：

据新华社电 国家中医药管理局2013年第一季度共监测到虚假违法中医医疗信息739条次。其中99%以上为变相广告。国家中医药管理局这样表示。（2013年5月10日《南方日报》）

还有聚焦新闻主角（Who）的导语：

据新华社电 国家主席习近平9日在人民大会堂会见以色列总理内塔尼亚胡。（2013年5月10日《新京报》）

两个普通人见面是平常的事，但两个国家领导人的会面将会谈到重要国际问题，所以导语突出了新闻活动主角的重要性。

第二节 新闻价值

世界如此之大，每天发生的事情又如此之多，但只有部分事件能被新闻媒体报道，传播到千家万户。传统媒体受到版面空间、播出时间等因素的制约，只能选择一定量的新闻事实来报道；新闻网站虽然有海量信息，但也只能选择少数信息呈现在首页上；社会化媒体主要依赖用户生产内容（UGC），可用户不是有闻必录，只是选择海量信息中的微不足道的部分加以传播、转发或评论；广大百姓面对扑面而来的大众传播信息，也只是选择极少部分接受或再传播。这里有一个共同的考量因素：新闻价值。新闻价值只是价值体系中一个分支，其完整的概念包括新闻价值源、新闻价值观和新闻价值实现等多方面涵义。① 可见，新闻价值受多种因素影响，其本身是一个相对的概念，因为不同人的新闻价值观是有差别的，即使在不同的传播语境下，新闻价值观也会受影响；再说，新闻价值的核心载体是新闻信息，新闻信

① 雷跃捷：《新闻理论》，中国传媒大学出版社1997年版，第78页。

息可分为反映事实的客观信息和体现传播者意图的主观信息。

物品价值的实现，一般要具备两方面，即使用价值和交换价值。这说明价值具有两个因素：自身的客观因素和外部的社会因素。新闻价值也概莫能外，同样需要新闻自身的客观价值因素及外部的受众接受因素。新闻媒体在报道这条新闻时，说明其已经认可这条新闻的客观价值因素，受众接受了这条新闻，它的新闻价值就真正实现了。例如，报纸发行量对报社来说至关重要，这直接影响其经济效益，当然也包括社会效益，但有效发行量更重要，如果没有人看这份报纸，发行量再大，也不可能产生社会影响力，其新闻价值便得不到实现。显然，传受双方的共同认可，是新闻价值实现的前提。由此可知，新闻价值是指新闻事实满足社会需求的特殊要素的总和。① 具体来说，新闻价值要素如下：

第一，时新性。新闻是"易碎品"，其价值可能会稍纵即逝，因此，新闻事实越新，加上还是独家的话，就会吸引更多受众关注。当然，这里的"新"，是一个相对的概念：一是指最新发生的事实，独家现场直播最好，可以将新闻价值提升至最大化。如全国"两会"期间，一些报道仅有中央电视台能够独家现场直播，引发全球关注中央电视台传播的这些新闻节目。二是指虽然事情已发生一段时间了，但是没有报道且仅有极少数的直接相关人知道，那么这个新闻事实一经公开报道，还是具有时新性的，自然也就有新闻价值。如一些敏感的军事演习，一般都是事后再选择适当时机进行公开传播，其同样会引起受众关注；另如历史档案的解密会引起公众极大关注，也说明了这一点。

第二，重要性。新闻事实的重要性，主要从新闻事实与受众的关联度来考虑，关联度越大，对受众越有意义，其重要性就越大，新闻价值也就会越大。如"9·11"恐怖袭击事件，虽然这一事件发生在纽约，但会影响全球的政治经济，日后美国的报复行动，证明了当初这一事件的发生具有深远影响。所以，这条新闻就具很大的新闻价值。我们需要注意的是，重要性与受众的需求心理相关，从新闻事实中挖掘满足受众需求的要素，增加二者之间的关联度，那么新闻价值就会得以体现。如著名歌手高枫逝世，很多媒体将这条新闻放在娱乐版块，而《中国经营报》的记者却将其写成了一条经济新闻，因为高枫是浙江省某行业的广告代言人，文章分析了他的逝世会对这个行业造成怎样的经济损失。这就是对一个新闻事实，从不同角度挖掘其新闻价值。

第三，显著性。新闻事实的显著性，主要体现在所涉及的新闻要素是否具有知名度，如人物、地点、事件、时间等。当然，所有的新闻要素都同时具备知名度是很难的，所以，传播者应抓住最具显著性的新闻要素来做文章，以凸显新闻价值，吸引受众。如2006年，钟南山院士的手提电脑被抢，公安迅速破案，这件事发生在

---

① 童兵：《理论新闻传播学导论》，中国人民大学出版社2011年版，第47～48页。

广州，但因为钟南山院士的知名度，这条地方新闻就引起了全国关注。再如中国公务船巡航钓鱼岛海域，引起中外媒体关注，按理说我国公务船在自己海域巡航很正常，每天都会有很多这样的巡航事情发生，但因为钓鱼岛海域存在主权争议，牵动中日两国乃至全球的敏感神经，所以能够引起国际关注。

第四，接近性。新闻事实与受众在地理空间和心理距离上的接近程度可称为接近性。接近性越高，新闻事实越能引发受众的同感与共鸣，受众的关注度自然越高，从而使新闻价值得以体现。2013 年 3 月，上海黄浦江发生“死猪事件”，上海当地媒体对该事件的报道量最大，并进行了连续追踪报道，而其他地方媒体就没有如此集中报道，这体现了地理空间的接近性反映新闻价值大小的问题。如今，媒体竞争非常激烈，为了实现差异化发展，避免同质竞争而两败俱伤，媒体开始走小众化传播路线，明确定位具体的受众群体，满足特定的需求心理，这也是考虑新闻价值接近性这一要素的结果。

第五，反常性。古希腊哲学家亚里士多德曾说：惊奇是探求哲理的开端。这说明人类具有好奇心理和探索未知领域的欲望，一切发生概率越小、与现实反差越大的新闻事实，越能够获得受众关注，越具有新闻价值，“狗咬人不是新闻，人咬狗才是新闻”恰恰说明了这个道理。再如2010 年八九月间，浙江几个地方的居民说发现了不明飞行物，媒体还要求专家分析这一情况，引起了全国关注，这也是事件的反常性提升了新闻价值。影响更大的是，陕西发现华南虎的报道，引发了全国人民的关注，并使人们积极参与讨论，终成“周老虎事件”。这一事件能够造成如此大的影响，根本原因在于它的反常性，吸引人们对其高度关注，并质疑这一报道的真实性。

第六，趣味性。新闻事实能够引发受众共同兴趣从而吸引注意力的有趣程度称为趣味性。趣味性越大，新闻价值越大，受众对新闻的关注就越多。当然，新闻要拒绝低级的、庸俗的趣味，倡导高雅的、健康的趣味。如今，一些媒体用血腥暴力、低俗色情及明星绯闻来吸引受众，应该受到批评。因此，如把握不当，趣味性就是一把双刃剑，可能会吸引一部分受众，满足他们的低级趣味，但媒体的品格和新闻的质量会受到质疑，最终会损害媒体自身甚至整个新闻行业的形象，使得新闻媒体丧失公信力。

第七，冲突性。有冲突就有新闻，冲突的程度决定新闻价值的大小，宁静平淡不易引人注目。一般来说，体育竞技、商业竞争、思想论战、外交斡旋以及战争行为都是具有冲突性的，这样的新闻事实容易受到关注。“韩方之争”受人关注；朝韩对峙，时局紧张，全球媒体聚焦半岛。这都说明了新闻价值要素包含了冲突性。如今，电视台的法治新闻故事化、剧情化，就是借助冲突性来设置悬念，提高节目收视率。一旦发生全球热点冲突事件，所有媒体都在做专题报道，这是因为冲突性的新闻有极大价值。当然，媒体不能为了自身利益而导演事件，制造冲突，这是违反新闻专业精神和职业道德的。

第八，人情味。月有阴晴圆缺，人有悲欢离合，不论哪个种族，人之为人，总是饱含情感的。新闻事实能够反映出人的情感，富有人情味的新闻，其受欢迎的可能性将极大提高。如高速公路救狗的新闻，当电视镜头切换到狗的眼部特写时，那种凄婉可怜的眼神，似乎含有泪水，这总会打动受众，再加上画面旁白对狗的忠诚和灵性，以及狗是人类的朋友等的介绍，就会引发受众对新闻的认同，唤醒人们的救狗意愿，谴责贩狗杀狗者，自发抵制吃狗肉。还有“华尔街日报体”，就是在文章头、尾借用充满人情味的叙事，吸引读者阅读无趣、艰涩的财经信息。但凡事有度，新闻不能过度煽情。

对于每条新闻来说，其新闻价值要素各有特点，不可能以上 8 种要素都面面俱到、分布均衡，这些价值要素的多少或有无，还要具体分析每条新闻。新闻从业人员在选择新闻稿件时，或受众阅读新闻时，会依据新闻价值大小的判断，新闻价值大就会受重视。但现在，还出现了“反新闻价值”的新闻选择标准，如媒体仅仅关注名人要事，有歧视弱势群体的嫌疑，如果报道平凡的小人物，说说家常事，可能使媒体更具亲和力，更“接地气”，这样的报道反而更能吸引受众关注。其实，这种观点误解了新闻价值，试想，如果媒体天天不加选择地报道小人物的鸡毛蒜皮，这样的新闻也就不会赢得受众的积极关注，只有偶尔有所报道，让大家觉得有点“小清新”，才会赢得关注，这从根本上讲，仍然是强调新闻价值要素的。

第三节　新闻的分类

新闻分类，就是按不同参照标准将新闻分成不同类别。这样做的目的是，便于了解不同类型新闻的特点。另外，这也有助于传播者的新闻编排，使新闻集纳成不同版块。对于受众来说，新闻分类后，实行类别化、模块化传播，能够帮助他们快速、便捷地找到自己想看的内容。

一、以新闻内容来分类

一般来说，按新闻内容来分类，主要可分为时政新闻、财经新闻、法治新闻、科技新闻、文教卫生新闻、体育新闻、娱乐新闻、军事新闻、社会新闻等几大类，有时可能有个别称呼不同，但内容都大同小异。综合性日报一般以此来将报社划分为不同部门；电台电视台实行频道制，有时也是按新闻内容来进行频道设置，但有时也并不是那么的泾渭分明，只是在传播内容上有所侧重。

在新闻教育上，现在不少高校立足复合型人才培养，也有的是为了学生能尽早确立职业方向，而按新闻内容来设置专业方向，如经济新闻、体育新闻、科技新闻、法治新闻等专业方向。

二、以新闻发生地来分类

每家媒体的定位不同，按发生地来分类时，会有细微差别，但总体来说，可分为地方新闻（本地新闻）、全国新闻（中国新闻）和国际新闻三大类。如《新京报》就有北京新闻、中国新闻、国际新闻，《广州日报》分类更细，有国内和国际新闻，还有广东所辖部分城市的新闻，如深圳新闻、东莞新闻、佛山新闻等。

以新闻发生地来配置新闻版块，可以反映一家媒体的编辑方针，也能分析出一家媒体新闻辐射力的强弱。如《广州日报》就不局限于广州，而是通过设置珠三角其他地方城市新闻版块，体现其办报的方向，实现了其影响力的扩张。

三、以新闻的时间性来分类

按此分类，新闻可分为突发性新闻和延缓性新闻。突发性新闻是指那些不可预料的、在毫无征兆之下发生的新闻，如突然发生的地震、海啸、坠机、车祸、火灾或战争等。这类新闻因其突发性而具有新闻价值，媒体遇到这种情况，一般会做专题报道。在时间要求上，突发性新闻具有明确要求，要精确到发生时间的几分几秒。延缓性新闻是对有时间变化过程的事实的报道，如大桥修建、气温渐高、物价上涨等。延缓性新闻在时间要求上较为模糊，一般以“近日”、“最近”等词汇来表述新闻发生时间，如：

近期降水为湖北旱区增水 4.2 亿立方米解渴

新华网武汉 5 月 30 日电（记者黄艳）　5 月下旬以来，湖北大部分地区出现多轮降雨天气，在部分山区河流出现超警戒洪水的同时，连续三年干旱的鄂西北、鄂中部地区的旱情有所缓解，总计增水约 4.2 亿立方米。

据湖北省防汛抗旱指挥部办公室介绍，近日来，湖北自西向东普降大到暴雨，局部大暴雨，其中受到跨年跨季缺水困扰的十堰、荆门、随州、孝感等市，均雨量达 57 毫米至 96 毫米。

这些受旱地区抢抓机遇安全蓄水、保水，已共计增加雨洪资源 4.2 亿立方米，其中暴雨中心的荆门市增蓄 2.9 亿立方米，占总数的 69%。

目前，旱区群众抓住有利时机抢插中稻，已栽插 323.6 万亩，占计划的 54%，其中荆门市完成栽插面积的 69.2%。

据了解，本轮降雨后，旱区人畜饮水困难大为缓解，不过随州、广水、随县、孝感、大悟等县市仍有 9.2 万人、1.8 万头大牲畜存在饮水困难。旱区库塘蓄水形势有所好转，十堰市同比已经持平，荆门、孝感、随州 3 市蓄水虽有增加，但同比仍偏少 3 至 5 成，旱情仍在持续。

湖北中西部一直是湖北水资源贫乏区。2010 年 7 月至 2011 年 4 月，2011 年 9 月至 2012 年 3 月分别发生两次弱拉尼娜事件，加剧了这一地区的旱情，造成随州、荆门等地自 2010 年秋末以来一直持续少雨，连续三年干旱。

四、以新闻与受众关系来分类

有的新闻对受众的切身利益有直接影响，有的新闻对受众来说，可接受也可不接受，无关其直接利益。在此，以新闻与受众关系来分类，新闻可分为硬新闻与软新闻。

硬新闻是指关系国计民生和公众切身利益的新闻，其题材较为严肃，着重于思想性、指导性和知识性，如时政新闻、财经新闻和科技新闻，它包括党和国家的大政方针、时局变化、市场走向、股市行情、重大疾病暴发流行和灾难降临等。因此，硬新闻可以为公众提供政治、经济、工作和生活的决策依据，是公众关注的重点。硬新闻对时效性要求高，报道必须争分夺秒，应在第一时间为公众提供权威信息，追求内容详尽准确。如下面一则新闻：

九成涉农补贴兑付到户

本报北京3月20日讯　记者崔文苑报道　财政部今日表示，为支持春耕生产，财政部于1月16日将151亿元粮食直补和1 071亿元农资综合补贴存量资金下拨地方，并要求各地原则上在春耕前将补贴资金兑付到种粮农民手中。

据统计，截至3月15日，全国已兑付到户补贴资金1 090亿元，占应兑付补贴总量的89%；已获补贴农户1.8亿户，占应补贴农户的90%。①

这条新闻是硬新闻，强调以数字说话，准确传播国家利农政策，事关国计民生和群众根本利益。

软新闻是指富有人情味、纯知识、纯趣味的新闻，如社会花边新闻、娱乐新闻、体育新闻、服务性新闻等，与公众的切身利益没有直接关系，主要为公众提供娱乐、开阔视野、增长见识、陶冶情操。因此，软新闻多属于延缓性新闻，没有时间的紧迫性，是人们茶余饭后的谈资，以放松心情。

在写作技巧上，软新闻较为灵活，强调生动活泼，可以借用文学叙事手法增强文章的情趣和审美。请看下面一则新闻：

“苏作”“苏工”传承有人

本报讯　日前，中国工艺美术协会正式授予苏州市吴中区光福镇“中国工艺雕刻之乡”称号，这是光福镇继2011年摘得“中国花木之乡”桂冠后再次荣获的

① 《九成涉农补贴兑付到户》，《经济日报》，2013年3月21日01版。

“国字号”殊荣。

苏州光福镇位于烟波浩渺的太湖之滨，山水风光秀美、人文积淀深厚，是国务院公布的太湖风景名胜区13个景区之一。接太湖山水灵气，受2500年吴文化浸润，光福镇成为玉雕、核雕、红木雕、佛雕等“苏作”、“苏工”的重要发源地之一……①

硬新闻和软新闻都有其价值所在，每家媒体均会软硬搭配，一般会主攻硬新闻，而软新闻有利于提升媒体的黏性，增强受众的忠诚度。当然，传统主流媒体会偏重硬新闻，市场化的都市类媒体一般会在做好硬新闻的基础上，更加注重软新闻的采写和报道。

【思考题】

1. 如何理解新闻的定义？
2. 谈谈你对传播事实的新闻与传播观点的新闻的理解。
3. 简要回答新闻五要素。
4. 为什么说新闻价值是相对的？
5. 新闻价值要素有哪些？
6. “反新闻价值”这一观点是否成立？对我们有何启示？
7. 简要梳理一下新闻分类的情况。

【延伸阅读】

1. 李良荣：《新闻学概论》，上海：复旦大学出版社2001年版。
2. 陈力丹：《新闻理论十讲》，上海：复旦大学出版社2008年版。
3. 杨保军：《新闻价值论》，北京：中国人民大学出版社2003年版。
4. 陆定一：《我们对于新闻学的基本观点》，《中国共产党新闻工作文件汇编》（下），北京：新华出版社1980年版。

① 《“苏作”“苏工”传承有人》，《新民晚报》，2013年3月19日B03版。

第八章　传者与新闻产品的生产

第一节　新闻传播者

谁是新闻传播者？对于这一问题，国内学者已有过系统的探讨，较具代表性的是黄旦先生和杨保军先生的观点。

黄旦把传播者置于新闻产生和传播的过程中加以考察，指出：按照过程，新闻传播者主要发生三方面关系，即与新闻的关系、与接收对象的关系以及与新闻职业的关系。从以上三方面关系分析入手，黄旦将新闻传播者定位为新闻信息的选择者、新闻受众的服务者、严格自律的职业传播者。①

在《新闻理论教程》一书中，杨保军先生设有专门的小节对新闻传播者展开讨论。他认为，“尽管目前有越来越多的原创性新闻来自非职业新闻传播者，但职业新闻传播者仍然是一定社会新闻图景或新闻符号世界的主要的、直接的建构者”。因而，他将职业传播者作为主要的考察对象，并进一步指出：

> 在新闻学的视野里，新闻传播主体的构成“事实上”是双重的：一是新闻媒体（资产）的所有者、经营者和管理者；二是直接从事新闻传播活动的人，即人们通常所指的新闻传播主体——以采编人员为主的新闻业务工作者。我们把前者称为“高位主体”，把后者称为“本位主体”。②

综上，黄旦所提出的三个定位，更主要的是对新闻传播者的一种职业定位，而非对“什么是新闻传播者”的正面回答。若仅以上述三个定位来给新闻传播者下定义，难免会遗漏一些重要的内容，比如新闻信息产品的生产者这一重要身份就无从体现。

杨保军先生的界定可以给我们以下启示：第一，区分职业传播者与非职业传播者，并将理论探讨主要定位于职业新闻传播者；第二，指出新闻传播主体的双重性，区分出“高位主体”与“本位主体”。

再回到开头所提出的问题：谁是新闻传播者？或者说，什么是新闻传播者？若

① 黄旦：《新闻传播学》，杭州大学出版社 1995 年版，第 180～197 页。

② 杨保军：《新闻理论教程》（第二版），中国人民大学出版社 2012 年版，第 51 页。

从字面上看，新闻传播者指的就是从事新闻传播的人。若仅停留于此，就会发现，任何个体都可能从事新闻传播活动，既没有区分不同的传播类型，也没有区分职业传播者与非职业传播者，因而如此定义实际上缺乏价值。因此，我们要首先界定，新闻传播理论中所探讨的主要是大众传播中的职业传播者。在为新闻传播者下定义时，还要避免字面上的歧义，即不能将其仅仅理解为传播新闻。新闻传播者的工作主要包括两个方面，即新闻产品的生产与发布。另外，我们也要注意到新闻传播主体的双重性，如黄旦先生对大众传播者的界定：该书中所谓的大众传播者，就是指处在传播过程或传播关系中的大众媒介机构/组织及其成员。①

基于此，我们可以为新闻传播者给出如下定义：所谓新闻传播者，是从事新闻产品生产与发布的大众媒介机构/组织及其成员。本书所探讨的新闻传播者主要指专业新闻传播机构与专业新闻工作者。

第二节　新闻生产的过程

一、新闻生产的一般过程

1. 新闻是生产出来的吗

乍看上去，“新闻生产”这一概念让人错愕，难道新闻是生产出来的吗？新闻不是社会现实中发生的事件（现象）吗？这一质疑符合人们的常识。

实际上，当我们使用“新闻生产”这一概念的时候，其中的“新闻”指的是经过新闻工作者和媒介机构生产与加工的新闻产品，比如报纸上的消息稿、电视新闻稿等。那么，你接下来可能会问：我们从媒介所获取的新闻与社会现实中真实发生的事件（现象）有区别吗？有的，确实有区别，因为我们通过大众媒介所接触到的新闻产品经过了新闻工作者和媒介机构的选择与加工，是符号化的文本，是对新闻事件（现象）的反映，而并非新闻事件（现象）本身。出于主客观因素的限制，新闻产品所提供的信息与其所报道的对象之间会出现不同程度的偏离，这也就是美国学者李普曼所提出的“客观真实”与“媒介真实”所要表达的主要意思。

当使用“新闻生产”这一概念时，我们已将新闻产品视为一种社会性的知识产品，并关注其作为知识产品的生产过程，尤其是各种社会因素在其生产过程中所产生的作用。

2. 新闻是如何生产出来的

接下来你当然要问，既然新闻是生产出来的，那么它是如何生产出来的？新闻生产指的是从获取新闻线索到发布新闻产品的全过程。一般来说，新闻生产包括以

---

① 黄旦：《传者图像：新闻专业主义的建构与消解》，复旦大学出版社2005年版，第2页。

下部分：发现新闻—制作新闻—发布新闻。

新闻生产的第一个环节是发现新闻，在此环节，记者获取新闻线索，并依据标准对新闻线索的价值作出判断，选出有报道价值的线索。

那么，什么是新闻线索？如何获取新闻线索？刘海贵教授认为：

> 所谓新闻线索，即指新近发生的事实的简明信息或信号。新闻线索不等于完整的新闻事实，不能现成地拿来构成新闻报道。它比较简略，没有细节，没有事物的全貌和全部过程，常常只是一个片断或概况，它只是将事物的个别属性反映在记者的头脑之中。①

也即是说，新闻线索只是事实（现象）的片断或概况：首先，它提供的信息还不完整；其次，其真实性还有待验证；再者，其报道价值有待进一步分析与判断。

那么，记者从何处获取新闻线索呢？刘海贵教授认为，记者获取新闻线索的主要渠道有：党和政府的政策、决议及负责同志的活动、讲话；各种会议、简报；记者耳闻目睹；受众、亲友。②

这里其实涉及记者的信息渠道和消息来源问题。从大的方面来说，记者获取新闻线索的渠道可分为社会组织与个体两大类。社会组织包括政府、企业、团体机构等，个体则包括记者在社会交往中所接触到的个人。就当前记者新闻生产的实际情况来看，记者获取线索的主要渠道有：自身观察与调查；政府、企业、社会团体的新闻发布；报料人（职业的与非职业的）；其他媒体。其中，第一类属于记者主动发掘，其成本较高，但也最有可能引出独家新闻；其他均属于他人提供，相对成本较低。另外，值得一提的是，媒体之间的相互参照一直普遍存在，从其他媒体或者个人性的社会化媒体获取新闻线索已成为重要途径。

记者通过各种渠道获得众多新闻线索，但并非所有线索都有采访的必要性和可能性。因而，记者在此阶段所做的第二项重要工作，便是从众多的新闻线索中挑选出有报道价值并有报道可能性的线索。

价值判断必然涉及依据，记者所依据的标准当有以下几个方面：新闻价值、新闻政策以及所在媒体特性与需要、采制的可能性。换句话说，真正有机会被选中的新闻线索应该符合以下要求：具备新闻价值、不违背国家的新闻政策、符合所在媒体特殊需要并具有采制操作的现实条件。

新闻生产的第二个阶段是制作新闻，包括新闻采访（拍摄）、新闻写作和新闻编辑（制作），即通过新闻采访获取新闻素材，在此基础上，完成写作（制作），形成新闻产品的过程。

---

①② 刘海贵：《新闻采访教程》，复旦大学出版社2002年版，第85页。

新闻生产的第三个阶段是发布新闻，即将新闻产品通过不同的平台，包括报纸、电台、电视台、网络等，向公众发布。

二、新闻生产过程个案

在了解新闻生产的一般过程之后，我们来看一个具体的个案。

2009 年 6 月 29 日，《中国青年报》刊发了记者董伟采写的报道《南平“医闹”事件是是非非》，对发生在福建省南平市的一起震惊全国的医疗纠纷事件进行了报道。这篇报道是如何生产出来的呢？2009 年 8 月 11 日，笔者曾到中国青年报社经济部，对作者董伟进行了长达 2 个多小时的访谈，了解了此篇报道的生产过程。①

1. 获取新闻线索

新闻生产的第一步是获取新闻线索，为董伟提供南平“医闹”事件新闻线索的是丁香园网站站长李天天。据董伟回忆，李天天在 6 月 22 日给他打电话，当时还在成都的董伟，在电话里听出李天天情绪很激动，希望董伟去南平采访，还希望他为医生说话。董伟就此事向报社领导作了汇报，并获准前往采访。

2. 采访过程

新闻生产的第二步是进入现场进行新闻素材的采集。作为一起典型的争议性事件，记者势必力求对争议各方采访到位，以求最大限度地还原事件的真相。

（1）采访医生。

董伟于 6 月 23 日去到新闻事件的发生地南平，线索提供者李天天作为医学专业网站的站长，掌握很多医生资源，他给记者提供了很多南平医院医生的联系方法，因而他的采访自然也就先从医生开始。

据董伟回忆，他当天（2009 年 6 月 23 日）晚上到了南平，当时事情刚解决，风声还比较紧，医院不允许医生到网上发帖，也不允许他们跟外人谈论此事。董伟一开头联系到的是被打被抓的张医生和徐医生，起初两位医生都答应受访，但之后又都拒绝了。后来联系到了一个同意受访的科室医生，董向受访者承诺不透露其姓名，在访谈过程中也有意不问对方的姓名（不过后来董伟还是知道了对方的真实姓名）。

访谈过程有点像地下党的工作。受访者将董伟带到一个特别隐蔽的地方，并上了锁，两人在里面进行了很长时间的交流，受访者比较完整地经历了这个过程，因而详细地向记者介绍了事件的全过程。在整个过程中受访者非常谨慎，在谈完后又拷贝了一些录像给记者，录像内容主要反映患者在事件过程中怎么发泼，怎么打人。

此后，董伟又采访到一名实习生，这位实习生参与了营救被打的医生及后来到市政府门前的示威游行。实习生向董伟介绍了自己对事件的了解，也谈了自己的

---

① 本个案中对于南平“医闹”新闻生产过程的转述与直接引语均来自笔者对《中国青年报》记者董伟的访谈资料，2009 年 8 月 11 日，北京中国青年报社经济部。

感受。

作为医方的两位受访者，他们向董伟讲述的主要是患者无理取闹的行为。然而作为采访医患冲突的记者，自然不能就此止步，只听一面之词，接下来自然要采访其他当事方。

（2）采访患方。

在做完医生的采访不久，董伟又得知官方对这起医患冲突的态度，但此时他并未去接触官方，为何如此？董伟说，他当时考虑到官方在上头有关系，假如过早接触官方，恐怕稿子会发不出来。因而在采访完医生后，他着手采访患方。

而当时，患者一方的人员已经回乡下老家了。于是，第二天董伟乘坐一辆小巴士前往患者的乡下老家。据董伟回忆，巴士很破旧，花了他 8 块钱。找到患者的老家还费了一番周折，董伟是这样描述的：

40 多分钟后，巴士司机说你下去吧，我说还没到呢。他说这就是往村里走的路口。我沿着路往里走 20 多分钟吧，就到了那个村子，我问村民，杨俊斌家在哪儿？有个村民一指，说在办丧事的就是，他们家住得比较高，在半山坡上。

起初，家属和村民对董伟的记者身份存疑，对这位不速之客并不欢迎，有一大帮人还围上来对他进行盘查，后来通过表明身份和采访动机，董伟获得了村民的信任，也按预定计划，获取了作为冲突主要当事方——患方的说法。

（3）采访专家。

在完成对患方的采访后，董伟又跟医院联系，但院方并未受访，因为其接到了政府的相关指令。

重回县城之后，董伟觉得自己对整个事件的认识还不够清楚，在整个采访过程中，他一直与最初的线索提供者李天天保持沟通，同时也跟《中国青年报》驻福建记者站站长保持联系。此后，董伟电话采访了中国协和医科大学校长助理袁钟、中国政法大学教授卓小勤，把自己了解到的来自医患双方的说法告诉两位受访者，并让其发表意见。

至此为止，董伟已采访了医方、患方和作为专家的第三方，手上也掌握了丰富的材料。除了访谈所得，医生也在网上发布了大量的信息和意见，在丁香园网站上董伟看到了众多医生的不同说法。医生们在受访时有意无意地回避了院方与医生的冲突。实际上，网上材料显示，不仅医生与患者有冲突，医生跟医院也有很多冲突，医生去示威游行时，院领导是不同意的，院长甚至跟医生打了起来。

在整个采访过程中，记者虽未采访到医院领导，但医院发布了一个代表院方意见的书面材料，这个材料就挂在丁香园网站上。

3. 写作

报纸新闻生产的第三步是写稿。对于这起严重的医患冲突事件，董伟采集到的素材非常丰富，但各方说法不一，在写作中如何处理材料，从而避免偏向，客观呈现事件真相呢？董伟给出了这样的回答：

就是说，不一致的地方我就尽量把双方说法都摆出来。比如，关于病，患者觉得是胆结石，医生说是泌尿系统什么的；关于赔钱，医生说患者要了80万，患者说要的是30万。我把这双方说法都写出来。

对拿得准的，整个过程，比如打了三次，每次患者说是怎么打的，医生说是怎么打的，我整个都写出来。后来为什么报道出来后受到医生与患者的指责，原因也就在这儿，我感觉现在医患冲突已到了不问事实、只问立场的地步。

董伟将材料分成了两类：一类是所谓“拿得准的”——可以确认的事实，对于此类材料给予如实完整的记录。另一类是双方说法不一致的，也即记者无法判断哪一方说的是事实的材料。对于这一类材料，则采用同时呈现双方说法的处理方式。

根据所获得的新闻素材，董伟写成了两篇稿件，主稿《南平“医闹”事件是是非非》报道事件的全过程，副稿《医患都需重塑形象》是专家访谈，中国协和医科大学校长助理袁钟、中国政法大学教授卓小勤受访，代表专家发言（稿件刊发于2009年6月29日《中国青年报》经济·特稿）。

第三节　影响新闻生产的多重因素

一、理论分析

作为一种知识产品的新闻，其生产过程处于特定的社会环境之中，并经过多个环节和工序，是众多人合作的产品，因而必然受制于媒体内外部的各种社会因素。关于新闻生产的研究也有一个渐进的过程。

直至1950年代前，人们对新闻生产还抱有一种较为简单的乐观态度，这体现在施拉姆于1949年发表的一篇题为“新闻的性质”的文章中，他将新闻定义为“一项重构事件基本框架的努力”，施拉姆对媒体新闻产品完全如实反映现实中的事件与现象有着足够的信心。

然而，这种乐观并未持续多久。1950年，怀特通过“把关人”的研究发现，个体新闻工作者的偏向会影响到新闻的选择；其后，吉伯、赫胥克、塔其曼、费什曼等人发现了影响新闻生产的第二重因素——编辑部的常规；1955年，布里德揭示出影响新闻生产的第三重因素——新闻机构自身的利益；1979年，甘斯揭示出影响新闻生产的第四重因素——各种外部社会力量；20世纪80年代，阿特休尔与乔姆斯基等人揭示出影响新闻生产的第五重因素——社会精英群体的意识形态操控。①

通过以上简述可以发现，有关新闻生产的研究所回答的基本问题就是：在新闻生产的各个环节，有哪些因素，如何塑造了最终的新闻产品？新闻生产研究者的关注重点依次为：个体新闻工作者—编辑部常规—新闻机构自身利益—外部社会力量—意识形态。这里基本上呈现了一个由个体到群体，由内部到外部，由微观到宏观的过程。

1990 年代，新闻生产研究者开始提出新闻生产的整体性模式，较具代表性的有“休梅克与李斯的新闻生产模式”（图 8 –1）、“麦克马纳斯商业化新闻生产模式”（图 8 –2）。

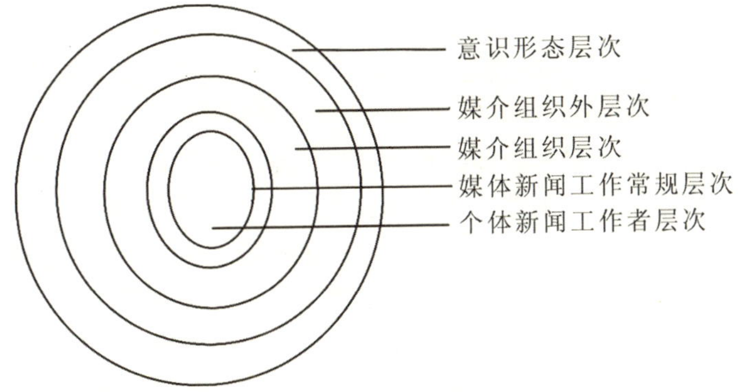

图 8 –1　休梅克与李斯的新闻生产模式②

休梅克与李斯对影响新闻产品的因素进行了系统研究，并归纳出一个新闻生产的模式，这个模式共有五层，自里到外，依次是：个体新闻工作者层次、媒体新闻工作常规层次、媒介组织层次、媒介组织外层次和意识形态层次。

在个体新闻工作者层次，传者的性格、职业背景、价值观与信仰、职业取向与自我角色认知等因素，综合形成记者的独特个性倾向，从而影响到新闻生产的过程。③

在媒体新闻工作常规层次，则有获取新闻素材的新闻网（如记者站与通讯员的分布）、应对于社会生活的新闻条线分配（如时政部、经济部、体育部的设立，医疗口、交通口等条线的记者分配）、新闻选择标准（如新闻价值、事件取向、故事模式等）、新闻写作中的文本常规结构（如倒金字塔结构）、截稿期限、媒介间关系

① John McManus, A Market-Based Model of News Production, *Communication Theory*, 1995, 5 (4), p. 302.

② 转引自马锋：《现代风险报道生产偏向》，复旦大学博士学位论文，2008 年，第 27 页。

③ Shoemaker & Reese, *Mediating the Message: Theories of Influences on Mass Media Content*, Longman Publishing Group, 1991, p. 54.

常规等。作为一整套的新闻工作模式，有利于新闻生产的有序和规范化，使媒体能常规性地处理日常性的新闻生产，并按时按量地生产出报纸新闻版面（广播电视新闻时段）所需要的内容。作为标准化的程序与方法，新闻常规自然构成对内容生产的影响。①

在媒介组织层次，具体的影响因素又可以细化为以下几个方面：特定媒介机构的目标（如经济目标与政治目标）；媒介的组织结构方式；媒介的所有权与政策等。这些均对媒体内容生产构成制约。

在媒介组织外层次，对新闻生产构成影响的因素主要有消息来源、其他媒介机构、广告商、受众、政府和市场。

在意识形态层次，则有不同的理论范式。如在马克思主义的政治经济学视野中，意识形态被视为由经济基础决定的上层建筑的一部分，媒体起着维护统治阶级利益的作用。总的看来，其核心观点是，媒体的新闻生产必须服务于社会的意识形态需要。②

如果说休梅克与李斯是从整体的角度，全面地探讨不同层面的社会力量对新闻生产的影响，那么，麦克马纳斯（下文简称麦氏）的着眼点则更多的在于探讨在资本主义民主市场社会中，市场逻辑对新闻生产的影响。麦氏商业化新闻生产模式的提出，有一个特殊的背景——20 世纪 80 年代中后期，美国新闻业再次发生重大变化，市场新闻业的浪潮席卷各大媒体，美国新闻业再度遭遇危机，麦氏所关心的是：市场理念如何塑造了新闻生产？市场逻辑在新闻生产中又是如何得到应用的？在为市场服务的同时，新闻业能否扮演好为公众服务的重要角色？

麦氏在这一模式中指出，新闻媒体必须在投资者、广告商、新闻来源和消费者这四个市场上展开竞争，以获取必备的资源。也就是说，在新闻生产的市场领域存在着四种交易：投资者与媒介企业之间的交易、广告商与媒介企业之间的交易、消息来源与媒介企业之间的交易以及消费者与媒介企业之间的交易。而新闻媒体与其他四个主体的市场交易又在一个特定的社会环境中进行，因而势必受到一个社会的文化、法律/法规与科技水平的影响。

麦氏研究发现，在市场主导的新闻生产中，市场规范战胜了新闻规范，成为主导性力量。③

综合各种新闻生产研究的文献，可以发现，尽管有着多元路径及不同的分析层面，但基本上可以分成三个层面：宏观的社会环境层面（包括特定社会的政治、经济、法律、文化与科技）；中观的媒介组织层面（特定媒介机构的编辑方针与企业

---

① 转引自马锋：《现代风险报道生产偏向》，复旦大学博士学位论文，2008 年，第 49 页。

② Shoemaker & Reese, *Mediating the Message: Theories of Influences on Mass Media Content*, Longman Publishing Group, 1991, pp. 147 - 182, 204.

③ 田秋生：《为市场服务与为公众服务》，《国际新闻界》2008 年第 4 期。

文化)；微观的个体层面（个体新闻工作者的价值观、教育背景、个性等)。相关研究给我们的主要启示是：新闻是一种社会性的知识产品，其生产过程是一个社会性的过程，在新闻生产的各个环节，社会制度、媒介机构以及个体新闻工作者共同制约着新闻的最终形态。

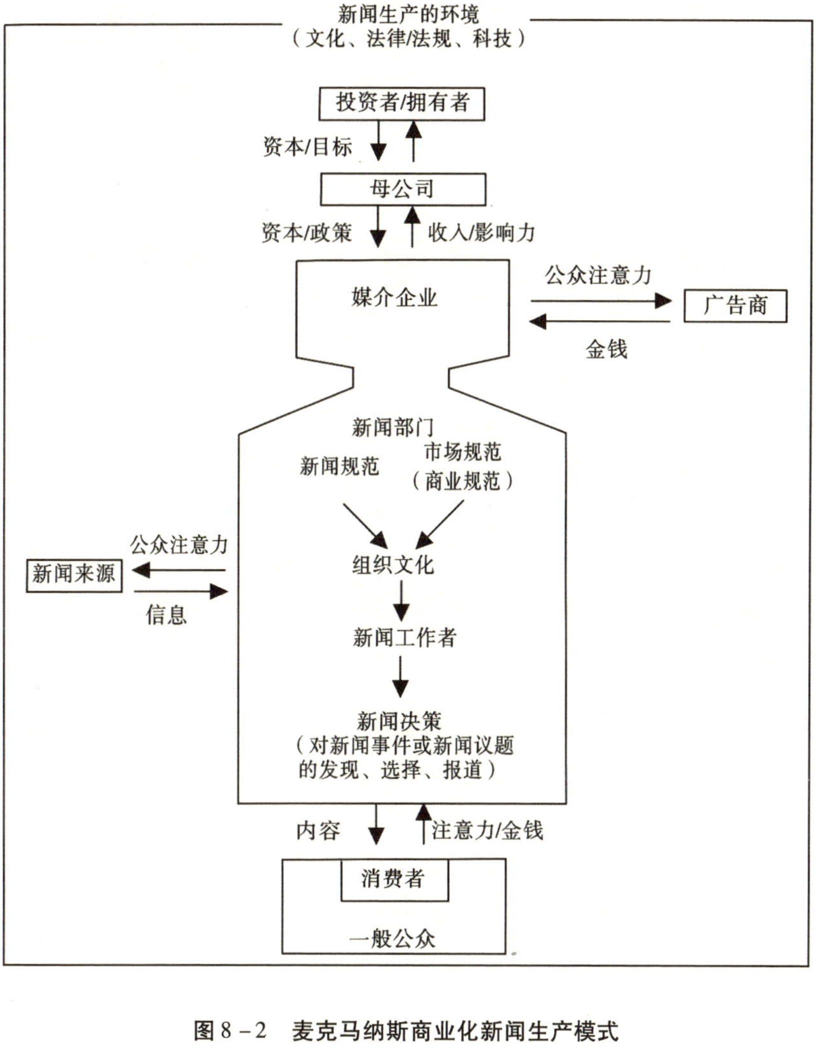

图 8－2　麦克马纳斯商业化新闻生产模式

二、典型案例

1. “解说门”

2006 年 6 月 27 日凌晨，德国世界杯八分之一决赛意大利对阵澳大利亚，央视体育评论员黄健翔担任解说，其终场前解说词如下：

“点球！点球！点球！格罗索立功啦！不要给澳大利亚人任何的机会！伟大的意大利的左后卫，他继承了意大利的光荣的传统！法切蒂、卡布里尼、马尔蒂尼在这一刻灵魂附体！格罗索一个人，他代表了意大利悠久的光荣传统！在这一刻，他不是一个人在战斗！他不是一个人！……托蒂！托蒂面对这个点球。他面对的是全世界的意大利球迷的目光和期待！……球进啦！比赛结束啦！意大利队获得了胜利！淘汰了澳大利亚队！他们没有再一次倒在希丁克的球队面前！伟大的意大利！伟大的意大利的左后卫！马尔蒂尼今天生日快乐！意大利万岁！”

“伟大的意大利，意大利人的期望，这个点球是一个绝对理论上的绝杀。绝对的死角，意大利队进入了八强！这个胜利属于意大利，属于卡纳瓦罗，属于布冯，属于马尔蒂尼，属于所有热爱意大利足球的人！”

“澳大利亚队也许会后悔的，希丁克在下半局他们多一人的情况下打得太保守、太沉稳了，他失去了自己在小组赛的那种勇气，面对意大利悠久的历史，他失去了他在小组赛中那种猛扑猛打的作风，他终于自食其果。澳大利亚队该回家了，也许他们不用回遥远的澳大利亚，他们不用回家，因为他们大多数人都在欧洲生活，再见！”

黄健翔在比赛最后3分钟的这段“海啸音”解说带有明显的倾向，其解说词感情色彩之浓厚引起了一片争议。第二天央视体育频道张斌在《豪门盛宴》中代黄健翔朗读道歉信，并鞠躬致歉，使此事告一段落。此后，央视取消了原本应该由黄健翔解说的西班牙对法国的八分之一比赛，由刘建宏代替解说。①

“激情解说事件”的出现，其根源在于社会角色的失调。黄健翔在事件中呈现出严重的角色冲突，具体地说就是记者身份与球迷身份的冲突。从意大利赢得点球到比赛结束，黄完全忘记了自己的记者身份，而还原为一个狂热的意大利球迷，呐喊高呼。在与央视后方主持人张斌的连线中，黄健翔形容了自己当时的情况：“……当裁判员的手势指向罚点球的时候，我一下子就站了起来，我的手不知道在拍打着什么地方，几乎要把评论席的桌子打破了。至于我说了什么、做了什么，我根本不知道。我需要重新看这场比赛的录像，我才知道自己干了什么。”如果他在

① 资料见：解说门——百度百科，http：//baike. baidu. com/view/355439. htm。

私下看球时这样做，自然无可非议，但是在央视的现场解说席上如此表现则是严重的角色错位。① 黄健翔所从事的是体育现场报道，因而“解说门”是一个新闻工作者个体倾向影响新闻生产的典型案例。

2. “窦唯门”

2006年5月10日，负面报道缠身的著名音乐人窦唯前往新京报报社交涉时，与报社人员发生冲突，砸了编辑部的电脑、电视等办公用品，并用“自带液体”点燃了停在报社门口的一辆汽车，然后用自己的手机报警，后被警察带走。5月26日窦获取保候审，离开看守所回到家中，这一事件后来被有的媒体称为“窦唯门”。

5月11日至27日期间，《北京晨报》对此事进行了连续报道，综观其全部报道，呈现出如下框架：窦唯烧车是出于无奈，是媒体炒作负面新闻的恶果，炒作负面新闻的媒体尤其是《新京报》应为此承担主要责任。据此，在其报道过程中，一方面凸显了《新京报》曾做过的相关负面报道，并指该报涉嫌假报案，另一方面则大力报道社会各界对窦唯的广泛同情和支持。

与《北京晨报》不同，《南方都市报》对窦唯烧车事件的报道呈现出的却是一个全然不同的框架：《新京报》乃代人受过，媒体值得同情。在报道的前期和中期，一方面将窦唯塑造成一个疯子的形象，指其精神出了问题，另一方面又将《华商晨报》记者陶毅推上前台，指出引发事端的根源不在《新京报》，而在陶毅的报道。

为何一南一北两份都市报对于同一新闻事件的报道会呈现出如此明显的差异？让我们来分析新闻生产背后可能发生作用的因素。“窦唯门”的特殊性在于当事一方是《新京报》，该报是由光明日报报业集团与南方日报报业集团合办的。该报与属于京报集团的《北京晨报》是竞争对手的关系，而与属于南方报业集团的《南方都市报》则有着直接的亲缘关系。从这个案例中，我们可以看到同行竞争可能对新闻生产产生的影响。②

3. “八毛门”

（1）事件的来龙去脉。

2011年9月5日，深圳龙岗一牙科诊所医生陈先生向媒体报料称：8月19日刚出生的儿子因腹胀，转入深圳市儿童医院，医院出具病情告知书，告知孩子有肠梗阻、小肠结肠炎，疑为先天性巨结肠，建议进行造瘘活检手术，手术费超过10万元。陈先生签字拒绝手术，25日带儿子到广州市儿童医院就诊，称接诊医生开了八毛钱的药，“孩子就治好了，能吃能拉”。陈先生怀疑深圳市儿童医院过度医疗，要求医院撤销科主任，退还3 900元住院费，赔偿10万元。此事引发网上热议，基本上都是一边倒地指责医院。事件随后引发医患信任危机，深圳市儿童医院多名患儿

① 参见田秋生：《体育解说员的角色定位与行为规范——兼评世界杯“解说门”》，《新闻记者》2006年第8期。

② 案例选自田秋生：《作为媒介真实的窦唯门》，2006年中国传播学论坛论文。

家属因受“八毛门”事件影响，拒做手术，导致患儿病情恶化。9月7日，深圳市儿童医院召开新闻发布会称，所有诊断治疗符合诊疗规范。患儿在广州和深圳是处于不同疾病阶段，当时要求患儿做造瘘活检手术确有指征。10万元手术费用的说法是家长杜撰，医院从未提过，手术约需2万。

9月12日，该患儿因病情反复，再次进入广州市儿童医院治疗。2011年10月20日，患儿在武汉同济医院小儿外科被证实患先天性巨结肠，已做手术。“八毛门”舆论关注的焦点，由谴责“过度医疗”转为反思医患关系。10月28日，“八毛门”患儿在武汉康复出院，手术后宝宝体重增长一公斤。治疗费用为2.4万元。陈先生委托同济医院向社会公布了他的一封感谢及致歉信。患儿父亲陈刚在他这份手写签名的致歉信中写道：

> 因我对专业知识的无知及一时冲动，使深圳儿童医院受社会舆论的冲击，因而承受巨大压力，在此我真诚地向深圳儿童医院的全体医生护士道歉！你们当初对我孩子的诊断是正确的，是我错怪了你们！给你们带来了伤害我深表歉意。①

（2）媒体在事件中的表现。

2011年9月5日，陈刚质疑和投诉深圳市儿童医院的诊断和诊治，向医院提出了10万元的赔偿和返还医疗费3 900元及处理当事医生等要求。同日下午6时49分，深圳新闻网刊出记者傅大伟的《医院要动十几万元的手术最终8毛钱治愈》，此为有关“八毛门”的首条报道。

9月6日，深圳卫视《正午30分》播出新闻《8毛钱的病要动10万块的刀，患者疑医院从中牟利》，对事件进行了第一条跟进报道。此后，事件被全国各大媒体广泛报道，几乎众口一词地指责医院与医生。

9月7日，人民网强国论坛刊发维扬卧龙的文章《超十万的手术8毛药痊愈，医生缺德还是水平差》，强烈批评医院与医生：

> 超十万的手术8毛药痊愈，如此坑爹说明深圳市儿童医院的医生是既缺德又没水平！患儿家长几次投诉，久拖不决，更是反映这家医院医风不正，医生的职业操守更是没了底线！

9月7日，深圳儿童医院召集多家媒体作出回应，表示经过医院专家组调查，患儿的病情处置完全符合规范，但媒体的声讨依然不断。9月8日，《人民日报》符晓波的文章《10万元为什么败给了8毛钱》，批评医院过度医疗：

---

① 参见《“八毛门”事件始末》，《天津工人报》，2011年11月8日03版。

事情虽然没有最后定性，但治疗费用的天价差距，让人很自然地联想到了过度医疗。

看小病、花大钱，不少患者都有类似遭遇。一些医生违背医学规范和伦理准则，脱离病情实际需求，给病人过度检查、过度治疗、过度用药。在这些医生眼里，患者成为牟利对象，百姓健康沦为其发财的牺牲品。

过度医疗猛于虎。它虽然肥了医生、肥了医院，却浪费了医疗资源，加重了患者负担，也败坏了医生形象。最终，加剧了医患矛盾，使患者对医生失去了信任。

9月9日，红网潘福金文章《10万元敌不过8毛钱，道德病需要猛药治》云：

一件件血淋淋的事实告诉我们，医院缺的不是医术，而是医德。医德缺失反映了社会“病变”，社会急需“道德”医生。

“10万元敌不过8毛钱”，小事件映射大问题。医德让位于“行规”，问题虽出在医院，但根子却在社会道德缺失，急需“道德”医生介入救治。

9月11日，红网古洪庆文章《10万PK 8毛，医改路上的一张“试纸”》云：

谁杀人可以不用刀？谁杀人可以不偿命？网友的答案是：医生——一张处方让你全“报销”！

不可否认，该事件能引起全社会的关注，其背景仍是“以药养医”和由此带来的看病贵。在10万与8毛的对比下，公众才会高度怀疑深圳儿童医院医生收入与科室收入挂钩，对患者过度治疗，在此主观愿望支配下，对患者作出了轻率而错误的判断，造成了误诊。当然，也就是在这样的前提下，这样的事才屡见不鲜，也才有合肥一退休教师一天吊了31瓶水、才有“中国人每年人均输液8瓶”、才有使用抗生素远远超过全球平均值的一倍多的怪事。

9月16日《广州日报》《“8毛治好10万元病”乏人质疑负面效应凸显》一文，建议家长们听从医生的意见，以免延误小孩的诊治。

2011年10月20日，患儿在武汉同济医院小儿外科被证实患先天性巨结肠，已做手术。“八毛门”舆论关注的焦点，由谴责“过度医疗”转为反思医患关系。10月28日，陈刚委托同济医院向社会公布一封感谢及致歉信，信中感谢同济医院治好了孩子的病，同时也向深圳儿童医院道歉。

各大媒体纷纷就此进行报道，并就事件展开反思。10月31日，深圳新闻网以“八毛门，我们的错与爱”为题公开致歉。

（3）分析。

“八毛门”的始作俑者为深圳新闻网刊发的记者傅大伟采写的报道：《医院要动

十几万元的手术最终8毛钱治愈》，该篇报道所提供的信息出现了重大偏差。其提供的核心信息是“8毛钱就能治好的病，医院却要患者动10多万元的手术”，但这一信息却与事实不符，广州医生并没有治好患者的病，医院所建议的手术也不用10万元。傅大伟所写的报道不仅夸大了事实，而且没有把握好报道的平衡。因此，“八毛门”首先反映出来的是作为个体的记者采访不深入、态度不严谨的问题。

但众多媒体的后续报道所呈现出来的共同偏向则反映出更深层次的问题：“八毛门”的背后是严重的社会问题——紧张的医患关系。利益驱动下的媒体为了迎合受众，在医患纠纷报道中所采取的民粹主义策略等因素，亦对“八毛门”构成了直接或间接的影响。

【思考题】

1. 新闻传播者是谁？
2. 如何理解新闻生产这一概念？新闻生产一般要经历哪几个环节？
3. 试论影响新闻生产的各种社会因素。

【延伸阅读】

1. Shoemaker & Reese, *Mediating the Message: Theories of Influences on Mass Media Content*, Longman Publishing Group, 1991.

2. John McManus, A Market-Based Model of News Production, *Communication Theory*, 1995, 5 (4) .

3. 杨保军：《新闻理论教程》，北京：中国人民大学出版社2012年版。

4. 黄旦：《传者图像：新闻专业主义的建构与消解》，上海：复旦大学出版社2005年版。

第九章　媒介与新闻产品的传播

第一节　平面媒体及其新闻传播方式

一、平面媒体的发展历程

1. 口语媒介

人类原始的媒介是直接交流的口语媒介，口语媒介借助于人际间面对面的接触，通过身体和声音得以传播，具有直观直觉、形象生动的特点。同时，由于这种传播方式基于人类先天具备的能力，从而使每个人都可以享用信息的传播所带来的利益。语言的产生在人类的进化与发展史上具有划时代的意义，它使人类最后与动物划清了界线，是人类的标征。对人类传播活动来说，语言从根本上改变了人类在信息传播上的动物性特征，使其步入正轨，并成为以后文字等一些传播科技创造的基本条件。语言的意义表现在以下几个方面①：

第一，极大地丰富了传播的内容。语言将人类生活中的各种现象、活动、思维转换为特定的声音符号，用来同他人进行交流，这就使人们脱离具体的物质环境而随心所欲地交流关于生活中的几乎所有信息。这一优点本身就使人类的生活更加丰富，使人类的生活有了除单纯物质、感官追求之外的更为丰富的内容，提高了人类的生活质量。

第二，语言传播方式打破了“姿势语”等在传播过程中对传播活动的极强的限制，使人类传播活动的距离、范围加大了。传播不再被局限在传受双方同处一地的狭小环境中，人们可以携带信息自由地在不同地点向不同的对象进行各种内容的传播，将信息送到较远的地方（如大声喊叫、捎口信等）。

第三，语言的出现使人类开始具备一定的信息保存能力。在大脑的配合下，众多的语言信息得到了保存。迄今为止，在人类发展过程中，依靠口语和记忆力保存信息的历史最长。大量的生产经验、生活经验都是通过血缘关系、师生关系等以口语的形式继承下来成为子孙后代的精神财富的。就连许多艺术作品如神话传说也主要依靠口语一辈辈地传下来。这对于提高生产力水平、提高生活质量和人类的审美

---

① 曹艺潇：《媒介技术的发展对传播活动的影响分析》，武汉科技大学硕士学位论文，2006年。

能力都有重要作用。

第四，语言传播可以帮助传播者在一个较大范围之内同时向众多人发布信息，具备了大众传播的某种性质。这种众人同时参与传播的信息传播方式，使传播活动在社会管理过程中发挥了重要作用。

掌握语言规则的能力大大提高了人类推理、计划和概念化的能力。在外部沟通方面，通过口语媒介、互动式的问答，可以充分调动人的主观能动性，使人们全身心地参与其中。但同时口语媒介的不足也就显现了出来。虽然在大脑的配合下，众多的语言信息得到了一定保存，但是，“不易保存”的特性却造成了口语最大的缺陷——在穿越时空时具有不稳定性和不可靠性。当信息从一个族群传递到另一个族群或者代代相传时，口语便丢失了本意和起源，最终变得不可理解或者隐晦。随着社会生产力水平的提高和人类生活范围的扩大，为了能把语言传到远处并在时间上把它固定下来，人类创造了文字。

低效的口头传播和它所主导的年代无疑具有激发人们某种乌托邦式想象的潜能——口头传播意味着人与人必须面对面地密切交往，意味着共和政体运转所需要的广泛的公民参与的可能，意味着文化传统能够以活泼自由的方式口耳相传。但是，书写很可能意味着思想的凝固。如苏格拉底在《裴多篇》里转述的埃及透特神和阿蒙神的对话。阿蒙神说：“你发明的文字使习字人的心灵患上健忘症，因为他们不再使用自己的记忆；他们会相信外在的文字，记不得自己。你发明的这个特别有效的东西不能够帮助记忆，只能是帮助回忆。你传授给学生的不是真理，而是近似真理的东西；他们能记住许多东西，但是学不到任何东西；他们似乎什么都懂，但实际上什么也不懂；他们是令人讨厌的伙伴，有智慧的显示，无实际的货色……文字就像图画……如果你想知道些什么……他做出的回答总是千篇一律，万变不离其宗的。”①

我们所知道的苏格拉底来自他的学生柏拉图的勾勒；同样，我们所知道的孔子来自于他的弟子对其言行的记述。两位东西方思想巨人都拒绝用文字记录下自己的思想，或许是出于同样一种目的，即不愿意用文字将思想凝固，不愿被后世奉为经典。因为经典通常被用作膜拜，而不是批判的对象，常常成为后人思想的桎梏。哲人们对于文字的谨慎不无道理。尽管如此，后来的人类社会还是不可避免地步入了以文字组织思想的时代。②

2. 文字媒介

文字打破语音语言的隔离，把相邻的氏族、部落连接成一个文化共同体，成为产业共同体和政治共同体的基石。它从时间的久远和空间的广阔上实现了对语言传播的真正超越，使人类社会的信息传播进入书写传播时代，并进而推动人类社会由

---

① ［加］哈罗德·伊尼斯著，何道宽译：《帝国与传播》，中国人民大学出版社2003年版，第56～57页。

② 庄晓东主编：《传播与文化概论》，人民出版社2008年版，第23页。

“野蛮时代”过渡到“文明时代”。文字传播方式具有失真小、容量大、信息保存时间长等优点，还能够传播许多用语音听觉器官难以准确传播的信息。

文字与文字传播技术是一同产生的。在人类发明文字的时候必然同时发明记录文字的手段，这就决定了与文字相关的文字传播技术（书写技术和书写媒介制作技术）的出现。文字对传播活动产生了重要的影响，主要表现在①：

第一，文字传播使信息传播的准确性提高。在漫长的历史年代中，口头语言曾是最重要的现在也仍然是十分重要的传递信息的手段。但口头语言又是一种对信息极不忠实的传播手段。在人际交往中，由口语误差而造成的信息丢失时有发生，而辗转发生的口语传播也可能使信息完全丧失其本来面目。文字则是相当稳定的传播手段。传者用文字记录信息，受者几乎可以准确无误地接受和理解信息。

第二，文字传播扩大了流传范围。口语传播无论从时间上或是空间上都是相当有限的。文字是一种远比人类的记忆和口语更稳定的传播手段，它可以穿越时间，保留历史。书面信息的交换也解放了传播者受到的时间和空间的局限。人类可以掌握祖先的记忆，可以了解其他人的思想和生活方式，由此丰富自己的知识和经验。正是在历代知识不断丰富和积累的过程中，人类才逐渐创造出灿烂的文明。

第三，文字传播使权威身份发生改变。如果说语言的产生源于人们传播信息、交流思想的愿望和需要，文字的产生则带有更多现实功利的色彩。象形文字最初产生是为了记录国王的言行、战争和重大宗教活动。信息的传播、政治的维持和经济的运转越来越依赖文字，使得具备阅读能力或者说具备培养自身政治、经济和文化资本的社会阶层掌握了社会权力。这在东方造就了读书人的官僚体系，即延绵千年的以儒家为思想正统的文官制度；在西方造就了宗教权力凌驾于世俗权力之上的等级制度。后来识字率成为社会文明的主要标志，社会化开始脱离家庭走进学校，教师成为社会化的另一个主体。在口头传播时期，传者的身份无疑更为尊崇，因为他就是信息源。而文字传播则赋予受者更丰富的信息，大大提升了他们在传播过程中的地位。文字传播的特点是，受者所能接触到的信息的数量和内容对应于其在社会结构中的地位。

第四，文字传播促使新闻媒体的出现。在文字出现之前，人类就一直在进行信息交换和新闻传播活动，只是在文字发明之后，文字才可以作为稳定的传播载体，传递新闻事件，于是新闻媒介应运而生。正是在文字的帮助下，人们开始以新的形式接受新闻的传播。

文字的出现使人类文化的传承不再依靠容易变形的神话和传说，而有了确切可靠的资料和文献依据。文字作为人类掌握的第一套体外化符号系统，它的产生也大大加速了人类利用体外化媒介系统的进程。文字虽然可以较长久地记录下历史的信

---

① 曹艺潇：《媒介技术的发展对传播活动的影响分析》，武汉科技大学硕士学位论文，2006年。

息，然而手写文字对信息的复制效率过于低下，难以形成规模化的传播。于是，印刷术应运而生。印刷术的发明通常被视为信息传播史上的又一座里程碑。

3. 印刷媒介

任何一项重大发明都源于社会需要的推动，造纸术的发明、发展也是如此，它适应了文字记录的需要。文字不用听觉通道，而是使用视觉通道。要用视觉通道传递信息，就必须使用有形的物质作为信号载体。在文字发展的历史上，陶器、竹简、丝绸、动物的骨头、甲壳、石碑、皮张等都充当过文字符号的载体，然而这些载体不是笨重不便携带就是昂贵不能普及，它对人类文化知识的积累和传播所造成的困难是不难想象的。为了方便记载思想及重大事件，并使其传之四方，留传后世，就迫切需要发明一种既方便可得又廉价优质的新型书写材料。正是在这种社会需要的呼唤下，造纸术终于出现了。造纸技术的发明，改善了文字记录材料的几大特性：第一，材料制作成本较低；第二，材料的物理性能相对较稳定；第三，材料便于运输、存贮；第四，材料可以批量生产，维持相对类似的品质。①

纸的出现使人们能够摆脱长期使用的金石、简牍等笨重的传播工具，信息的传播变得更为方便、简捷；它使人们不再依赖缣帛、羊皮等贵重的传播工具，文化的传播范围更加广泛；它使文字传播真正取代了口语传播在人类传播活动中的主导地位，文化遗产的保存和传递更加容易；它的出现也促使印刷术产生，使印刷媒介长期主宰人类的传播。造纸术的传播使纸成为全人类共有的传播工具，加速了世界文化、科技、经济的发展，对人类文明的整个进程都产生了深远的影响。

随着造纸术的发明和纸张的普遍使用，社会上纸写本读物迅速增加，促进了文化、教育、科学和宗教的发展，社会文化水平大幅度提高。但当时的纸写本读物主要是通过手抄进行复制的，这种方式费时费力，成本高，复制规模和范围极小。在探索记录文字信息材料的过程中，人类发明了造纸术，从此可以大量生产相对廉价的纸张；在改善记录手段的过程中，人类发明了可批量复制信息的印刷术。尽管这些手段在历史的进步中不断被改进或被其他方式所代替，但是对于当时的人来说，造纸术和印刷术为他们开启了通向灿烂文明的大门。这两种技术手段合二为一，在历史的适当时候，催生了印刷媒介。

二、平面媒体的技术特性

自第一种媒介技术诞生起，媒介技术与人类文明发展的关系就变得不可分割、互为一体。媒介技术的不断发展，极大地丰富了人类的认知领域和交流方式，促使人类的视野扩展至全球范围。人类传播活动的进步取决于媒介技术的发展，以媒介技术为先导，每一种新媒介技术的出现，都会带来传播革命。随着社会信息传播的

① 曹艺潇：《媒介技术的发展对传播活动的影响分析》，武汉科技大学硕士学位论文，2006 年。

需要及科学技术的发展，不断有新媒介技术诞生，而原有的媒介技术也会适应社会的发展而不断改进。

我们早已习以为常的传播媒介与我们的生活息息相关，它正悄悄地改变着我们的一切。技术不是孤立存在的，它依赖于人的创造，依赖于社会环境；技术系统相互依赖、共同促进，成为人类赖以生存和发展的基础，人创造了技术，技术促进了人的发展。技术作为人类重要的一种实践活动，是在与社会的互动整合中形成的，技术依照人的需要被创造发明出来，并在技术或技术物中体现着人的目的或需要。媒介技术是人类技术宝库中十分重要的技术，它与其他领域的技术在相互促进中不断发展，推动着人类传播事业和社会文明的高速发展。

媒介形态理论认为媒介一旦被发明出来，就拥有了它自身的逻辑和结构。有时，这种发展甚至脱离了人类最初的构想。换句话说，媒介在长期和宏观层面上具有一定的自主性，对浸润其中的人类不分例外地加以影响，人类无法因为身份地位的不同而选择是否接受媒介的影响。在技术特性上，印刷媒介的影响表现在①：

第一，从人际传播到大众传播。印刷媒介产生后带来的一个显著的特征就是：传播交往的范围大大扩大了。口头传播属于即时传播，传播过程中的语言表述、听觉能力、周围环境等条件又限制了传播的广度和深度。文字的出现拉伸了传播的时间纬度，但是在很长一段时间里，学习和阅读文字信息一直属于统治阶级精英层的特权。在这种情况下，接受文字信息与其说是一种传播，倒不如说是个人精神的宝贵体验。印刷报纸的出现扩大了传播参与者的数量。尽管只有几百到一千份的印刷数量，但是信息的传递超越了特定的阶层。便士报更是把报纸的受众扩大到社会底层的普通大众。传播受者的数量有着非常微妙的意义。由于便士报的出现，“大众”的概念第一次被引入传播。学者们通常认为，便士报是第一种大众传播媒体。大众是界线不明、在广泛范围下散在的众多个体的集合。印刷媒体的众多读者是个势力很大的群体，但是当作为个体存在时，这些读者又很虚无。读者的特性影响了传播的方式和意义。如今，大众传播即认为是面向不特定大多数人的传播。

第二，传播内容、传播技巧发生变化。就传播内容而言，印刷媒介的出现，首先意味着传播信息量的大幅度增加。在印刷术发明以前的欧洲，僧侣们几乎垄断了从事手抄和保留古老手稿的工作，而文艺复兴和大学的兴起，使人们对文字信息量的需求大大增加，催生了大容量或大规模信息传播格局，同时带动了知识的普及，在一定程度上打破了知识的权力垄断。正是印刷术的发明（而不是别的）使历史由中世纪发展到近代。这期间，能够阅读的大众日益增多导致了思想的广泛传播，思想的广泛传播又推动了哲学与科技的变革。这些革命最终推翻了教士和贵族的统治，从而产生崭新的政治、经济、社会、文化和宗教制度，同时促进了标准民族语言的

① 曹艺潇：《媒介技术的发展对传播活动的影响分析》，武汉科技大学硕士学位论文，2006年。

形成，加强了民族认同。使上帝变成英国人、德国人、法国人，这取决于用什么样的方言来表达上帝的信息。这样的结果加强了国家民族主义，同时削弱了经文的神圣权威。

信息数量增加的同时，传播技巧也在不断改进。首先是抄写员从手工誊写中解放出来，他们把精力更多地用于润饰书页、插图上；之后是传播者以专门的信息吸引某一类受众。便士报除了价格便宜外，还在报道内容方面倡导大众口味，专门报道当地发生的事件和暴力新闻，讲究故事中的人情味。

第三，传播者的职业化。随着社会对信息需求的日益增加，一部分人开始专职从事新闻传播工作。历史上最早的职业新闻工作者是罗马新闻信的发行人。他们通常拥有十几名奴隶，并备有船只，由奴隶将新闻信分送给各订户。16 世纪，先是在威尼斯，继而在罗马出现了专门搜集消息的机构，其工作人员被称为采访者和报道者。社会对新闻的需求激发了新闻作为独立产品发展的潜力。在新闻的发展过程中，什么可以报道，什么会引起读者兴趣，消息是否有固定的报道形式等，都需要专业工作人员给予回答。

第四，传受双方逐渐成为对立的群体。信息传播成为职业的同时也就意味着把传者和受者对立了起来。在口头传播时代，信息传递是双向的，传者和受者在身份上可以互换。在一次谈话中，可能会有人试图掌握交谈的主题和方向，也可能会任由谈话随意散漫地发展。这证明了口头传播传者和受者在传播过程中几乎处于并列的地位。在大众传播时代，一方面，传者由于工作性质、责任心、态度或其他各种偶然的因素，在信息的挑选和发布过程中充当了把关人的角色，把经过过滤的信息传递给受众。而在另一方面，只要阅读报纸就可以方便地获取大量的信息，人们在依赖报纸信息的同时不自觉地把自己变成了被动接受信息的受众。除了购买行为这个延时发生的反馈之外，受众几乎没有可以表达自己接受心愿和阅读兴趣的方式。这就造成了大众传播出现之后，媒介越发达，受众越沉默的现象。此外，印刷媒介仍然是有局限性的。只有掌握了文字符号才能参与到书面和印刷媒介的传播之中，大部分劳动者则由于识读的障碍而被排除到传播领域之外。传播因之而成为一种权力的标志，成为少数掌握了破解和使用文字符号技术的人的文化特权。

三、平面媒体的新闻传播方式

相对于电视、互联网等通过视觉、听觉等多维度传递信息的立体媒体而言，报纸、杂志、图书等通过单一的视觉、单一的维度传递信息的传统媒体被称作平面媒体。无论报纸、杂志还是图书都是从平面图片和文章中获取信息，通过机器印刷技术大批量复制传播的媒体，其生产包括采编、排版、印刷等出版环节和发行、运输环节。这些相同的技术特征决定了这一类媒体有着相同的传播特性。

印刷术的发明使新闻传播的广度与速度都超越以往，使得组织化、成规模、有效率的新闻传播成为可能，直接催生了报纸这一印刷媒介，并使其在此后的几百年内，一直占据着新闻媒介的重要地位。尤其是大众化报纸产生之后，媒体的商业性不断增强，而平面媒体与其他媒介产品相比较，最大的特点即存在二次销售。第一次销售是报刊社将报刊销售给受众，在这一销售过程中报刊社同时形成信息的传播，并使报刊产生影响力。第二次销售是报刊社利用第一次销售的传播力和影响力出售广告经营，通过第二次销售实现报刊经营中的价值补偿与增值。就报刊社的收入结构来讲，一般由三部分构成：①发行收入，即发行报刊所得收入；②广告收入，即运营报刊广告所得收入；③其他收入，如印刷业务收入、咨询费、出租房产所得等其他收入。此外，在传播方式上，平面媒体还具有以下特征：

1. 新闻报道的公信力

公信力是指被公众信任的力量，是媒体在多年的发展中积累而成的，体现了媒体在公众心中的权威性、信誉度和影响力。面对纷繁复杂的信息来源，受众需要一个具有公信力的媒体来获取信息，很显然，平面媒体相对广播、电视和新媒体而言历史最久，长久以来形成的品牌优势、权威性、公信力是其他媒体所无法匹敌的。传统平面媒体的出版周期较长，一份报纸的出版周期最短一天，期刊的出版周期则更长，其间要经过多次审稿把关才允许出版，其内容的公信力得到了有效保证。此外，传统印刷媒体拥有一批资深评论员，他们的评论相较于网络也是极具权威性的。

2. 新闻报道的深度

平面媒体在新闻的时效性方面无法与其他媒体相比，但其把自身出版周期较长的劣势转变为利用足够的出版时间编写深度新闻作品的优势。目前大部分报刊已转向挖掘新闻的深度内涵，在利用其高素质的从业人员采集新闻事件的同时，深究事件的内涵实质，发布深度新闻报道，使受众了解到更多新闻事件背后的历史渊源、事件背景、因果关系、发展趋势等，满足受众深层阅读的需要，这才是平面媒体的优势所在。这一优势为平面媒体注入了新的活力，决定了平面媒体仍将有生存和进一步发展的空间。

3. 受众和广告资源优势

平面媒体有固定的价格，其发行量较易统计，广告量与发行量相关，因此平面媒体可以给受众和广告商一个明确的收费理由。对于受众来讲，印刷的报刊有明码标价，受众凭借购买数量付费；对广告商来讲，发行量是其收费依据，广告商根据发行量大小支付广告费，广告费大小与发行量呈正比。平面媒体的投递环节要求订阅客户必须提供具体的地址，因此平面媒体能够掌握受众的具体数量及其方位和分布情况，通过客户调查也可分析出受众结构情况，如受众性别、年龄、文化层次、收入水平等，可为二次销售即广告揽收提供受众依据。

4. 出版资源雄厚

平面媒体在几十年的发展过程中积累了丰富的出版资源，主要体现在以下三个方面：第一，平面媒体的公信力和品牌优势是其他媒体无法比拟的无形资产；第二，平面媒体在采写、编辑方面积累了丰富的经验，具备挖掘新闻内涵的能力，与之相比，新媒体在编写信息和对深度新闻的挖掘方面经验较为欠缺，且短期内无法造就；第三，平面媒体财力雄厚，其事业经历了由弱到强的发展，已占据了重要的资本，实力不可小觑。几十年来，报刊社逐渐组建了专业的编辑人才队伍，积累了雄厚的资金储备，确立了权威性。

5. 海量信息的提炼

在信息爆炸的今天，我们每天从外部世界获得各种海量信息，但在这些信息中又有多少是真实有用的？打开电视广播，也许你即将收听、观看某个节目，但在此之前你必须忍受无聊的广告时间或者耐心等待前一个节目的结束。而这就使受众在无形中接受了大量不需要获知的无用信息。但是在印刷媒体中，这些问题都迎刃而解。通过报纸，我们可以直接阅读我们认为最重要的信息，简洁明了，可以将其他无关信息比如广告直接忽略；通过杂志书籍，我们可以有针对性地为自己的兴趣爱好量身定做杂志或者购买书籍。用通俗的话讲，我们在印刷媒体中可以只接收对自己有用的信息，不想接收的完全可以忽略掉，这是其他媒体所无法做到的。

第二节　广播电视媒体及其新闻传播方式

一、广播电视媒体的发展历程

有线广播是利用金属导线或光导纤维所组成的传输分配网络，将广播节目直接传送给用户接收设备的区域性广播。1876 年有线电话的诞生，为有线广播的出现打下了技术基础。1893 年在匈牙利的布达佩斯，700 多条电话线被连接，定时进行新闻广播，形成正式的有线广播。有线广播具有抗自然干扰和工业干扰能力强，工作稳定可靠，时间、空间容易控制，传输频带宽，节目质量高的特点，既适合于公开宣传，又可用于内部教育。苏联于 1921 年 6 月首先采用有线广播，到 1962 年，苏联的有线广播收听工具仍然多于收音机。第二次世界大战后，有线广播在一些社会主义国家得到推广。

有线广播开始普及不久，又出现了无线广播。无线广播是现代科技革命以及工业发展的产物，特别是与电子技术的发展密切相关。1904 年英国人弗莱明（J. Fleming）发明的二极管和 1906 年美国人德福雷斯特（L. De Forest）发明的三极管对无线广播具有决定作用，以此为基础的各种电路解决了无线电的发送和接收问题之后，无线广播成为了现实。1906 年圣诞之夜，美国人费森登在马萨诸塞州海岸利用自己的实验广播发射台，成功地播出了演说及音乐。这是世界上的第一次语言广播。无线电广播实验成功，由此开始了大众媒体的新时代。1920 年 10 月，美国匹兹堡市私人经营的 KDKA 广播电台取得政府发放的营业执照，开始播音，成为美国也是世界上第一家正式广播的私营商业广播电台。1922 年，美国、英国、德国、苏联开办广播。到 1925 年，正式开办广播的国家超过 20 个。此后，广播事业在全世界迅速发展。从20世纪40年代起，陆续产生了新的广播形态，主要是米波调频广播的出现。70年代后期起，有的国家开始探索立体感更强的调频立体声广播。

无线广播的发展还与收音机技术的成熟和普及联系在一起。1922年美国只有不到10万台收音机，10年后（1932年）已达到350万台。又过了10年（1942年），上升到1 300万台。初期接收广播的是电子管的收音机。1948年6月30日，贝尔实验室正式宣布晶体管研制成功。在收音机生产中，晶体管很快代替了电子管。广播接收机发展到半导体阶段，才真正得到空前的普及，这也使它成为最适合于贫穷国家的大众传媒，特别是地处边远和基础设施薄弱的地区。

无线广播的诞生具有深远的历史意义。通过无线广播，电子媒介的魅力每一次都充分得到展现，我们因此把无线广播作为电子传播时代的开端。广播是一种大众的电子传播媒介，与印刷媒介相比，广播以其巨大的优势对大众传播和大众传播业的发展，产生了很大影响。①

首先，广播是以声音传播信息的，这一传播方式使它与文字传播信息的报刊相比，接受信息不受文化水平高低的限制，不受视力好坏的限制，不受光线强弱的限制，因而能够拥有更广泛的受众。而且，广播能做到声情并茂，感染力强，增加了传播效果。用语言传播信息，一般要比文字生动得多，精彩得多，并成为人们欣赏音乐的媒体之一。

其次，广播是以电波传播信息的，这一传播方式使它与用文字传播信息的报刊相比，传播速度更快，大大提高了传播时间性，从而也就使新闻信息大为增值。广播传播的时间性胜过报纸，自不待言，就是与电报相比，也是明显的。虽然电报也是以电波传送信号，但电报不是一种大众传媒，它收到的信息不能直接与受众见面，还必须通过报纸、广播才行。广播传播的时间性特点，使它成为传播新闻信息的最佳传媒。电波覆盖面广，也大大扩展了信息传播区域。

最后，广播传送的信息接受者是以收音机的方式收听的，这一接收方式，使它与报纸的阅读方式和电视的接收方式相比，更加灵活、机动、简单、方便、经济实惠。比起电视，收音机体积小，重量轻，这就使得受众收听广播十分方便，即使是在公共汽车上，或者行走时都可以听收音机，甚至是边劳动边听。收音机的结构比较简单，操作方便，一个开关旋钮，一个波段旋钮，从文盲到博士，从儿童到老人，都可以按自己的需要收听，获得自己所需要的信息。收音机价格便宜，而且收听方便，这就决定了广播信息的受众率较高。

美国人早在1879年出版的漫画和插图中就对电视作了勾画：一家人坐在客厅里收看来自远方的实况广播新闻报道，通过类似于现代的电视会议的系统与其他人相互交流。可是这个设想在数以百计的科学家、工程师、企业家奋斗了几十年之后才

① 曹艺潇：《媒介技术的发展对传播活动的影响分析》，武汉科技大学硕士学位论文，2006年。

得以实现。1930 年，法恩斯沃思获得了电子电视的基本专利。到了 20 世纪 30 年代末，电视似乎已经到了获取商业利润的时候，但是有关技术标准、新媒介潜在威胁等的争议和大萧条时代的来临，延缓了电视用于商业的时间。1938 年，美国无线电公司在世界博览会上对电视技术的展示，一般被认为是电视时代的开始。电视媒体的影响在于①：

第一，引进全新的传播语言。电视的概念来自照片和电话的结合，而同时又显然高于这简单的组合。电视向人们提供带有声音的连续活动影像，几乎是现实生活的复制。一方面，在之前的传播中，人们习惯于接收来自声音的信息，或通过阅读文字，将抽象符号转换成具有现实意义的信息。这两种接收方式分别侧重于听觉和视觉，而电视首次将这两者结合在一起。另一方面，电视对现实生活忠实的复制大大降低了人们理解抽象信息的难度。可以说，电视传播信息的方式引进了全新的传播语言。

第二，提高传播速度。电磁波的速度等于光速，可以瞬时把信号传递到电缆的尽头。因此，电子技术解决了媒介传递的速度问题，几乎所有的电子媒介都具有远距离传送即时信息的功能。

第三，提高了传播的生动性与互动性。受者使用电视时，多半是家庭或其他小群体同时观看。电视对小群体的传播影响力，以及大众传播与团体传播的频繁交流所形成的影响力，都是相当突出的。春节联欢会、重大球赛，最大的影响力不是产生于演播厅和球场之内，而是聚集在电视屏幕前的千百万个家庭和各种小群体。他们在同一时间共享同一信息，并产生交流与互动。信息输出与信息反馈交织的双向流动所形成的影响力是不可低估的。

第四，对传播中介的技术要求增加。除了面对面的口头交流外，其他传播方式几乎都需要传播中介，在大多数情况下，我们也可以把中介等同于媒介。传播中介越发达，所需要的技术支持也越高。所有的媒介形成过程和传播过程都是分离的，对印刷媒介来说，技术的作用发生在媒介成形的过程中——排版、印刷；而电子媒介则不然，技术的作用发生在传播过程中。因此，电子媒介传播对技术的要求显然高于印刷媒介。电视需要发射台、信号接收站，至少需要一台可以接收信号的电视机。

二、电子媒介的技术特性

随着 19 世纪电磁学的发展，电子媒介技术开始发明和应用，人类从此进入了现代电子媒介技术阶段。由于电子媒介技术使信息通过声音和图像得以重新传播，从而清除了印刷媒介的文字符号对大众的限制。电子媒介技术把信息负载到电能上，使传播信息的手段和载体都发生了质的飞跃；同时，以极高的传播速度超越时空，

---

① 曹艺潇：《媒介技术的发展对传播活动的影响分析》，武汉科技大学硕士学位论文，2006 年。

使信息传播手段发生了根本性的变革。与印刷媒介相比，电子媒介技术具有以下几个重要特征①：

第一，时效性。从传播媒介上看，电子媒介技术是以电波为载体的，而电波每秒能够运行 30 万公里，所以，几乎是在发出信息的同时，受众就能够接收到。这一优势是此前的媒介技术都无法比拟的。从制作过程看，电子媒介技术制作信息的过程也远远短于印刷媒介技术，所以能够及时传递信息。

第二，远播性。一方面，电子媒介技术是通过有声语言及图像传播信息的，只要能够听到和看到，就能够利用电子媒介技术，使它拥有最为广泛的受众。另一方面，电波本身具有极强的穿透性，这就使得收听广播和收看电视不受空间的限制。只要有了收音机和电视装置，凡是电波能够到达的地方，都可以接收到发出的信息。

第三，生动性。与以前的媒介技术相比，口语媒介技术虽然也运用声音来传播信息，但是受传播距离和传播范围所限，不能完成大众传播的重任。而印刷媒介技术只能为文化人提供信息服务，也很难激起受众情感上的共鸣。电子媒介技术的信息传播是借助于声音、图像等多种途径进行的，声音本身就具有极强的张力和丰富的表现力，而图像更具有直观性和亲和力。

第四，技术性。纵观人类传播历史，我们可以清楚地发现，每一次媒介技术的飞跃，都是与科学技术的发展密不可分的。媒介技术越发达，所需要的技术支持也越高。电子媒介技术性体现在传播信息的过程中，需要与之相匹配的各种技术物质基础。以电视技术为例，它传播信息时需要发射台、信号接收站等，至少需要一台可以接收信号的电视机。同时，电子媒介技术制作和传递信息的操作过程复杂，需要有专门的技术人才具备相关的知识和技能。

三、广播电视媒介的新闻传播方式

1. 广播媒介的新闻传播方式

以电报为发端的无线电工业最初是由无线电产业的最大买主——军方所使用。政府把无线电迅捷无形的传播功能应用于战争，专门组织发报部门以满足战争和间谍信息工作的需要，这无疑使战争进一步现代化了，也使政府掌握了更多的信息，以便分析国际形势。于是无线电广播一开始即成为政客的演说台，将富有煽动性的语言生动真切地传到大众耳朵里，无形之中，政客为自己增加了政治筹码。

从第一家广播电台 KDKA 电台成立的 1920 年算起，广播已经是有着近百年历史的老牌媒体了。“二战”期间，无线电广播传送新闻的功能日益突出。各国对广播备加重视，有 27 个国家开办对外广播，广大公众也把广播作为获得信息的重要途径。然而在 20 世纪 50 年代早期，视听兼备的电视的出现似乎使只能听的广播面临

① 沈默：《论媒介技术的本质与历史演变特征》，东北大学硕士学位论文，2008 年。

着退出历史舞台的威胁，电视以其生动的视听画面获取了观众的认可。不可否认的是，广播媒体的地位被削弱了，电视以其强大的优势在当时所有的媒体中占据着绝对的优势。然而，时至今日，在网络媒体的冲击下，广播媒体却仍然有着自己的受众群，在广告效益和影响力上依然占有一席之地。虽然它渐渐失去了强势媒体的地位，但它仍然与电视和网络并存并继续发展。我们不得不承认，虽然看似广播能做到的事情电视和网络都能做到，但事实上广播仍然有它独特的优势。

通过无线广播，电子媒介的魅力第一次充分得到展现，我们因此把无线广播作为电子传播时代的开端。广播是一种大众的电子传播媒介，与印刷媒介相比，广播以其巨大的优势对大众传播和大众传播业的发展，产生了很大影响。广播媒介的传播特点有以下几个方面①：

（1）庞大诱人的听众规模。我们通常将 6 岁以上具有收听广播能力的人定义为广播潜在听众。中国城市的 5.8 亿广播潜在听众中，还有 38% 的听众资源没有被充分开发。这说明还有很大规模的听众处于不常收听广播的边缘状态，广播的发展潜力巨大。庞大的听众群体是广播发展的有力武器，也是促进广播发展的最好动力。而广播声音的感染力远远高于电视，也高于网络。广播中轻柔动听的声音和有效的互动使得主持人和听众之间的距离拉近，听众听广播往往是为了寻求心理的共鸣。

（2）广播的伴随性。在电视媒体的冲击下，广播退出了曾是众人焦点场所的客厅，转而进入汽车、厨房、浴室、公共场所等。这样就使人们在无法收看电视的情况下仅仅凭借听觉来获取信息。在网络媒体的冲击下，广播的伴随性丝毫没有受到影响，即便是最小的笔记本电脑，其携带也不如收音机方便，在汽车、厨房等地方，广播无疑是最好的收听工具。

（3）广播听众的含金量特别高。大部分的广播听众群主要是驾车人士、学生、离退休人员、公司职员、工人、个体私营业主等几大类群体，这使得广播的听众群越来越集中。随着私家车拥有量越来越高，私家车车主听众也越来越多，车主以及他们的家庭和搭乘者组成了一个庞大的听众群，这表明广告价值高的广播听众群在扩大。此外，随着移动收听工具的增多，越来越多的白领也加入到了听众的行列。

（4）广播的窄播化使得观众信息需求以及广告投放的针对性更强。在电视诞生后，广播进入了低谷，不得不面临全新调整。广播媒体在实行频率专业化后，出现了音乐、交通等专业频率。交通频率过去的目标听众更多的是定位在出租车司机上，现在变为“移动的人群”。汽车进入家庭，开车行走在路上的人越来越多，这群人的需求和出租车司机是不一样的。从广告投放上就可见一斑，汽车、电脑、移动通信的大品牌广告开始投放在交通频率上，因为这些拥有私家车的“移动人群”是目前都市中最具有购买力的人群。

---

① 张丹：《多媒体环境下电视媒介形态的变化》，四川大学硕士学位论文，2007 年。

2. 电视媒介的新闻传播方式

将远方的世界放到眼前的方式便是“电视”的英文“television”的原意，也正因为如此，人们生活中多姿多彩的想象空间才有了目标及方向。这就是电视的出现给人们的第一感觉。20 世纪 20 年代，电视的发明被称为是与原子能、宇宙空间技术相提并论的“人类历史上具有划时代意义的三大实践”。电视作为强势媒体，一度被认为是印刷媒体和广播媒体的“革命者”。电视是大众传播媒介行列的“后起之秀”，仅仅在很短的时间内，就以其视听兼备的传播方式取代了广播在娱乐和政治演讲中所占据的主导地位。1960 年，大多数通过广播收听尼克松和肯尼迪辩论的美国人认为尼克松要表现得好些，但是通过电视收看的却持相反的观点。电视的影响力大大超过广播的影响力，因此最后肯尼迪取得了竞选的胜利。显然，人们更愿意相信视听兼备的电视，其信息量也远远超过单一的听觉所带来的信息量。①

在电视技术之后实际上隐藏着一种不可抗拒的控制力量和权力关系。无论是呼吁、召唤、劝导还是发号施令，电视影响的广度和深度都是其他媒体无可匹敌的。电视逐渐成为国家机器，电子媒介技术表达的是统治阶级的意志，谁掌握了它谁就将控制整个社会。媒介技术逐渐表现出对国家权力的服从，它们的存在就是为了更有效地宣传国家的声音，维持已有的政治、经济体制。技术本身成了意识形态，具有明显的工具性和奴役性，起着控制社会和奴役公众的社会功能。

电视技术同时利用屏幕图像和语言、音乐、音响等声音作为信息载体，向上兼容了广播的语言和音响、报纸的文字和图片、电影的影像，实现了人类听觉与视觉的同时延伸。电视这个在多媒体共生时代仍然处于强势地位的媒体所拥有的优势是其他媒体无法比拟的。②

（1）和报纸、网络相比较，电视媒体的受众量达到了最大化。和广播一样，电视的受众群分布非常广，只要有电视传播的地方就有收看电视的人群。电视媒体突破了时空限制，突破了文化限制，传播信息量大而广泛。其最大的特点就是通俗易懂，到如今，电视媒体仍然是受众面最广的媒体之一。

（2）电视媒体图文并茂、生动形象，是其他任何媒体都无法比拟的。尤其是现场直播，画面生动，可信度高，更是原生态地全程记录了新闻事件的全貌，将图像、音响、文字同时传出，使得受众在收看电视的时候，亲闻其声、亲见其人，产生强烈的现场参与感和真实感。

（3）电视传播的连续性是网络媒体无法比拟的。尽管网络媒体也能通过宽带传输信息，将要传输的画面展现在受众面前，但是网络的技术瓶颈决定了其传输远远不及电视信号的传输。信号中断的情况时有发生，即便在带宽足够的情况下，网络媒体的可视性与现在极为发达的高清晰电视显示屏幕相比较仍然差得多。

---

①② 张丹：《多媒体环境下电视媒介形态的变化》，四川大学硕士学位论文，2007 年。

但同时，电视媒体固有的一些弱势依然是不可回避的。尤其是在网络媒体的冲击下，电视的绝对强势地位受到了一些挑战。比如电视的画面转瞬即逝，不利于节目保存和反复收看；电视节目的采访、编辑、制作都有较高的物质技术要求，电视节目的采访要求比广播高，电视机也不如收音机携带方便；电视声画合一的优势也是它的弱势，由于电视以画面取胜，使得有的深度报道无法用电视画面表现出来，而报纸则可以通过文字传播出来；电视媒体的开放度不如网络，有许多电视媒体无法播出的内容可以通过网络传达出来；与电话技术、口语媒介不同，电视节目的传播是单向的，通常情况下只能听、看，不能交流。

第三节　新媒体及其新闻传播方式

一、新媒体的发展历程

计算机技术是网络技术的核心，也是网络技术中发展最快的部分。从1946年在美国费城诞生的第一台通用计算机至今，短短60多年的时间内，计算机得到了迅猛的发展：电子管计算机—晶体管计算机—集成电路计算机—大规模集成电路计算机—人工智能计算机。专家预测，在今后的5到10年里，人的思维空间将和计算机处理空间匹配，计算机将突破以机器为中心的格局，实现以人为本。多媒体技术、网络开放系统、面向对象系统和嵌入式技术将是未来的发展方向。

计算机技术高歌猛进的同时，通信作为人与人之间、人与机器之间、机器与机器之间进行交换的传递技术也得到了长足的发展。单独的计算机处理数据的能力已不能满足人们的需要，许多企业和个人需要共享信息资源。此时计算机网络应运而生。互联网的主要功能是“可借助在本地执行的界面软件而接入一个全球性的信息库与服务源”。

互联网产生于1969年初，它的前身是ARPA网，是美国国防部高级研究计划管理局为准军事目的而建立的，开始时只连接了4台主机，这便是只有四个网点的“网络之父”；到了1972年公开展示时，由于学术研究机构及政府机构的加入，这个系统已经连接了50所大学和研究机构的主机；1982年，ARPA网又实现了与其他多个网络的互联，从而形成了以ARPANET为主干网的互联网。1983年，美国国家科学基金会NSF提供巨资，建造了全美五大超级计算中心。为使全国的科学家、工程师能共享超级计算机的设施，又建立了基于IP协议的计算机通信网络NSFNET。最初的NSF使用传输速率为56KbPs的电话线通信，但这根本不能满足需要，于是NSF便在全国按地区划分计算机广域网，并将它们与超级计算中心相连，最后又将各超级计算中心互连起来，通过连接各区域网的高速数据专线，从而连接成为NSF-NET的主干网。

1986年，NSFNET建成后取代了ARPA网而成为互联网的主干网，面向全社会开放，后来互联网（Internet）的名称被正式采用；1989 年，万维网（Word Wide Web）在欧洲粒子物理实验室开发成功；1993 年，美国正式启动“全国性信息基础设施”即信息高速公路计划；1995 年，美国国家科学基金会宣布不再向互联网提供资金，从此互联网完全走上商品化道路。

二、网络媒介的技术特性

在现代科学技术发展的背景下，一系列新兴技术，如计算机信息处理技术、光纤通信技术、卫星通信技术、无线通信技术、数字通信技术、多媒体技术等为媒介技术的飞跃式发展创造了条件。这些技术在传播领域得到广泛应用并出现了网络传播，使传播的范围得到极大扩展，传播速度和效率得到极大提高，传播的形式也有了深刻的变化。网络媒介技术的新特点主要表现在以下几个方面①：

第一，数字性。虚拟世界通过计算机技术、虚拟现实技术、网络技术、数字化技术等高科技手段，以“比特”为最小信息单位对各种文本、声音、图像、影像等进行生产、存储、传递、交换和控制的数字化处理。虚拟世界里的各个个体和群体等的关系都在“比特”的基础上被反映和确定，并通过这种数字化的方式把原来不可能发生或存在的事实和世界，变成了感觉世界中可能发生或存在的事实和世界。

第二，融合性。网络媒介技术使得信息传播集印刷媒介技术、广播技术、电视技术三者之长为一体，以兼具数据、文本、图形、图像、声音的超文本结构，实现了文字、图片、声音、图像等报道手段的有机结合。在这一革命性进程中，传播的技术和手段越来越现代化，其重要标志就是传播的网络化。

第三，交互性。数字网络媒介技术突破了印刷媒介以来的单向传播模式，使任何人都能参与到由点到面的传播网络中去。在克服了媒介技术的种种缺陷后，数字网络媒介技术开启了一个技术化的人际传播时代，个人的思维方式、行为方式因交互而得到改变，大众传播发展成为分众传播。

第四，超时空性。在数字网络媒介技术时代，使用者作为主动的参与者投身其中。文本、声音、图像、符码等均借数字化技术以“比特”方式组织起来，并以其为载体进行运作，呈现出高速度的实际功效，使得日常生活中经验的传播得以改变，消除了时间和空间的距离，出现了一个超时空的网络社会，麦克卢汉“地球村”的预言得以实现。

第五，无限性。网络信息容量之大，其他任何媒介技术都无法企及。处于网络中的计算机更是把各种音频、视频、图像和文字传输融于一身。与此同时，网络媒介技术的数字存储和传输使得信息容量具有理论上的无限性，并且存储技术的不断进步还在不断推进这一极限。尼葛洛庞蒂说过，理解数字化生存的关键就是理解原

① 沈默：《论媒介技术的本质与历史演变特征》，东北大学硕士学位论文，2008 年。

子和“比特”的差别。信息被数字化为0和1的组合后，任何人只要拥有和掌握相关的手段，就可以再造无数个完美的复制品，而且原来的物品完好无损，这是原子形态物质无法做到的。

网络与数字技术的兴起和蓬勃发展，不仅带来了信息传播技术的根本性变革，而且强烈地改变了人们的生活方式、思维方式和语言方式，对社会生活的各个领域和人自身的生存与发展，都产生了广泛而深刻的影响。网络在推进民主政治上显示出巨大的革命性力量。互联网已经以其多点状分布带来的高度表达自由在很大程度上瓦解了权威和经典，而更多地建立在互联网基础上的新数字媒介更是提高了使用者的自由度，加速了权威和经典意识的瓦解。网络技术对政治管理最大的冲击就是消解了集权控制，打破了信息垄断，唤起了政府、立法机构、政治家、情报部门的信息公开意识。但同时，获取信息的能力的两极分化会造成参与政治的不平等，“信息富人”掌握和控制大量的信息，可以有效地参与和影响政治，而“信息穷人”则会被排斥在主流社会之外，处于政治的边缘。“新技术权贵”有可能利用其垄断的信息资源影响大众，进而控制和操纵群众，出现“信息精英统治”。①

三、新媒体的新闻传播方式

新媒体（New Media）一词源于美国CBS技术研究所所长P. 戈尔德马克（P. Goldmark）的一份商品开发计划（1967）。之后，美国传播政策总统特别委员会主席E. 罗斯托（E. Rostow）在向尼克松总统提交的报告书中，也多处使用了“New Media”一词（1969）。由此，新媒体一词开始在美国流行并很快扩展至全世界。但关于新媒体的定义，国内外专家各执一词。有的将其等同于网络媒体或数字媒体。也有的将新媒体看作是与传统媒体迥然相异的新型媒体，将其外延涵盖到包括手机电视、网络电视、网络广播、博客、楼宇电视、车载移动电视、光纤电缆通信网、都市型双向传播有线电视网、高清电视、互联网、手机短信、数字杂志、数字报纸、数字广播、数字电视、数字电影、触摸媒体等。可见在对新媒体的界定上存在界定过宽且逻辑混乱的问题。有学者在考察了国内外相关定义之后，提出了理解新媒体的四个角度②：

第一，从技术上看，新媒体是数字化的；从传播特征看，新媒体具有高度的互动性。这两点是新媒体的根本特征。新媒体的传播过程具有非线性的特点，信息发送和接收可以是同步的，也可以异步进行。所以，楼宇媒体、车载电视等不属于新媒体的范畴。

第二，新媒体是一个相对的概念，其内涵会随着传播技术的进步而有所发展，

---

① 孟庆丰：《媒介技术的演进及其社会影响分析——基于技术哲学的思考》，南京理工大学硕士学位论文，2007年。

② 匡文波：《“新媒体”概念辨析》，《国际新闻界》2008年第6期。

但从人类传播史的角度而言应是一个时代范畴，不应以“昨日之新”或“明日之新”作为标准来界定新媒体。

第三，新媒体的“新”应以国际标准为依据。在国人看来是“新”的媒介形式，在发达国家早就有了，不能称其为新媒体。

第四，新媒体是一个宽泛的概念，是利用数字技术，通过计算机网络、无线通信网、卫星等渠道，以及电脑、手机、数字电视等终端，向用户提供信息和服务的传播形态。目前，新媒体主要包括网络媒体、手机媒体、网络电视等媒体形态。新媒体的外延如图 9 – 1 所示。

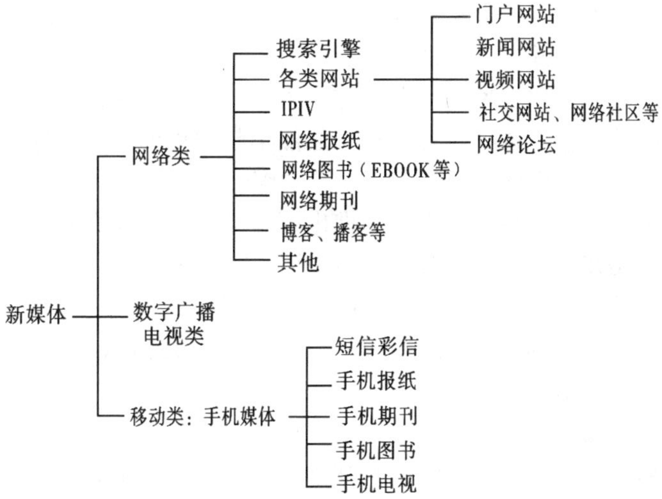

图 9 – 1　新媒体的外延

本节以数字电视和手机短信为例介绍新媒体的特点，社交媒体将在下一节作专门介绍。

数字电视是将广电网和互联网结合，利用存储技术，使电视台或内容供应商所提供的信息通过数字信号，传到千家万户的接收器里。它使原来的电视用户可以像上网一样选择接受个性化服务，原来的电脑用户可以像收看电视一样方便地接收动态节目且花费不多。它利用现有的有线电视网络“本地交互”的方法，极大地融合了互联网和有线电视的优点。换句话说，它既可像互联网那样支持个性化的按需服务，又可像有线电视那样支持用户数目的自由增长。这种灵活多样的数据和视频服务可满足不同的需求，像视频点播、网上购物、远程医疗、远程教育等都可以轻易实现。此外，它还可以把电视瞬时的音像资料存储下来以供用户查询，或者转以文字和图像的方式储存这些资料。这种多媒体数据的传输速度是一般电话线的 50 倍，传输效果也更好，价格更便宜，每月花费不过几十元。由于不受上网时间的限制，因此可以随时挂在线上。

短信息属于移动终端的媒介协议，指的是用手机发送或接收的信息。手机短信风行的原因大致有三个，即节省开支、使用方便、其增值服务具有服务和娱乐功能。短信的繁荣在很大程度上源于移动通信资费太高、双向收费和网络支付的不便。而虽然短信在很大程度上也是被用作人与人之间点对点的通讯，但是它可以同时作为点对面传播的工具。虽然在深度上不能与报刊或其他容量较大的媒介相比，但是它在及时、方便上有着自己的优势，如在许多城市开通的“短信求职”。此外，短信作为一种民间语文，其文本是充分体现民间智慧的最简洁的语言，不但让我们在电子数字的冰冷面纱后看到了人们掩饰的强烈的欲望，而且还在某种程度上让我们的民俗文化潜移默化地进入了大众的视线。

除了数字化、互动性和非线性之外，新媒体的独特之处还在于①：

第一，向上兼容性强。网络、数字电视和 SMS/MMS 在传播方式上，兼容了以往的传统媒体的特点，但这种兼容形式又显然不是简单的合并，新媒体的意义在于兼容的同时，创造了自己的风格，有着全新的媒介功能。

第二，普适性强。新型数字媒体的推出都是基于已有媒介技术的完善，并不是横空出世的，而是在人们习以为常的使用中加入新的元素，就变成了新的媒介形式。

第三，网络技术的外延。新数字媒体的存在前提是必须依赖计算机先进的信源压缩编码、数字传输/存储和传送技术，它的主要特征是信息的实时性、准确性、大容量、易检索和多通道传播。

第四，多向互动。新型数字媒体不仅包括单向的、点对面的传播，还包括双向的点对点、面对面的传播，而且赋予其互动的特点。在新的传播过程中，“信源”、“媒体”和“接收者”的性质、地位及作用都发生了变化。

第四节　社会化媒体及其新闻传播方式

一、媒介技术的演进规律

媒介形态的演进与生物学有着相似性。虽然，关于技术的进化说，无法解释技术的从无到有的自生性，但是技术从弱到强的成长、从有到无的消亡就很类似于生物进化的生存与淘汰了，在这层意义上，进化论有助于理解技术的演进。在媒介的演化过程中，人有两个根本的目的。首先是满足需求，借助发明媒介来拓展传播，使之超越耳闻目睹的生物极限，以此满足我们的需要；其次是弥补过去的不足。互联网是最具代表性的补偿媒介，它是对电视、书籍、报纸、广播、电话等过去一切媒介的不足的改进。但是互联网的载体——计算机，却让人们只能守在这个固定的

---

① 孟庆丰：《媒介技术的演进及其社会影响分析——基于技术哲学的思考》，南京理工大学硕士学位论文，2007 年。

信息承载器旁边，不得走动。于是手机使人解放出来，这又是一次对网络媒介的弥补，但是手机的电池待机不能太久，所以，人们又有了对新能源载体的期盼，从而开始呼唤下一个弥补的到来。

媒介技术的演进，通常是由于可感知的需要、竞争和政治压力，以及社会和技术革新的复杂相互作用引起的。罗杰·菲德勒认为："媒介形态变化来源于三个概念——共同演进、汇聚和复杂性。"新媒介并不是自发和独立地产生的——它们从旧媒介的形态变化中逐渐产生。当比较新的传媒形式出现时，比较旧的形式通常不会死亡——它们会继续演进和适应。[①] 具体的媒介形式和物种一样，有生命周期，但是其主要特征是整个系统的组成部分，通过语言这个"传播密码"遗传下来一种新的语言将会引发媒介形态的大变化，如口头语言—书写语言—数字式语言。因此，媒介技术演进带有一定的自组织功能，就像物种进化是为了在一个不断改变的环境里更好地生存一样。

关于媒介形态变化的规律，麦克卢汉的媒介四定律是一个独特的工具，"四定律"即放大（amplification）、过时（obsolescence）、再现（retrieval）和逆转（reversal）。第一条指新媒介的诞生和强化；第二条指新媒介取代旧媒介并使之过时；第三条指媒介的推陈出新；第四条指媒介的逆转。媒介四定律为我们在分析任何一种新兴媒介的冲击力和发展问题时，提供了一个很有价值的工具。它提醒我们，面对一种新媒介，至少要追问四个方面的问题：它提升和扩大了社会或人类生活的哪一个方面？它遮蔽或使之过时的是什么东西？它再现的是什么东西？当它走完生命历程、潜力登峰造极之时，它逆转成为什么东西？例如，手机短信提升了远距离、快捷、私密的即时文字信息交流；它使语音通话的一些特征过时，如资费高、不易保密；它再现了手机兴起之前电报、寻呼机、传真等非话业务以及电邮所特有的文字信息传播；它逆转为手机短信与互联网的结合——微博，甚至在将来逆转为我们尚未完全看到的媒介形态。那么，微博提升了随时随地、高度开放的互联网传播以及社交网站的互动性交流；它使缺乏便捷移动性和相对封闭的媒介形态过时；聊天室、博客再现了手机短信平台、IM 群聊的平台化特征；其逆转为具备信息交流与娱乐互动两大功能的 SNS 应用平台，甚至也逆转为我们尚未完全看到的媒介形态。[②]

综上，平面媒体、广播、电视、电信、计算机等媒介技术，在演进中将会互相影响、融和改良，在未来的世界中，各种媒介技术的本来面目会慢慢改变，甚至会被淘汰，但不会消失，只是将属于它的特质元素遗传下来而融入其他客体。而今天社交媒体的产生和发展更是融合不同媒介形态的"优势经验"，既是一种聊天交流的工具，又是记录分享信息的空间，还是实现各种应用功能的平台。新的媒介形式的出现总是提升和改善着人们的生活。我们所能做的就是调整自己的心态，不用愕

---

① ［美］罗杰·菲德勒著，明安香译：《媒介形态变化》，华夏出版社 2000 年版，第 19 页。

② 王懋：《媒介形态理论视角下的新媒介演变研究》，郑州大学硕士学位论文，2011 年。

然，不用惊慌，只需坦然面对，并细心体察，为我所用，充分发挥主观能动性和理性思维，毕竟媒介技术的演进是对我们不停的“补偿”，以越来越人性化的方式呈现，这是科技的进步，同时也是自然的回归。

二、社交媒体的传播特性

社交媒体（Social Media，也称社会化媒体）是近年来新媒体领域内的热门话题之一。关于什么是社交媒体，目前尚未达成共识，但是“社交”是其核心概念。区别于门户网站，社交媒体的主角是网民（用户），它是用户社会交往、信息分享和内容生产的平台。有人将其总结成诸如论坛、微博、社交网站、电子商务等20类社交媒体，几乎囊括了除门户网站之外所有类型的网络应用。①

社交媒体是Web2.0的发展延伸，它是一个有着更多人积极参与、集体分享，并融入人们真实社会关系的新型网络媒体。社交媒体具有以下特性②：

1. 关系性

“关系”是社交媒体的核心，社交媒体是一个基于个性化的信息平台的关系管理系统，用户利用它来管理线上联系人。“关系管理”这个概念由来已久，很早的时候我们用电话本来记录朋友们的联系方式与地址，后来发展到手机、即时通讯工具，再到现在的社交媒体。比起以前的关系工具，社交媒体无疑具备极大的优势：它提供了强大的数据库与链接性能，使用户能够方便快捷地管理联系人；同时，它的信息聚合功能也使联系人之间能够达到更好的互知状态。社交媒体在关系处理的功能上相当于一个多功能智能化的管理器，给用户维系关系提供了极大的方便。除了维系现有关系外，用户还能通过社交媒体扩大自己的社交圈，拓宽社交渠道：社交媒体会根据用户现有关系网络机选出与之有丝毫相关的“相对陌生人”，然后推荐给用户，用户可以自行选择是否加之为好友。另外，用户还能在社交媒体平台上主动搜索想要联系的领域的人，发送邀请联结新朋友。社交媒体会根据个体的思想、观点、需求等把用户联结起来。

2. 个体性

社交媒体以用户为中心的特色非常突出，它使个体的言论与网络社交自由得到充分的展现，每一位用户都拥有个性化的主页面，社交媒体所呈现的信息也是基于用户自身社交网络的更新信息，所以，即使是使用同一个社交媒体的用户，从中得到的信息也因为自身的社交链接不同而有着较大差异。这就相当于用户拥有了一个个人化的小媒体，自己既是媒体内容的制造者也是传播者，其主要受众为自己的关系好友。个人发布信息的方式多样，不仅可以编写文字，也可上传照片、音频与视

---

① 文卫华、刘嘉丽、王雅萱：《试析社交媒体在新闻传播中的运用与边界》，《中国报业》2012年第8期。

② 赵洁：《论社交媒体——基于“受众”视角》，武汉理工大学硕士学位论文，2010年。

频，丰富的发布方式能够更好地展示自我，传播的内容也更加丰富。同时，用户能够自主设置平台模板，社交媒体的应用平台上有许多个性化的应用选择，用户可以据此打造独特的个人平台。

3. 传播高效性

社交媒体的传播高效性体现之一是优质信息的传播，当用户在社交网站上分享了一篇博客或一段视频之后，他的好友会迅速根据这个主题进行交流讨论，然后不断延伸开来，再分享传递给自己的所有好友。基于此，部分能够吸引受众关注，受到他们认可的内容，会通过众多好友的推荐，高频次地出现在用户页面。即优质的信息，通过不断的分享、推荐，最终会出现在受众眼前。社交媒体的传播高效性还体现在传播速度的“惊人”，它的信息传播模式是用户之间的“病毒化传播”，是十传百、百传千的形象再现，它依赖的是用户的多维度网络社交关系的展开，信息从点到线到面再到整个错综复杂的关系网，以宏大之势传播开来。

4. 分享性

社交媒体所拥有的信息分享功能是巨大的，大部分社交媒体都支持外部数据源链接，受众可以在社交媒体平台上链接任何自己感兴趣的或觉得有传播价值的信息所在页面。这让分享信息的效率大大提高。而且受众与平台上所有好友之间的信息分享也是极为方便的，只需点击“我要分享”之类的设置好的按键，即可轻松方便地把好友发布的内容转载到自己的页面平台上。社交媒体具备的这种分享性不仅加速了信息传播，更让好友之间极为便捷地产生联系。

5. 聚集性

社交媒体的聚集效应是非常明显的，因为社交媒体的信息和内容依靠的是受众所拥有的朋友关系。虽然受众作为个人，可以轻易决定自己使用哪个社交媒体，使用哪个媒体发布个人信息、更新状态与信息，但他没办法使自己所有的朋友都去同一个社交媒体。因此，一旦受众在某个社交媒体拥有了最多的好友关系，他就很难从这个社交媒体转到另一个。他在该媒体上可以看到好友的新信息、新动态，与好友有个持续的隐性互动过程，即使不直接联系，仍可获知对方信息，达到信息交流的目的。

6. 融合性

一方面，融合性是社交媒体技术层面上的特性，随着数字科技的快速发展，社交媒体融合了许多不同的媒体，如微博客、流媒体、IM 播客等。这样的融合使其成为一种音、视频及文本兼具的综合性媒体，同时使人们可以随时随地使用社交媒体，能够更自由地参与到社交媒体之中，享有随时随地投身其中的乐趣。另一方面，它的融合性还表现为内容、概念上的融合。比如在国内，社交媒体与阅读和电影融合，形成了豆瓣网；与“80 后”融合，形成了“80 特区”；与婚恋交友融合，形成了世纪佳缘；与旅游融合，形成了游兜兜网等。这种概念上的融合性使人们得以有选择地在不同领域建立自己的平台与关系网。

7. 开放性

近年来，各大社交媒体陆续建立了自己的开放平台，有的提供了第三方开发使用的数据和方法，人人网的开放平台就是这种形式。有的更为彻底，如 Facebook，它公布了自身平台的架构，其他网络媒体运营者可以直接采用这些设计。这种开放性使社交媒体合作伙伴越来越多，其覆盖领域也越来越广，门户网站与社交媒体之间拥有了许多类似的应用。社交媒体在对外开放的同时也使自身的应用更为丰富多彩，吸引更多用户参与。

相对于其他网络媒体来说，社交媒体一定程度上改变了传播的内容。社交媒体由于内容简短，不用经过大脑的深度思考，就可以直接将所见所闻以简短的信息及时制作出来。同时，信息可以通过网页、客户端、手机短信、手机客户端、即时通信工具、电子邮件等方式来实时发布。这种即时播报，更注重新闻的连续性报道和滚动性报道，强调信息的更新速度。社交媒体信息言简意赅的特性，使人们不需要花费大量的时间，就能够在短时间内判断信息是否有价值，是否值得一读，从而在较短的时间内获得更多的信息。这种使用习惯的培养与形成，反过来也会对信息的表达方式产生影响，特别是促成从单向线性传播模式到节点互动模式的转变。这种理念也必将对今后的新闻产生进一步的影响。例如，当前“短讯式新闻”和“交流式新闻”的产生表明受众正在适应并创造了新的新闻生产和发布方式。同时，社交媒体的人际交往更倾向于形成“弱链接”的人际关系。“弱关系”倾向于联结与行动者本人具有较高异质性的人群，充当了沟通不同群体的“关系桥”，容易在不同的团体间传递非重复性的信息，拓展了信息的传递范围，能达到较好的传播效果。宏观上，社交网络作为信息传播的新平台，大量普通用户参与信息传播的方式正在改变媒体和社会舆论的形态。现如今，移动媒体的植入，让受众在接触社交媒体方面变得更加便捷，这又从无形中加大了社交媒体受众的黏性，使信息的传播更快速。①

三、社交媒体的新闻传播方式

目前，可以说社交媒体全面渗透于新闻生产流程的每一个环节——从采写到编辑，从发布到互动，已是一个不争的事实。具体而言，专业新闻传播中对于社交媒体的运用主要包括以下三个方面②：

1. 搜集新闻线索，联系采访对象

这是在新闻传播中对于社交媒体最主要的运用。美通社的报告显示：超过 90% 的记者认为来自社交媒体上的新闻线索有一定价值；表示曾经通过从社交媒体上获

---

① 曹雁：《论“社交媒体”对受众的影响》，《新闻世界》2011 年第 9 期。

② 文卫华、刘嘉丽、王雅萱：《试析社交媒体在新闻传播中的运用与边界》，《中国报业》2012 年第 8 期。

取的新闻线索或采访对象完成过一篇选题报道的记者比例超过六成。而新闻机构不仅可以通过社交媒体监测突发新闻的发生，也可以通过它与网民互动获得新闻线索。

另外，如新浪微博的媒体版页面还专门设有“在线爆料”、“留言板”，并提供媒体编辑和记者的微博列表，便于用户爆料、留言，或是直接与媒体或记者联系，提供新闻线索。当然，社交媒体中的信息来源分散，质量有好有坏，记者需要迅速筛选出有价值的线索，并进行核实。

此外，社交媒体也为记者与当事人或知情人取得联系提供了方便。当他们利用社交媒体发布消息或者利用手机定位功能发布当前位置时，记者能够快速地找到他们进行采访。在采访过程中，如遇到专业、疑难问题，记者也可以发布在社交媒体上，或是通过社交媒体与专业人士直接联系，从而获得相关支持与帮助。

2. 发布常规节目预告，报道和跟进重大、突发事件

对于常规性的新闻节目，一些专业媒体会利用社交媒体发布节目预告，让受众提前了解并发现自己感兴趣的话题，吸引潜在受众，从而扩大节目受众范围和影响。

如凤凰卫视的《有报天天读》，每天在正式播出前 1 个小时左右会在微博上发布当天的重点新闻话题和节目截图，为节目预热。而对于重大、突发事件，第一时间获知事实、紧跟事件发展动态，是公众的首要需求。在媒体竞争异常激烈的当下，社交媒体可以满足公众求“快”的需求，帮助专业媒体占取先机；之后，也可以利用社交媒体持续发布事件的最新进展。如在朝鲜卫星发射的新闻中，一天之内，《有报天天读》在新浪微博上就发布了 25 条相关信息，包括 7:54 发布第一条卫星发射失败的微博，并链接两份背景资料至凤凰网。8:10 发布当日中午节目导视《朝鲜射星失败内幕》，11:36 继续发布节目预告，并配以图片。截至中午 12:30 节目播出前，共发出相关微博 13 条。节目播出后，又发出了 12 条微博进行后续报道，涉及火箭具体情况、发射现场情况、失败原因分析和别国的后续对策等。可以说步步紧跟事态发展，第一时间向用户推送最新消息。当然，社交媒体中所呈现的往往是碎片化的信息，而对事件进行全面、深入的了解还需要依靠专业媒体。因此在重大、突发事件的报道中，专业媒体往往是利用社交媒体抢占先机，吸引受众的注意，然后再进一步引导受众关注专业媒体的深入报道，从而使事件无论深浅，皆有报道。

3. 联结受众

在联结受众方面，首先，社交媒体可以帮助新闻机构实现受众细分。专业媒体根据不同新闻板块设置不同的账号，如《纽约时报》的 Twitter 账号多达 20 余个，《华盛顿邮报》有 13 个账号，《新京报》和《广州日报》的新浪微博账号也都达到了 10 个左右。开设多个账号免去了用户在众多新闻中搜索的过程，可以直接定位到自己感兴趣的主题。其次，专业媒体也利用社交媒体更好地实现了与受众的互动。这种互动既表现在社交媒体倾听与回复受众的留言上，也表现在经由互动将受众纳入新闻生产、传播的过程之中。

如中东地区民众将拍摄的战争实景题材的视频传给 CNN 的 Ireport 和 YouTube，

其极具冲击力的画面、主观的拍摄视角，满足了电视作为视觉媒介的需求，改变着电视媒体固有的生态面貌。BTV5 的《首都经济报道》也专门设有“我在现场”板块，主要内容就是用户通过微博发来的新闻照片或视频。值得注意的是，专业媒体或记者利用社交媒体直接与受众进行点对点的沟通，使互动不再停留在简单的信息反馈方面，而是进入深层的意见碰撞与情感交流层次。这种互动能够增加受众对记者的好感，进而增加对媒体的好感，而这种好感可以转换到对新闻媒体的使用和对新闻内容的生产、参与中来。

除了上述这些主要的运用之外，社交媒体还可以作为新闻延展的空间。记者平时主要的工作成果是发布在专业媒体平台上的，但是由于版面或时间的限制，记者可以将那些未能在专业媒体上发布的诸如新闻背景、采访过程、自己的感受和评论等内容放到个人的社交媒体上，从而对新闻报道起到补充、延展和丰富的作用。

社交媒体全面渗透新闻生产，对其产生重大影响的同时，也随之带来了一系列的问题和挑战。毕竟不同于普通用户，应该如何正确使用社交媒体，是专业媒体和媒体人不得不面对和思考的一个重要问题。实际上，这一问题已经引起了业界的关注。目前，路透社、美联社、CNN、英国广播公司、美国有线电视网、加拿大广播公司、澳大利亚广播公司、《纽约时报》、《华盛顿邮报》、《洛杉矶时报》等全球知名媒体都先后制定了社交媒体的使用和管理规范，对员工的相关行为加以约束。尽管这些规范在具体内容和文字表述上各有侧重，但基本思路都是试图通过新闻机构自律、倡导职业道德等方面，柔性地化解矛盾和冲突。从性质上看，这些规范皆属于建议、提示，而非刚性要求。国外媒体所划定的社交媒体在新闻实践中的运用边界，主要包括四个方面的内容①：

第一，是对新闻报道基本原则的重申与坚守。强调利用社会化媒体也要遵循准确、不偏袒、完整的原则。此外，公开透明、平衡中立也是多家新闻机构反复强调的基本原则。公开透明，要求记者在利用社交媒体获取新闻信息时，必须公开自己的身份，用透明的方式搜集报道素材；平衡中立，即在争议性话题的讨论中，涉及对立派别时，媒体从业人员须保持客观中立，竭力避免引发公众对媒体公正性的怀疑。

第二，对于传媒机构声誉和利益的维护。例如：记者个人在使用社交媒体时，需声明其表达的观点不能代表所在媒体；不得发表任何有损所在媒体的言论；媒体从业人员在社交媒体上发布信息时，还必须坚持内外有别的原则，禁止透露所服务媒体的内部信息和秘密；个人绝不能先于媒体机构在社会化媒体上发布新闻。这些规定皆出于维护新闻机构的声誉和整体商业利益的考量。

第三，向上级主管履行必要的告知义务。有些媒体要求员工如果以记者身份出

---

① 文卫华、刘嘉丽、王雅萱：《试析社交媒体在新闻传播中的运用与边界》，《中国报业》2012 年第 8 期。

现在社交网站，要事先征得主管的同意；在社交媒体中共享内容前也需要获得主管的同意；当记者不清楚哪些内容不适合在网络公开时，须向上级主管咨询；当记者意识到自己在博客、微博和其他社会化媒体上的内容可能或已经引发利益冲突时，必须立即向上级主管报告。

第四，将工作账号与私人账号分开。尽管在使用社交媒体时，记者的职业身份和个人身份很难截然分开，但许多国外新闻机构都要求记者尽可能做到公私分明，不能混淆工作账号和私人账号；在使用社交媒体发布信息时，要区分工作身份与私人身份。

就我国现状而言，目前尚未有新闻机构针对社交媒体的使用出台系统、成文的规范，基本上还是依靠媒体人的自我判断和把关。如作为国内最权威的电视媒体中央电视台的员工开设、使用微博无须审核报批，但不得发布虚假或有失公正的消息，不得损害中央电视台的名誉，不得提前披露新闻等基本的要求也仍然适用于社交媒体。

【思考题】

1. 平面媒体有哪些技术特性？这些技术特性决定了平面媒体具有什么样的新闻传播方式？

2. 电子媒体有哪些技术特性？这些技术特性决定了广播电视媒介具有什么样的新闻传播方式？

3. 新媒体的内涵和外延分别是什么？

4. 新媒体有哪些技术特性？这些技术特性决定了新媒体具有什么样的新闻传播方式？

5. 媒介演进的规律有哪些？

6. 社交媒体有什么特点？

【延伸阅读】

1. ［美］保罗·利文森著，熊澄宇等译：《软边缘》，北京：清华大学出版社2002年版。

2. ［美］罗杰·菲德勒著，明安香译：《媒介形态变化》，北京：华夏出版社2000年版。

3. ［加］马歇尔·麦克卢汉著，何道宽译：《理解媒介》，南京：译林出版社2011年版。

4. ［加］伊尼斯著，何道宽译：《传播的偏向》，北京：中国传媒大学出版社2013年版。

5. 李洁：《传播技术建构共同体》，广州：暨南大学出版社2009年版。

第十章　受众与新闻产品的消费

第一节　受众的定义及其特征

一、受众的定义与类型

人是什么？这个古老的斯芬克斯之谜，一直困扰着历代的思想家。而在传播研究中，最令人困惑的研究莫过于受众研究了。① 受众的存在往往是不可名状的，它不存在于任何真实的地方，只存在于分析的话语中。受众是一定社会环境下（造成共同的文化兴趣、理解和信息需求）的产物，同时也是对于特定形式媒介供应物的一种反应。受众通常是同时存在的，当一个媒介开始对某一社会范畴的成员或者一个特定地区的居民提出诉求时，受众便开始存在。②

按照麦奎尔的说法，西方的受众概念起源于戏剧、竞技和街头杂耍的观众群，起源于不同文明、不同历史阶段所出现的所有不同形态的"演出"的成批观众。在他看来，尽管历史发生了巨大变化，但"前媒介"受众的某些基本特征仍然保留了下来，并影响到我们的理解和期待。受众是这样一种大众的集合，通过个人对愉悦、崇拜、学习、消遣、恐惧、怜悯或信仰的某种获益性期待，而自愿做出选择性行为，它是在一个给定的时间范围内形成的。早期受众被置于一定的时间和空间中，一边听一边看现场表演，一边做出即时而直接的反馈，在受众内部、受众与表演者之间可能形成积极的互动。他们与大众媒介传播时代的受众有许多相似之处："有自己的习俗和行为规则；有对时间、地点和演出内容的预期；有准许进入的条件等等。"这些受众拥有同样的背景和相同的瞬时体验，每一个受者作为一个单个的人同时又都趋向于一个"众人"，受者消失于从众的深渊中。它受到统治者可能的或实际的控制，因而是一种集合行为的制度化形式。

印刷技术问世之后，受众概念首次重大的历史补遗是"读者大众"的形成和发展，实际上的个人阅读行为产生了对特定作者和风格类型（包括报纸）的崇尚与趋

① 单波：《在主体间交往的意义上建构受众观念——兼评西方受众理论》，《新闻与传播评论》2002 年第 1 期。

② ［英］丹尼斯·麦奎尔著，崔保国、李琨译：《麦奎尔大众传播理论》，清华大学出版社 2006 年版，第 306 页。

附。当在印刷时代开始社会的和政治的变革时，读者大众促进了按兴趣、教育、宗教和政治共识等方面的总体分化，帮助奠定了正在形成的公众概念。其实，“audience”（受众）最原始的词义是“倾听”，特指注意所听的话，它与人类交流的元媒介——声音和言语直接关联，传、受双方亲临现场，通过听、说——一个不可分离的系统，影响自身，它是在主体间的传播过程中存在的，确切的译法应该是“阅听人”。它在不同的社会历史阶段被重构，媒体越来越迷恋于吸引、操纵“阅听人”，以致越来越远离传播的本性。①

因此，受众被通过彼此不同但又相互重叠的方式来进行定义，如以地方定义、以人群定义、以信息内容定义、以时间定义等。在越来越精致的传播理论中，受众的形态可谓令人眼花缭乱，大致包括四种，即作为读者、听众、观众的受众，作为大众的受众，作为公众或社会群体的受众，以及作为消费者的受众。

1. 受众——“阅听人”

从传播学的视角来看，受众是新闻接受者最主要的身份。它包括报纸的读者、广播的听众、电视的观众和互联网的网民，也可以称为“阅听人”。今天，我们提到新闻传播的接受者，已习惯以“受众”名之，却往往没有注意到这个词所带有的被动色彩。西方大众传播的经验学派特别注重传播效果的研究，其原因主要在于他们把受众当作传媒要捕获和劝服的对象，是典型的按照“主—客”模式思考传播问题。也就是坚持传播过程中的“单一主体论”或“自我中心论”，认为任何传播都在主体与客体的范围内进行，主体是传播的主动者，客体是传播的对象，传播过程就是主体作用于对象他者的活动过程。②比如传播效果理论中的“魔弹论”中，受众实际上是作为传媒的“对象”、“他者”存在的。传播者和接受者之间并不是一种平等的相互沟通的关系，受众虽然可以有反馈，但零星个体微弱的声音不足以与传播主体气势如虹的声浪相抗衡。作为个体的受者比作为群体的受众更加被动。

2. 大众——乌合之众

20 世纪初期，近代的工业文明浪潮已经形成，同时许多弊端也日益显露，引发人们对工业化及其矛盾的反思和批判。一些社会学家大都是把现代的工业化社会视为大众社会，即相对于传统社会，新兴工业社会不再因地缘、血亲、职业或传统文化观念而维系在一起，都市化和工业化使得传统社会解体，现代人变得无根、漂泊和疏离。大众社会（Mass Society）的本真意义，原指“乌合之众”的社会。所谓乌合之众，是指在法理社会中的芸芸众生互不相干，成分复杂，他们之间不存在亲情关系，只有法律的关系，每个人都以完全独立的个人身份存在，因此在心理上都陷入孤苦伶丁、无依无靠的状态之中，有人又把这种乌合之众称为“孤独的群体”。20 世纪中期，传播学者布鲁默曾对“大众”一词作过四个层面的描述：第一，大众

①② 单波：《在主体间交往的意义上建构受众观念——兼评西方受众理论》，《新闻与传播评论》2002 年第 1 期。

分布广泛，差别很大；第二，大众是个不知名的群体，由不知名的芸芸众生组成；第三，大众互不往来，很少沟通，谁也不知道别人的存在；第四，他们独断专行，很难采取一致的行动。而所谓“大众传播”，最初正是指对乌合之众的传播。① 这种受众的观点比较不符合现实的描述，而比较倾向于新闻与娱乐大量生产与分配情境的典型特征。早期的评论家运用“受众”这个术语时通常具有一种贬损的意涵，反映出西方的个人主义价值以及对现代工业社会的悲观看法。将受众称为“大众”，反映出对个人化、非理性化、被操纵以及文化或道德标准普遍式微倾向的恐惧。②

3. 公众——“参与者”

“大众”（mass）与“公众”（public）在社会学中是有不同含义的。“大众”人数众多，散乱无序，属于感情型、从众型，缺乏独立的自我意识，容易随大流。“公众”是现代民主政治的产物，他们由公民组成，理智而乐于思考，有独立的自我意识，不易被他人所左右。法国学者丹尼尔·戴扬（Daniel Dayan）将“公众”与传媒活动中的“受众”进行了更为细致的区分，认为“公众”具有以下六个方面的特点：第一，公众是一种社会群体，它具有社会交往性（sociability），并显示一定的稳定性。第二，公众认真对待内部讨论，并由这种讨论而形成。第三，公众具有公开展示自己的能力，每个具体的公众都在这种公开的“自我表现”的过程中确立与其他公众的关系和自己的特殊性。第四，公众在公开的“自我表现”中表明对某些价值的认同，并对某种共同理念或世界观有所追求。特定公众的成员因这些共同性的认同、理念或价值观形成公众群体。第五，公众有将个人性质的审美“趣味”转化为公共性质的社会“要求”的能力。第六，公众具有自我意识和自我审视能力。公众的自我表现、自我形象设计和自行设立群体价值标准，都是这种自我意识和自我审视能力的表现。③

公众是个人间通过对公共问题和解决方法的共识而形成的作为社会单位的政治集合，这样的集合需要多种传播工具来发展和延续。换言之，现代传媒担负着一个健全的民主社会不可缺少的功能：提供自由的意见交流市场和充分的信息，监督政府。④ 公众是以公共领域的参与者也是现代大众传播的参与者的身份与传播者进行互动的。从某种意义上说，在一个互动性极强的传播活动中，信源与信宿的区分不再明显，信息传播者和信息接受者的身份趋于模糊。这种传播活动颠覆了传统的

---

① 李谢莉、杨雨丹：《从 Mass 到 People：论大众传播受众观的转变》，《西南民族大学学报》2004 年第 2 期。

② ［英］丹尼斯·麦奎尔著，崔保国、李琨译：《麦奎尔大众传播理论》，清华大学出版社 2006 年版，第 306 页。

③ 连水兴：《从“乌合之众”到“媒介公民”：受众研究的“公民”视角》，《现代传播》2010 年第 12 期。

④ 石义彬、单波：《西方新闻与大众传播理论表述活动的历史与逻辑》，《新闻与传播研究》2000 年第 6 期。

“传者—受者”式的“主体—客体”传播模式，建立了新型的“主体—主体”双向互动的传播模式。在传统大众传媒面前，尽管受众可能具备了主体意识和解码能力，但他们接收到的信息首先是经过大众传媒编码和议程设置的，这在很大程度上削弱了他们作为传播主体的身份。这也是为什么在传统媒介背景下，并没有诸如“报纸公民”、“广播公民”或者“电视公民”之类的称呼出现，而随着互联网的发展、媒介融合的出现，就诞生了“网络公民”的新概念。从某种意义上说，正是网络时代的到来，使普通民众由“媒介大众”到“媒介公民”的身份转换成为了可能。①

4. 作为消费者的受众

在商业社会，大众往往表现为众多的消费人群。当新闻传媒把经济上的赢利看成主要的追求目标时，主要成员由大众组成的受众实际上就成为它的潜在消费者。“受众就是上帝”的口号淡化了受众需要被媒介引导、教育的身份，受众的地位似乎发生了根本的变化，由被动变成了主动，由受媒介指导者变为媒介千方百计迎合与讨好的目标。受众的兴趣和选择制约了媒介的风格与内容，媒介也似乎由“舆论之母”一变而为“舆论之仆”。但是，作为消费者存在的受众，也即作为市场的受众仍然摆脱不了“他者”、“客体”的身份，只不过由传媒“劝服”的对象变成了传媒“捕获”的对象。个体受者的情感、思想、兴趣、爱好等仍然是可被忽略的因素，媒介只要抓住了受众“类”的需求，印刷机里吐出的就不是废纸而是钞票。加拿大学者达拉斯·斯迈恩（Dallas Smythz）提出的“受众商品论”描述了这样一个事实：大众媒介生产的信息等不是其最重要的产品，只不过是引诱受众来到生产现场——媒介前的“免费午餐”，而最重要的产品其实是受众。媒介根据受众的多寡和质量（年龄、性别、文化程度、收入等人口指标）的高低（也就是购买力的强弱）向广告客户收取费用。媒介其实是将受众集合打包，以便出售。② 受众被异化的命运并未改观，那些少量的或没有购买力的受众的喜好是不在商业性媒介的视野中的。

二、受众的主体性

受众是什么？是同质的还是异质的？是群体（group）还是聚合体（aggregates）？是被动的还是主动的？或者说是被媒体操纵的还是等待媒体“迎合”的？在这些问题上，人们一直争论不休，未能达成一致意见。当受众被想象成大众时，人们表现出想吸引和操纵尽可能多的人的一厢情愿；当受众被置于传播过程的中心时，人们又表现出“收购”或“捕获”受众的热情。但是，理性化的思考却被悄悄

① 连水兴：《从“乌合之众”到“媒介公民”：受众研究的“公民”视角》，《现代传播》2010 年第 12 期。

② 单波：《评西方受众理论》，《国外社会科学》2002 年第 1 期。

地扭曲了，到头来只得到一些关于受众的零星的、经验化的解释。①

“主一客”思维方式歪曲了事实，使我们错误地认为，人的传播活动，就是传播主体向作为传播对象的传播客体传达信息以期达到某种影响的活动；大众传播就是一种媒介指向性交流，在这种媒介指向性交流中，传者与受众之间的“人际关系”不复存在，而只表现出信息流向的“单向扩散”和“大范围传播”的特征，甚至认为传播是征服大众、权力赖以行使的机制。这些对传播活动的片面的建构直接体现为“传者中心论”，而“传者中心论”的实质就是单一主体论、主客对立论，就是传播主体征服客体、改造客体使之符合其意愿的自我建构。显然，这与传播所包含的“沟通”、“交流”、“交往”、“交际”等本性内涵相对立。如果人的传播活动向社会历史文化开放了，传者和受众都从抽象的单一的主体转向处于社会交往过程中的有生命的主体，从这里出发，我们将不再局限于“受众是什么”的知识性问题，而是关注“受众如何在传播过程中创造自身”的哲学问题，并寻求一种创造性的解释。②

表面上看，受众是由话语、语言、文字、印刷物、电影、广播电视、网络等各种各样的媒体所建构的，或者是由一切有指向性的传播活动所建构的。其实，从根本意义上讲，受众诞生于人的主体意识的形成。没有对知识主体和权力主体的确认，就没有现代意义的个体（individual）、大众（mass）、公众（public）和消费者（consumer），也就没有现代意义的受众。③

主体的自我意识，总是表现为意识活动的理想性维度。这种意识活动的理想性维度，能激发起人的求知、求善、求美的渴望，并以“目的性”而推动人的“对象性”活动，即以“实践”的方式去创造理想的现实。主体的自我意识是人自觉到“我”的存在与价值的意识，是确认和肯定“我”的自主性、自为性和自律性的意识，是以“意义”的尺度去反思和评价“我”的存在价值的意识。“我”自觉到“我”是自己的思想与行为的主体，“我”以自己的思想与行为塑造自己的人生，因此“我”要为自己的思想与行为承担责任，并要以自我意识到的“意义”来要求和规范自己的所思所想和所作所为。

从主体性哲学来看，一切传播活动都是以“我”为中心而存在的。传播就是通过信息进行的社会的相互作用，就是媒介、传播者和受众辩证统一的过程，任何一方都发挥着积极能动的作用。受众对于媒介绝不是毫无保留地接受的，在不同的传播背景下，对不同的媒介和不同的信息，受众往往会采取不同的态度和评价，或接

---

① 单波：《在主体间交往的意义上建构受众观念——兼评西方受众理论》，《新闻与传播评论》2002 年第 1 期。

② 单波：《在主体间交往的意义上建构受众观念——兼评西方受众理论》，《新闻与传播评论》2002 年第 1 期。

③ 袁志红：《受众主体和媒介的双向重构》，广西大学硕士学位论文，2007 年。

受，或部分接受，或拒斥，或批判，受众的反应是完全不同的。“哪里有选择，哪里才有意义”，这是传播的一个基本规律。①

三、网络时代受众的主体性特征

那些曾经被认为是广泛、混杂、本能、知识浅、选择少、极敏感、多健忘、乏考证、易生气的新闻受众在决定当代新闻的命运。② 在新媒介时代，受众不仅作为一种无形的力量存在，还是有形的传播媒介制造者和拥趸者；当今以网络等新技术支撑的新媒介，其最重要的特征便是个体性、主体性、交互性。对于个体的尊重导致一种外表异质多元但内容同质重复的媒介景观。③ 作为一种开放的互动传播方式，网络传播使受众的地位发生了根本性的改变，受众的主体性表现最为明显。④

1. 受众主体的自主性

网络时代的新闻受众显示出不同于传统受众的新特征，他们从扮演“受”的角色到具备“传”的能力，不再只是信息的接收者或者解读者，而是时常成为传播内容的生产者和传播者。人们可以一边上网浏览新闻，一边发帖表达自己的观点，也可以在看电视、听广播的同时通过短信参与到节目当中去，新闻受众同时扮演着观众、听众、参与者等多重角色。网络新闻传播不仅可以呈现多种信息形式，还向受众提供了加工、控制信息和参与传播的途径，使人们可以通过 BBS、博客、播客等积极地参与到新闻信息传播和生产过程中去。新闻受众可以在新闻网站留言、进行新闻评论，也可以将自己认为有价值的新闻信息通过 BBS、博客等放到网上。受众开始能够主动掌控大众传媒传递的信息，也相对容易获得新闻信息的第一手资料，同时具有随时发布新闻报道和生产新闻产品的能力。⑤

2. 受众主体的多元性

一方面，身处网络时代，信息纷繁复杂，面对海量而碎片化的信息，人们思想认知、道德选择、价值取向等方面的独立性、多样性、差异性日益增强，造就了思维多元化的新闻受众。这种多元化主要体现在以下几个方面：首先，由于人们身份地位、职业、年龄、宗教信仰等不同，对新闻事件的看法和理解就会有所不同，这些既有条件的差异被网络媒介不断强调并放大。其次，丰富的社会文化生活和日益增多的新闻传播方式和新闻信息，使得新闻受众的价值观也向多元化发展，人们会从社会、家庭、个人等多方位来思考问题，能够跳出既有解读框架，对一些事物产生新的认知和理解。再次，互联网和数字技术的发展，打破了新闻受众原有思维的

---

① 袁志红：《受众主体和媒介的双向重构》，广西大学硕士学位论文，2007 年。

② 张子让摘译：《新闻受众的特性》，《新闻大学》1988 年第 1 期。

③ 庄晓东主编：《传播与文化概论》，人民出版社 2008 年版，第 128 页。

④ 夏红辉：《网络受众主体性的发展及其意义》，《甘肃社会科学》2007 年第 4 期。

⑤ 吴胜华：《当前我国的新闻受众及特点研究》，《中国报业》2013 年第 2 期。

束缚，面对同一新闻事件，新闻受众不再随声附和或是人云亦云，而是有自己独到的见解并且能够表达出来。

此外，受众主体的多元性还表现在媒介产品的消费上，不同的文化层次，不同的经济收入，不同的性别、年龄、职业，其接触不同的媒介的程度和目的都不相同。有人喜欢严肃精深的，有人喜欢大众娱乐的，有人喜欢体育报道，有人喜欢政治新闻，也有人喜欢明星八卦，更多的人可能在不同的时间接触不同的媒介以及不同的内容，通过不同的媒介实现了解新闻、放松自己、消遣娱乐、了解时尚和流行趋势等目的，满足自我需要。

3. 受众主体的开放性

网络媒体的发展，给新闻的传播、表达、接收提供了一个开放的空间，同时也给新闻消费提供了没有时空限制的便利。一方面，网络时代新闻受众接触媒介的方式向多样化发展，人们可以通过手机短信、手机报、网络电视、网络广播、社交网络、微博、BBS 论坛等多种方式获取新闻信息。互联网为多种媒介传播方式的融合提供了最优质的平台，许多传统媒介渠道的信息受众开始向互联网转移，从某种意义上讲，所有的网络用户都显在或潜在地成为网络新闻信息的受众。另一方面，受众主体的开放性表现在媒介接触和内容选择上，即受众主体需要的丰富性，也充分尊重他人主体需要的丰富性。此外，从新闻受众的数量、地域范围、层次和接触媒介情况来分析，新闻受众呈现广泛性的特点，现在令人惊奇的并非谁是新闻的接收者，而是谁还不是新闻的接收者。

4. 受众主体的创新性

受众同传播者一样，有强烈的自主意识、创造意识、自尊心理及自己对新闻作品的选择、理解和判断，并不轻易为传播者左右或支配。受众主体的创新性一方面表现为对媒介内容的怀疑和选择性理解。网络新闻受众每天需要面对海量庞杂的信息，信息的丰富并没降低他们对外界环境感知中的不确定性，反而增长了他们对新闻内容及媒介公信力的质疑。① 一项调查数据显示，当前人们对媒介的信任度较低，主要分布在40% ~60% 之间，仅有 21.4% 的受调者对媒介有 60% 以上的信任度，43.5% 的受调者认为现今媒体透明度不高，有 34.4% 的受调者认为现今媒体颠倒黑白，极不透明。② 例如，一条关于抗洪抢险的电视新闻报道，画面中不少满身泥巴的战士和群众在工地上干得热火朝天，紧接着便出现一位衣冠整齐的首长在工地上接受记者采访的画面。不少观众把这条信息解读为：战士满身稀泥，领导衣着光鲜，可见“当兵的吃苦头，当官的出风头”。另一条报道某市各行业学雷锋做好事的消息，画面呈现的是大街上遍布免费为市民修自行车和家电、配钥匙的摊点。又有观众质疑：学雷锋，非得在 3 月 5 号吗？

---

① 夏景军、李胜楠：《媒介融合趋势下的新闻受众特征分析》，《理论界》2013 年第 2 期。

② 51 调查网：《媒体公信力调查分析》，http：//blog. cntv. cn/13665226 - 1574859. html。

另一方面，受众主体的创新性也表现在创造性上。创造性是网络受众主体性最高层次的体现，表现为主体的能动创造性。网上多元的信息和非线性的交往方式在激发人们创造性欲望的同时也锻炼、提升了其创造性能力，而创造性的欲望和能力势必推动网络传播的超越性发展。如网络恶搞文化的代表——《一个馒头引发的血案》将《无极》中的主要角色置换为经理、舞女、助手、粉丝、城管、警察等来影射现实：城管人员的无情执法、色情场所的泛滥、各类粉丝的狂热、警察的徇私舞弊。

第二节　受众的新闻消费方式

一、新闻与消费

从历史的角度来看，新闻作为一种与人类社会交往活动密切联系的行为早在报刊诞生的时期就已融入人们的社会生活之中，成为生活的必需品，成为经济生活的重要组成部分。1861 年英国最后一项知识税被废除，以简单的新闻、知识和休闲娱乐为特征的大众报纸——“便士报”随即出现并且流行起来。而新闻成为社会的消费品并与社会消费行为产生联系即是从以“便士报”为代表的大众报纸开始的。

随着 19 世纪末 20 世纪初廉价报纸成为资产阶级报纸的主体，报纸开始走入普通百姓家庭，报纸发展进入大众化时代。以“便士报”为标志的大众化报刊能够成功是因为其具有以下几个共同的特征：①对普通人的承认，让尽可能多的普通人买得起、看得懂；②当“观点纸”变为新闻纸的时候，公众对于“新闻”的兴趣使新闻摆脱了党性和说教，形成了客观事实的报道；③以人情味吸引和打动读者，追求以轻松活泼的方式发表新闻；④市场买卖以及为获得读者而产生的醒目的编排和悦目的字体的版面设计。①

毋庸置疑，一个客观存在的事实是，新闻既有商品性，也能成为商品；新闻的消费性是社会生活的重要组成部分。新闻在社会中的根本性功能就是传递信息和满足人们社会生活的需要；新闻的消费性是社会的政治、经济以及对传媒有话语权的人根据传媒目的监控的结果。②

1. 新闻消费对我国新闻事业的意义

有学者研究认为，通过对西方便士报和中国都市报的比较分析，可以发现二者在走向新闻消费市场上具有同一性，即它们都是在工业化进程基本完成，经济市场化、政治民主化的大背景下产生于较发达的城市；都是在政党报纸时期出现，并最终取代政党报纸成为主流；都追求新闻信息化、内容大众化，都以反映市井生活为

---

① 郑亚楠：《美国商业报刊体系解析》，《北方传媒研究》2006 年第 2 期。

② 谢梅：《新闻与消费》，四川大学博士学位论文，2007 年。

主要内容，刊登普通市民关心的社会新闻；都明确以普通大众为传播对象以及注重管理经营等。① 这就是说，中国的都市报和西方的便士报一样开启了中国大众化报纸和中国新闻走向社会消费的时代。

在中国早期对新闻的认识中，儒家传统中的实用理性始终是新闻学启蒙的出发点和归宿。商品经济、自由理性、现代社会对精神交往的普遍需求等问题基本上是空白。报纸的政治实用价值受到极大重视，现代报纸得以产生的整个社会经济和政治背景则被忽略了。② 纵观改革开放以前的新闻史，中国传媒强调新闻的意识形态宣传工具性、喉舌以及政治家办报的思想就集中代表了自中国共产党成立到20世纪80年代初期对新闻的属性与本质的认识。

十一届三中全会以后，新闻业步入信息化、市场化时代，新闻本位的新闻观念开始回归，对新闻规律全方位、多视角、动态化的思考成为这一时代的主题。在市场经济条件下，大多数媒介不得不考虑商品交换原则对新闻工作的影响，开始注意市场对媒体的选择因素。人们对报纸属性的认识有了变化，由过去只看到报纸作为舆论工具的政治属性，发展为既看到报纸的政治属性，也看到它的文化属性和商品属性。于是进入20世纪90年代以后，报纸的改革风起云涌，从扩版到周末版大战再到“三大报”的出现，中国报业在市场经济的推动下逐步确立了以强调新闻的可读性和接近性、新闻的选择应该根据受众的需求来确定、新闻机构的管理要与市场接轨等为核心的新闻传播观念。中国新闻的传播理念实现了从政治宣传工具到新闻是消费品的第一次转向。③

信息概念及相关理论的引进引发了中国学界对新闻与宣传的关系、新闻媒介功能在社会生活中的定位问题以及新闻传播与传播信息的关系等问题的反思，推动了“传播信息”、“舆论监督”、“提供服务和娱乐”等新闻传播理念的扩展。在此基础上，在中国社会的市场经济建设的带动下，国家的公共意识日益强化以及现代社会生活的公共空间开始出现。将话语资源对广大民众开放，让人口占大多数的民众获得新闻报道的主要资源，让平民百姓和普通人物越来越多地成为新闻的主角等传播理念的确立构成了中国新闻由“权力话语”向“公共话语”的第二次转向。

进入新世纪之后，“民生新闻”的全面繁荣和“公共新闻”的后发崛起成为中国电视领域一个不容忽视的现象。民生新闻以平民的视角关照鲜活的日常生活，充分反映百姓的声音和情感。这不仅是对长期以来新闻媒体“喉舌论”、“工具论”的一种反拨，更是新闻话语权力由上到下的现实性流动以及对电视新闻本质的回归。

---

① 邹军：《从便士报的发展史看中国都市报的走向》，《新闻爱好者》2005年第1期。

② 陈力丹：《五四新文化运动和中国的新闻学》，http://www.zjol.com.cn/05cjr/system/2002/05/22/001043658.shtml。

③ 谢梅：《新闻与消费》，四川大学博士学位论文，2007年。

民生新闻就是新闻走向消费市场的典型代表。①

2003年，以《南方都市报》、《中国青年报》等报刊为中心的“孙志刚事件”报道以及受众讨论的热潮引导了一部法律的诞生；2004年9月，江苏卫视《1860新闻眼》对江苏公推公选22名副厅级以上干部进行了电视直播，由此“催生了公共新闻概念走向成熟”。“公共新闻”概念开始进入中国学界的研究视野。公共新闻的出现既代表了中国当下新闻传媒转型创新的语境，更昭示着中国新闻对新闻本质的进一步追思。如果说对新闻商品性的确认是一种对新闻的社会学探究，那么“公共新闻”的出现和完善将是我们对新闻科学精神和理性的反思的真正归宿。②

2. 消费对新闻的冲击

建基于市场的受众观，其最终目的并不是满足受众作为全面发展的人的需求，而是满足受众作为消费者的需求以及广告商对受众注意力的需求。其突出表现就是消费能力不强的弱势群体（如农村受众、城市下岗者和农民工群体）受到媒介的普遍漠视，媒介对少数群体（如少数民族）的人文关怀更为欠缺。大众传播“嫌贫爱富”的倾向暴露无遗了。③

由于中国新闻与经济长期的疏离以及在以政治为核心的集权式新闻体制中熏染着的中国新闻人以及受众，长期以来被培养而成的概念化的、公式化的以及严肃正统的新闻观念，在遭遇了西方文化以及西方传媒的冲击之后，又获得了中国变革的土壤，于是与19世纪美国初期的“黄色新闻”时代一样，走向大众的新闻出现了“病相”。④

（1）有偿新闻。

在自由竞争的商品经济繁荣时期，即媒介的商品化时期是有偿新闻的活跃期。有偿新闻随着商品经济的出现而出现，垄断经济是商品经济的高级阶段，所以西方国家至今仍然存在着有偿新闻现象。在我国，有偿新闻即使对新闻报道的质量造成了损害，并进而影响了该新闻单位的收入，但是由于收入减少不会导致新闻单位的破产，更不会对单位管理者的个人利益带来显著影响，管理者自然也就缺乏强大的动力来实施有效的监督。同时，以政策的宣传力度作为衡量新闻单位领导者的标准以及在广告和发行领域的不规范及非市场化行为，也在一定程度上弱化了新闻单位提高报道质量、减少有偿新闻的动力。

（2）虚假新闻。

如今，新闻实践中的虚假新闻与社会的消费行为有着密切的联系。伴随着媒体

---

① 谢梅：《新闻与消费》，四川大学博士学位论文，2007年。

② 谢梅：《新闻与消费》，四川大学博士学位论文，2007年。

③ 马锋：《“受者本位”幌子下的“传者本位”——社会转型期“受众即消费者”观念本质论》，《新闻与传播研究》2006年第1期。

④ 谢梅：《新闻与消费》，四川大学博士学位论文，2007年。

竞争的日益激烈，为了争夺受众，扩大发行量，吸引更多的广告，几乎没有一家媒体不想抢首发新闻、独家新闻和可读性强的新闻，这给虚假新闻的出笼提供了可乘之机。社会转型期的受众市场的“浮躁与焦虑”刺激了受众的“娱乐性”消费需求。具有这种心理的受众并不把新闻看作是非常严肃、具有独特性的事物去接受，也并不希望从中有重要的发现，而是把新闻当作故事来读，以满足自身对世界的好奇心和窥视欲望。① 于是，在接受新闻信息的过程中，受众并不过多考虑新闻的真或假，低俗或者高尚，而只是从一些非正统的、轻松的、随意的新闻信息中获得消遣。

（3）低俗化。

新闻的低俗化是新闻业走向市场的“附赠品”，是新闻市场必然会存在的现象，是传统新闻思想与传播新语境、集权与分散、传统媒体与新媒体发生冲突而产生矛盾的一种矫枉过正的表现。传媒经济是注意力经济，随着市场经济的确立，媒体逐步走向市场，成为市场的竞争主体。媒体的商业化发展可能导致传播者对获利性比对思想性更重视。媒体的娱乐功能能抢更多受众的“眼球”，也能获得众多广告商的青睐。于是，新闻的低俗化成为一些媒体的“自觉行为”。新闻低俗化是市场不正当竞争行为的产物。同时，新闻低俗化在实践操作层面其实是一种“度”的把握不当。②

中国新闻媒介在长期的非市场化运作中习惯于从传者立场预设受众需要了解的信息范围。社会主义市场经济体制确立以来，媒介开始了有限的市场化运作，传播模式也渐渐由“传者本位”向“受众本位”转化。这里的“受众本位”很大程度上接近于“市场本位”。我们应充分认识到，市场在带来人性张扬的同时也可能带来人性的异化，在带来传播自由的同时也会带来新的专制，市场充其量只能解决资源分配的效率问题，无法解决信息资源分配的公平性问题。所以在进行受众分层时，既要考虑到市场因素，更要考虑市场之外的（如社会的、文化的、政治的等）因素。

二、注意力经济

在一切商业性新闻媒介那里，受众是作为新闻市场的消费者存在的，受众的口味和喜好直接与媒介的商业利益挂钩。所以，最大限度地满足和迎合消费者的需要，成了商业性媒介的共同追求。现代商业性大众传媒的消费者往往可分为两类：受众和广告商。或者更直接地说，广告商是媒介真正的消费者，而受众某种意义上是媒介提供的“产品”，当然，这种“产品”并非是直接由媒介生产出来的，而是由媒介传播的信息吸引过来的。“报道和节目这一产品形态说到底只是传媒产业‘投

---

① 盛芳：《消费文化与虚假新闻——新闻失实的社会语境分析》，《新闻界》2006 年第 2 期。

② 谢梅：《新闻与消费》，四川大学博士学位论文，2007 年。

入—产出’全过程中的一种‘中间产品’，其真正能够为媒体赚取大量资金的最终产品是由其报道和节目所吸纳到的受众的注意力——这一‘产品’的质量、性能、品质是用其注意力主体的数量规模、构成特点以及受众注意力之于媒介的忠诚度等指标来标示的。”①

“注意力经济”是指如何更有效地配置企业现有的资源，以最低成本去吸引用户或消费者的注意力，通过培养其潜在的消费群体，以期获得最大的未来无形资产，即经营消费者的注意力。在这种状态中最重要的资源，既不是传统意义上的货币资本，也不是信息本身，而是注意力。所谓注意力，是指人们关注一个主题、一个事件、一种行为和多种信息的持久度。我们可以把人们关注信息和事件的接收端提取出来加以量化，这种量化会形成一大笔无形资产。注意力之所以成为重要的资源，成为消费品，是因为它具有使用价值，而且具有广泛的使用价值。注意力的主要特点有②：

(1) 它是不能共享的，无法复制的。它表达的是受众个人的兴趣、爱好、愿望、关心等，属于个人的潜意识倾向。

(2) 它是有限的、稀缺的。在互联网时代，信息非但不是稀缺资源，而且是过剩的。相对于过剩的信息，人们的注意力才是稀缺资源。“物以稀为贵”，人们对信息的有效关注导致注意力的价值水涨船高。

(3) 它是易从众的。受众的注意力可以相互交流、相互影响，会怀疑并改变自己的观点、判断和行为，朝着与群体中大多数人一致的方向变化，从而产生从众效应。

(4) 它是可以传递的。名人广告就说明了这一点，受众的注意力可以由自己关注的名人传递到名人所做的广告产品。

(5) 它是着眼于感官的、外在的。名人的画面、暴力的场面、搞笑的谈话、色情的图像等，往往更能吸引受众的注意力。这时，人们可能只关注能抓住眼球的血腥、色情、搞笑、丑闻的画面和内容。

(6) 它是易消逝的、短促的。在高度商业化的媒体社会里，人们的注意力在大大降低。过去，观众可以坐在一个电视频道跟前，把一栏新闻节目从头看到尾。今天却不是如此，人们手握遥控器，转换一个个频道，这种注意往往是暂时的，一瞬即逝。

世界上的信息量是无限的，而注意力是有限的，有限的注意力在无限的信息量中会产生巨大的商业价值。搜狐 CEO 张朝阳一语道破了注意力与商品的关系，他

---

① 喻国明：《媒介的市场定位——一个传播学者的实证研究》，北京广播学院出版社 2000 年版，第 289 页。

② 汪湘陵：《超越注意力经济走向影响力经济》，中南大学硕士学位论文，2007 年。

说：“再好的产品，如果不与‘注意力与瞩目性’相结合，也创造不了市场价值。”① 为什么一本《财富》杂志能把世界300多位老板邀请到上海，3天的广告发布就赚了1 000万元？为什么一集《还珠格格》播映权能卖58万元天价，48集卖了2 700多万元？为什么雅虎、搜狐等公司几乎是一夜之间在网上形成几十亿美元的资产？说到底就是依靠注意力。因此，有些人为了吸引目标受众的眼球，常常会用差异化、另类、颠覆、革命、反传统、逆潮流思维去奇思怪想。这本来也无可厚非，然而，在商业利益的驱动下，当代传媒已经一步步发展为疯狂的信息提供者和注意力掠夺者。②

纵观当今中国的媒体，在步入市场初期，大多不是走打造品牌、经营品牌、实施品牌战略之路，而是采取借事造势、借题发挥、借名出名、借异标新、借负取宠和借吵哗众等各种方式炒作，吸引受众眼球。尽管当前市场上为争夺稀缺的注意力，媒介经营者挖空心思，甚至不惜以牺牲节目质量为代价，但这并不代表注意力的无用性，相反这从另一个侧面说明媒介间的注意力之争无可厚非。但当媒介经营者对注意力的争夺过度之后，对经济收益的狂热追逐会使其走向庸俗化的极端。

三、影响力经济

新闻产品有比一般信息产品更能刺激、培养新闻消费者的能量，所以，新闻生产者会经常考虑如何充分运用新闻产品的这种特点，加强各种服务，有计划地培养更多的新的消费者。③ 消费主义一方面让媒介走向了大众化、生活化、世俗化，另一方面也对媒介造成了倾向于娱乐化与商业化的负面影响，因此，在消费主义文化下的媒介经营，应该注重人文精神的融入，致力于发展影响力经济。④ 随着传媒竞争市场的日趋成熟，追求传播效果的恒久性、稳定性、权威性、公信力直至影响力已经逐步得上媒体认同，打造品牌，创建媒体美誉度、知名度，以赢得更多的受众与广告商的青睐——这便产生了影响力经济。

“影响力经济”是由“注意力经济”衍生而来的，是对注意力经济学说的升级与提高。传媒的广告销售环节真正起作用的是“影响力”，传媒吸引了受众，得到第一次销售机会，然后才谈得上“影响力经济”。如果说注意力经济突出的是受众对媒体发布信息的注意，那么影响力经济实际上解决的是信息发布者、媒体和它的消费者之间的互动关系。媒体企业在市场中的收益和经济效益如何，不取决于注意力资源得到的多少，而取决于它的影响力的大小。

2002年，中国人民大学教授喻国明在湖南卫视举办的“千年论坛”上提出了

---

① 王德军：《注意力经济——信息时代的新价值观》，《管理科学文摘》2000年第8期。

② 谢梅：《新闻与消费》，四川大学博士学位论文，2007年。

③ 陈力丹、宋小卫：《从新闻消费看新闻生产》，《新闻记者》1993年第8期。

④ 闫伟华：《消费主义文化环境下的媒介经营》，《新闻传播》2006年第5期。

"影响力经济"的观点。他认为，影响力是指"文化活动者以一种所喜爱的方式左右他人行为的能力"。本质上，影响力是一种控制能力，这种控制能力表现为影响力的发出者对其收受者在认知、倾向、意见、态度和信仰以及外表行为等方面合目的性的控制作用。传媒影响力是建立在收受者关注、接触的基础上，通过信息传播过程实现的。因此，传媒影响力从内涵上看，是由"吸引注意（媒体及媒体内容的接触）"和"引起合目的的变化（认知、情感、意志行为等的受动性改变）"两大基本部分构成的。传媒影响力的发生和建构，主要依赖于传媒在以下三个环节的资源配置和运作模式：第一，接触环节：以规模和特色凝聚受众的注意力资源；第二，保持环节：构筑受众之于传媒的行为忠诚度和情感忠诚度；第三，影响力的提升环节：选择最具社会行动能力的人群、占据最重要的市场制高点、按照社会实践的"问题单"的优先顺序定制自己的产品。①

因此，传媒经济的价值在于，它能够在多大程度上保持它对于其目标受众的影响，并且这种对于受众的影响力能够在多大程度上进一步地影响社会进程、影响社会决策、影响市场消费和影响人们的社会行为。传媒影响力的获得，是以公信力为前提的，媒体最宝贵的资源就是公信力，最大的力量源泉也来自公信力，公信力是衡量一家媒体是否权威、是否有影响力的标尺。

第三节 新闻消费与受众行为

消费社会是信息社会，信息的无比丰富和注意力的相对匮乏是一对矛盾，作为消费社会运行的关键，对"注意力"的经营成了经济发展的要求和历史的必然。②当受众——或者说受众的注意力——被作为一种产品出售给广告商，而广告商对这种产品有特殊的要求时，比如人数众多、兴趣一致、所处地域集中等，那么商业性媒介希望自己的目标受众和广告商的目标消费者是同一类人，两者的重合度越大，就越接近利润最大化的原则，媒介的商业利益就能得到最大程度的实现。因此，受众调查和研究就受到了普遍的重视。

传统的传播研究为了更好地取得传播效果，有针对性地触及受众，并同时不断改良传播方式。1914 年，美国广告商为了防止报社虚报发行数量，联合组织了"报纸发行数字稽核局"，通过各种途径调查报纸的发行数量，将这些数据和有偿广告的获得结合，此为受众研究的发端。欧美政治制度中的民主选举也为受众研究提供了土壤，众多的研究在于探究何种传播方式可以影响选民的选举决策。在这种观念影响下，受众被概念组群划分为若干类：文化程度、政治倾向、宗教信仰、社区状

① 喻国明：《从注意力经济的角度看媒体品牌》，《现代广告》2000 年第 5 期。

② 田龙过：《传媒化的消费社会中注意力的经营与争夺》，《理论导刊》2007 年第 11 期。

况、理解模式等。因此，历史的受众观是政治选举和商业开发的产物。①

在数不尽的有关社会和各种势力与传媒互动运作过程的研究中，媒体效果的研究者可以说比其他任何人都更注重传媒对受众的实际（尤其是政治上的）影响。传播效果的研究之所以成为大众传播研究的主流，原因之一也是它的实用性。它的研究成果往往和政治组织、政策制定者、广告公司和传媒从业人员以及关切某些社会问题的民众息息相关。②

从对受众的影响效果来看，西方媒介效果研究的历史大致经历了三个阶段：1920 年代到 1940 年代初的“魔弹论”时期；1940 年代初到 1960 年代中的“有限效果论”时期；1960 年代末开始的重归强大效果时期。

一、“魔弹论”时期的受众

魔弹论，也即“皮下注射”论，也有人将其称之为机械的“刺激—反应”论。它是一种认为大众传播具有骇人威力的观点，主要以生物学上的机械的“刺激—反应”模式为理论依据，将受众描写成受其本能驱使、人数庞大、缺乏教养、没有个性和独立见解的群众。在现代城市内，受众孤寂无援，彼此隔离，难以沟通，仅仅依赖大众传媒跟社会发生联系。由于社会和个人原因，他们被假定为受大众传播信息所控制：受众像射击场里一个固定不动的靶子或护士面前一位昏迷的病人，处于消极被动的地位，只要枪口对准靶子，针头对准人体部位，子弹和注射器就会产生神奇的效果；控制了大众传媒，也就控制了大众。“魔弹”一词形象地反映了 20 世纪初人们对传媒威力的看法，大众传媒被认为对每个受众都有着强大的、即时的、直接的和无差别的效果。

从 20 世纪初到 20 世纪 30 年代，有两个因素在媒体效果的研究上烙下了深深的印迹。其一是欧洲哲学思潮的影响，其二是社会大众对传媒尤其是新兴的无线电广播所显示的强大威力的恐惧心理。人们耳闻目睹了欧洲一批巧舌如簧、翻云覆雨的纳粹法西斯分子是如何影响和操纵本国的大众传媒，从而控制了公众的态度、行为和政治倾向，并赢得大选的。而在美国本土名噪一时的则是《星球大战》事件。《星球大战》是一出科幻广播剧，为吸引听众，在播出时采用了模仿现场新闻播报的方式。谁知这个小小的“噱头”竟使得新泽西州大批听众误以为“火星人”大军真的在当地登陆，从而争相弃家出逃，公路和桥梁被逃难的车队挤得水泄不通。这些表象震惊了当时不少研究者。他们相信传媒能轻而易举地引导或误导民众，令他们转变自己的价值观、态度、信念和行为。

传媒可以为所欲为而受众只能逆来顺受的观念是当时欧洲大众社会的理论反映，该理论风行之时正是传播效果研究起步之日。这类理论以“原子化”来解释人们与

---

① 庄晓东主编：《传播与文化概论》，人民出版社 2008 年版，第 129 页。
② 鲁曙明、洪浚浩主编：《传播学》，中国人民大学出版社 2007 年版，第 406 页。

社会的关系，认为工业化和都市化裂解了传统的道德观念和社区结构，催生了新的社会秩序。在这种秩序下，个人被“原子化”。他们同传统的社会关系网络被切断，孤立于社会支持之外，只能俯首听命于掌控着无比威力的大众传媒的权势阶层。换言之，人们相互之间的联系日趋薄弱，越来越倚重于通过传媒同信息中枢取得联系。

“原子化”观念的盛行和当时传媒业的急速扩张，使得传播学者们迫切地感到要对传媒在新的社会系统和权力运作中的作用与影响予以系统的和科学的解释。不过，他们并不认为传媒本身一无是处，只能为虎作伥。改革的使命感使学者们对传媒寄予厚望，他们觉得传媒的巨大潜力可以服务于国民教育、文化启蒙和社会改革等正面目标。例如，当时有人提出的七种宣传技巧仍然被今天的传播相关行业的从业人员奉为圭臬，它们分别是：辱骂法、光环效应、转移法、证词法、平民百姓法、洗牌作弊法和乐队花车法。①

如今，在西方学术界已经很难找到“魔弹”理论的嫡系传人了，学者们一般认为当时有关宣传的研究对效果的定义狭窄，研究方法粗疏，似乎成了谁也不愿提及的“丑小鸭”。不过“魔弹”理论，即强调传媒对受众的直接、即时和无差别的强烈劝服效果，仍然隐现在某些西方学者的媒体效果的研究假设中。而在今天中国大陆的传媒政策法规的条文中，似乎仍然可以感到“魔弹”理论的幽灵在随处飘荡。

虽然有学者认为“魔弹论”从一开始就是传播从业者与传播控制者的一种想象，这种想象具有高度的一致性，并不见得就有证据证明这是一种客观存在的社会现象，② 但也有学者不赞成将诸如“魔弹论”一类的直接效果模式彻底抛弃。他们认为在某些条件下，这个模式仍然有助于理解传播效果的发生，这些条件包括：受众没有能力或无法分析和评估传媒信息；当媒体内容刺激受众做出无意识的、自发的反应时。这个模式的核心是媒体内容的变量能够唤起和指引受众的注意力。基于这个原因，多数直接效果是短期的。③ 其实在国内曾发生的“抢盐风波”和广元柑橘事件中，这种直接效果模式都有体现。虽然“魔弹论”在后来被认为缺乏系统的理论形态，具有很大的虚幻成分，但是它为学者研究大众传播现象设定了重要的题目并提供了一个关于大众传播思想产生的基础。

二、“有限效果论”时期的受众

第二次世界大战期间，大众传播效果研究的最大成果是发展了有限的和有选择的效果理论，这是媒体效果研究的第一个转折点，主要体现在对媒体效果强度的认知发生了180度的转变，从无往不胜的“魔弹”学说转向怀疑和弱化媒体效果的“有限效果”理论。媒体效果在一些研究中被发现同之前的“无往不利”的形象截

---

① 鲁曙明、洪浚浩主编：《传播学》，中国人民大学出版社2007年版，第412页。
② 胡翼青：《对“魔弹论”的再思考》，《国际新闻界》2009年第8期。
③ 鲁曙明、洪浚浩主编：《传播学》，中国人民大学出版社2007年版，第409页。

然不同。传媒被看作是软弱无力的，尽管它可以传递某种形式的信息，但难以促成人们意见、态度和行为的转变。对这一时期关于传播效果一针见血的概括是：传媒的主要功能是强化而并非改变人们原有的观念。因为研究的焦点集中于揭示效果产生的制约因素，其结论强调了大众传播效果和影响的无力性，人们把它称为无力的大众传播观，代表性理论有劝服理论、舆论领袖、两级传播论等。

这一转变和“二战”期间社会科学的多元化发展分不开。从 20 世纪 20 年代末起，对传播学具有重大影响的心理学和社会学有了重大的发展，人们对人的本质和社会秩序有了全新的看法。个性差异成为心理学研究的重点，学者们认为人们的寻求、态度、价值观、智力以及其他方面的差异在人的行为中起着重要作用。与此同时，社会学家把注意力集中到社会结构方面，即将社会划分成各个组成部分（经济等级，种族类型，社会组织如家庭、宗教、政府等）来研究。他们将注意力集中到相类似的人在不同的社会背景中的特征。他们发现，人的社会文化参数（家庭的经济状况、社会阶层、年龄等）有力地影响着人的行为。

传媒是在总的局势中通过相关的诸因素而产生实际影响的。在一般情况下，大众传播经过这些中介因素的过滤（阻挡、回避、取舍、混合、磨合、重塑等），很少有可能从根本上改变受者原先的观点和态度，其改变力量相当有限。一些中介因素往往使传者的预期意图不能完全按照原定的方向和强度发挥作用。①

例如，在美国中西部一个小镇进行的有关总统选举的研究中发现，不管竞选宣传如何如火如荼，仍有大约 70% 的选民在竞选活动期间维持了自己原先的决定，而只有不到 10% 的选民从一位候选人转投另一位。这一事实被视为媒体宣传无效的有力证据。同时还发现，即使“倒戈”的选民，也往往自称是受到意见领袖而非传媒的影响。这就是有限效果学派最重要的发现之一。人们在参与传播的过程中被发现分属两个截然不同的群体：见多识广、众望所归的传媒使用者（意见领袖）和从前者那里通过人际传播接收被过滤的第二手信息的芸芸众生。两个群体构成被称为“两级传播”模式，在这个模式里，意见领袖和他们的追随者都习惯性地对传媒内容“挑肥拣瘦”，各取所需。他们总是选择性地接触和关注同自己原有观点和倾向相一致的信息，而躲避、抗拒或误读同自己意见相左的信息。②

也有学者认为“有限效果论”对效果的定义过于狭窄，同时又假定受众可以随心所欲地使用传媒。毫不奇怪，如果将媒体效果仅仅设定在转变态度和行为的狭小范围里，自然难以发现媒体的显著效果。但无论如何，“有限效果论”进一步深化和丰富了效果理论，它使人们摒弃了对传播活动简单、直观的认识，把对效果的研究放到一个更深层、更具体、更复杂的环境中进行，更重要的是，它采取的是跨学科和多元视角的研究方法。但它的研究基本上局限于实验室，没有在历史和社会环

---

① 戴元光、金冠军：《传播学通论》，上海交通大学出版社 2000 年版，第 374 页。

② 鲁曙明、洪浚浩主编：《传播学》，中国人民大学出版社 2007 年版，第 412～413 页。

境的背景下展开研究。实验室不等于社会现实，实验室的结论不一定适用于社会。

三、重归强大效果时期的受众

随着历史、政治、传媒和研究环境发生一系列变化，有限传播效果模式日渐衰微，丧失了在传播效果领域中的垄断地位。这一时期分为两个阶段，即20世纪60年代适度效果论阶段和70年代强大效果论阶段。前期的代表性研究主要包括使用与满足理论、创新与扩散理论等；后期的代表性研究有议程设置、涵化分析、沉默的螺旋、知沟理论、第三人效果等。在学者们看来，之所以将之前的研究归纳为“有限效果”理论，是因为研究范围局限较大，主要集中在大众传播的短期效果，并不涉及更为广阔的社会和体制方面的长期效果。适度效果论既重视传播的直接短期效果，更注重传播的间接长期效果，比起态度转变，更重视知识的积累，尤其是境遇、意向、动机、舆论的社会氛围、信仰、意识形态文化规范和传媒运行机制等问题。

也就是说，这一时期对媒体效果的定义也从单一的“态度改变”转向全方位的感知、认知和行为。同时，媒体效果的范畴变得更加兼容并蓄，包括了直接和间接的效果、短期和长期的效果、预计中的和意料外的效果等。挣脱了“说服即效果”的羁绊之后，一些先前被忽视的传播效果领域得到了开发。现在尚无法断言是什么原因导致有限效果模式的退场并推动媒体效果新思潮的兴起。不过，传播学者们已经提出了一些可能起作用的因素，其中每一个都有力地冲击着“有限效果”的观念①：

首先是政治环境的演变。曾经作为美国投票心理分析核心因素的党派忠诚度，在20世纪70年代以后似乎已经无法支配选民的决定了。研究结果显示，那些“悬而未决选民”和“延迟决定选民”要比在整个竞选期间始终坚持某一方的人更关心媒体上的政治新闻。选民越来越倾向于依据政治候选人鼓吹的事件的实质，而不是党派归属做投票的决定。

其次，新崛起的电视传媒在政治传播和舆论方面的重要性日益凸显。现在还无法断言电视的兴起和党派的忠诚度的淡化同步出现究竟是巧合还是实质相关，但受众依赖电视媒体了解政治事件和选举信息已经是一个全球性的普遍现象。电视发挥了一种其他媒体无法替代的作用。同报纸的读者不同，观众无法完全避开电视中那些同自己原有政治倾向格格不入的内容。除此之外，有关法令和新的专业原则都要求电视保持公平公正和客观，电视不得不采取无党派立场，对任何一个政党不偏不倚。

再次，除了外部环境的变化之外，传播效果研究本身也发生了许多变化，这些变化导致媒体效果研究的基础出现转变。一个意义不可低估的变化是大众传播研究

① 鲁曙明、洪浚浩主编：《传播学》，中国人民大学出版社2007年版，第413~414页。

已经成长为一门独立的学科。在此之前的传播研究者多是由社会学家、心理学家和政治学家临时“客串”。越来越多的大学设立了新闻与传播系和学院，学生人数有增无减，教师队伍不断壮大，由此促成了传播学自立门户。

最后，在理论渊源方面，跨越大西洋登陆“新大陆”的一批欧洲传播学者带来了多元化的理论视野和理念。此外，发生在社会科学领域的“认知革命”也大大拓展了传播研究的空间。

1. 适度效果论时期的受众研究

在适度效果论时期，使用与满足理论最具代表性，它的产生被认为是传播研究史上的一个重要转折点。该理论区别于其他传播理论的主要特征在于其受众本位及浓厚的功能主义色彩。它强调受众的积极性，指出受众根据自身的需求积极主动地选择与使用媒介，而媒介在满足受众需求的过程中，得以实现其功能。虽然使用与满足研究到20世纪70年代才正式确立，但其起源可以追溯到20世纪40年代，并且可以用70年代作为分水岭，把该研究划分为传统和现代两个时期。传统时期的研究试图了解人们为什么使用某些媒介内容。这些研究得出的基本结论是，人们都是基于一些基本需求来进行媒介接触的，这些需求包括信息需求、娱乐需求、社会关系需求以及精神和心理需求等。20世纪60年代以后，学者们在研究了人们的动机、期望以及传媒作用下的人的行为后，开始重点解释它们之间的关系。1974年，有学者将使用与满足理论总结为：需求的社会与心理根源产生对于大众媒介或其他来源的期望，导致不同模式的媒介接触（或参与其他活动），结果是需求的满足，以及其他可能大多是无意的结果。经过一些学者的修正后，现今使用与满足理论主要建立在以下五个假设上：

（1）传播行为，包括媒介的选择和使用，是有意图、有目的和有动机的。人是相对主动的传播参与者，他们选择媒介或内容。这种行为是功能性的，并对人和社会产生影响。

（2）人们选择与使用传播工具来满足需求或欲望时具有主动性。人们不是被媒介所使用，而是选择与使用媒介来满足他们的需求与愿望。媒介使用可能是对基本需求的一种反应，但也可以满足诸如寻求解决个人困境的信息这样的需要或兴趣。

（3）有许多社会和心理因素介入人们的传播行为。倾向、互动和环境，会影响人们对媒介的期望，透过诸如人际互动的潜能、社会类别、人格等社会与心理因素，行为会对媒介或讯息做出反应。

（4）媒介与其他传播形式（即功能替代物）为选择、关注及使用而竞争，以满足人们的需求与愿望。在这个过程中，大众传播与人际传播之间有着明确的关系。媒介满足人们动机或愿望的程度随个体的不同而变化。这些个体以社会及心理境况为基础。

（5）在关系方面，人通常比媒介更具影响力，但也并不总是如此。人的积极性会介入媒介使用的模式与后果。通过这一过程，媒介可能会影响个人性格，或社会、政治、文化，或经济结构。

2. 强大效果论时期的受众研究

在强大效果论时期，被统称为大众传媒的宏观效果理论的知沟理论、议程设置理论、涵化分析理论都是代表了媒体效果研究的“新视角”并深刻影响着近30年大众传播研究方向的里程碑式的理论和模式。这些研究的共同点是：第一，研究的焦点大都集中于探索大众传播综合的、长期的和宏观的社会效果；第二，它们都不同程度地强调传媒影响的有力性；第三，它们都与社会信息化的现实密切结合在一起。

知沟理论涉及受众的受教育程度和社会地位同汲取传媒信息的效率之间的关系。该理论认为，随着媒体向某个社会体系传输的信息的增加，该体系中社会地位（或受教育程度）较高的受众群体获取知识的速度要高于社会地位（或受教育程度）较低的受众群体，从而使得两者之间原已存在的知识的差距（即知识沟），随着时间进一步扩大。

议程设置理论同样不直接针对“态度转变”，而是关乎受众承认的新闻事件的重要性同传媒对该事件报道的频率的关系。学者在研究总统竞选宣传的影响之后，得出了“传媒对某一事件或主题的反复报道，将会提高该事件或主题在受众心目中的重要性”的结论，即“传媒的议程”会影响“受众的议程”。

涵化分析理论更进一步超越具体的传媒内容，强调电视对受众的社会现实认知的潜移默化式的长远和累积影响。通过对电视内容及其对受众的长期影响持续30多年的系统研究，学者们提出，出于利益最大化的动机，美国主要电视网络的节目充斥着暴力、色情和其他扭曲现实的画面，从而营造了笼罩不同电视频道和节目类型的“信号体系”，长时间收视的观众会在世界观、价值观和社会角色等方面趋向于认同非真实的“电视世界”。

除以上代表性研究之外，这一阶段还出现了诸如“沉默的螺旋”、“第三人效果”和“电视暴力的效果”等一批有影响的研究。理论的创立者们无一例外地希望他们心爱的理论或模式能够跨越时间、空间和具体的情境，来解释发生在不同受众身上的特定传播效果。其他研究者对最初的理论模式做了大量的重复检验、异地检测和拓展研究，有的重新检视“创论”大师们的原始数据。结果，原先简单明了的理论表述大都受到了挑战和质询，各个理论都被相继修订和增补了加强或限制效果的各种条件。

当然，对大众传播效果研究的这种“强—弱—强”的历史叙述模式，只是一种按照传媒效果或影响的大小进行的简单概括，是长久以来关于大众传播效果研究历史的一个最盛行的解释和归纳。也有学者试图在这种叙事模式之外，寻求描述和解释大众传播效果研究历史的新的线索或框架。

【思考题】

1. 历史上对受众的理解有哪些？不同观念中的受众有哪些特点？
2. 如何理解受众的主体性？
3. 消费对新闻有什么意义？新闻和消费之间有什么关系？
4. 什么是注意力经济？什么是影响力经济？
5. 媒介效果研究的主要理论成果有哪些？
6. 如何理解媒介效果研究的演变规律？

【延伸阅读】

1. ［英］丹尼斯·麦奎尔著，崔保国、李琨译:《麦奎尔大众传播理论》，北京：清华大学出版社 2006 年版。

2. ［美］E. M. 罗杰斯著，殷晓蓉译:《传播学史》，上海：上海译文出版社 2002 年版。

3. 喻国明等编著:《传媒经济学教程》，北京：中国人民大学出版社 2009 年版。

4. ［美］洛厄里、德弗勒著，刘海龙等译:《大众传播效果研究的里程碑》，北京：中国人民大学出版社 2009 年版。

5. 鲁曙明、洪浚浩主编:《传播学》，北京：中国人民大学出版社 2007 年版。

第十一章　新闻客观性

第一节　新闻客观性的含义

作为美国新闻界长期标榜的信条，“客观性法则”曾被认为是“发展于美国、奉献于世界”的新闻职业道德准则。不过直到1890年代，客观性在美国都远没有被确立为一种实践和理想。① 而在此之前，类似“新闻客观性”的说法却不少。

一、19世纪30年代以前的新闻观念

1702年，英国第一家日报《每日新闻》的主创人马利特提出了该报刊的告白：“本报创办之目的，在迅速、正确而公正地报道国外新闻，不加评论，而且相信读者的智慧，对刊载消息的确切含义，一定有正确的判断。……报纸的义务在于将事实叙述出来，结论应由读者来作。”在这段话中，马利特并没有明确提出客观性这个词语，但已经表露出了新闻客观性原则的某些内涵，不过在当时这一理念过于超前，创办遵循新闻客观性原则的报纸的条件还不成熟，马利特的报纸也在几年后就抛弃了它的原则而成为政党报纸。②

作为英国的殖民地，对于发端之初的美国报纸来说尽量准确地提供事实是报纸的职责。同时，新闻报道的真实性也是对付“诽谤”指控和新闻检查制度的最好托辞。1729年，本杰明·富兰克林接办《宾夕法尼亚公报》之后的办报实践，被后人公认对“客观性法则”萌芽的初见端倪贡献卓著。他基于“当人们各持异议的时候，双方均应享有平等的机会让公众听到自己的意见”的所作所为，已从很大程度上超越了对新闻报道单纯反映客观事实的浅层次理解，而是在言论出版自由口号下所身体力行的某种意义上的“平衡”与“对等”原则——这便是后来包含在“客观性法则”中的重要操作要领。③

1775年美国独立战争期间，客观态度成为战争的第一件牺牲品。在革命激情的振荡下，不但保守党报纸，甚至那些试图保持中立的报纸都纷纷遭到爱国者的强烈冲击。许多报纸因客观地记录了保守党和激进派双方的观点而被迫停刊，一些曾经

---

① 黄旦、孙黎：《新闻客观性三题》，《新闻大学》2005年第2期。

② 杨杨：《关于“新闻客观性”的历史认识》，辽宁大学硕士学位论文，2011年。

③ 陆晔：《美国新闻业“客观性法则”的历史演进》，《新闻大学》1994年第1期。

公正的报人也在战争期间不再客观报道。作为战争工具发挥作用的报纸，其新闻报道和言论往往都带有明显的主观意识和宣传色彩。就连美国宪法第一修正案于1791年确立的“新闻出版自由平等权利”也成了联邦党人和共和党人在这个新国家里利用报纸宣扬政治观点、相互攻讦的合法保障。因此，“客观报道”在美国19世纪的新闻传播中出现，是对美国历史学家称之为“政党报纸的黑暗年代”的深刻反省。

二、19世纪30年代到19世纪末：作为操作方法的客观报道原则

19世纪30年代，以《纽约太阳报》为标志，便士报的产生和发展使美国报业走上了商业化道路，并带来了从新闻报道内容到新闻观念的大变革。经济上的相对独立确立了报业间竞争的平等形式，每一家报纸都可以在准确、完全、生动、时效上与另一家报纸产品进行比较。这不仅使报道的客观性成为必需，还导致对整个新闻行业在新闻采集、传递过程中进行指导与评判的职业准则的产生。此外，便士报的商业性质和赢利目的，使其挖掘出市民阶层对新闻事实的强烈社会需求。报纸从一种“观点纸”变成了一种“新闻纸”，对新闻客观性原则的追求也随着报纸走向商业化而逐渐增强。① 报社要选择一种能够让尽可能多的人都接受的报道方式，而最明智的选择就是提供给受众不偏不倚的事实，也就是使用客观的报道方式吸引更多的受众，至于对事实的评价就留给受众自己去考虑。

随之而来的1846年墨西哥战争，引发了报业间以节省费用为初衷的合作，并渐变成专为报纸提供新闻报道的通讯社。新闻采集加工的专业化和社会化由此开始。为适应不同报纸的需要，通讯社首次明确采取了将新闻事实与对事实的评论和意见分开的做法，只提供客观的事实报道。而《纽约时报》的改版，则将通讯社初创时代的简单的“意见与事实分离”在实践中发展成为较为完善的客观报道方式，即基于人们可以将事实与价值观念进行区分的认识，将新闻事实理解为远离个人好恶的关于现实世界的客观描述，而价值观则是个人认为现实世界应当如何的主观偏好，这两者的分离意味着记者在呈现新闻事实时不能将自己的价值观念掺杂其中，其最终目的则是更客观地反映现实世界。同时，《纽约时报》在商业上的巨大成功，第一次向世人证明了这种客观报道方式的商业价值：一张并不远离政治的严肃报纸，只要坚持这一方针，就既能在报道社会重大事件时免于卷入政治纷争，又可体现出“观点和言论自由市场”上的对等原则。并且，这种“客观”思想也借助于《纽约时报》的巨大影响力推向读者，为公众所认同。

工业革命带来的现实主义和科学经验主义思潮，使得对“事实”的崇拜成为全社会的共识，不论是公众还是新闻从业者都毫不怀疑报纸应像照相机一样客观反映现实世界，这是必需的和能够做到的。科学主义的熏陶让记者们相信自己几乎就是

---

① 陆晔：《美国新闻业“客观性法则”的历史演进》，《新闻大学》1994年第1期。

科学家，更勇敢、更清楚、更真实地揭示经济和政治事实，是其首要职责。自此，1830 年代开始的便士报，在原来不偏不倚的起点上有了进一步拓展，开始发现并找到了自己职业的立足根基：报道事实，开启显露社会真相的窗口。① 这种对注重客观观察、分析的科学方法的狂热，正是以"事实"为基础的客观报道原则的思想基础。

然而，这种从便士报获得的"事实"内核，经由通讯社确立并在《纽约时报》的信息模式中得到提高的客观报道方式，毕竟只是一种操作要领。在天真的经验主义思想影响下，客观报道方式的倡导者们将"事实"与"新闻事实"混为一体，相信新闻事实是世界本身的确然现象而非人与世界相互作用后产生的描述和判断。殊不知在新闻事实的择取过程中，个人价值观的必然渗入，将媒介与事实隔开的社会机制等种种干扰因素始终存在。因为没有认识到"主观"也就谈不上"客观性"，在尚未认清这些因素的破坏性之前，"客观"只能是一种实际操作方法而非职业道德标准或者职业理想。②

这一时期客观主义理论主要包括这样的内涵：①新闻报道的最终目的是客观地反映现实。新闻报道将客观世界如实地呈现在公众面前，其作用在于将个人与外部世界连接起来，从而有助于个人形成对外部世界的独立判断。②客观地反映现实之所以能够做到，是因为事实和意见是应该而且是可以完全分离开的。客观性的信念是对"事实"的信任，是对"价值"的怀疑，同时又赞同将两者分开。事实是可以独立的、被证实的客观世界，它与任何可能导致认识偏差的主观倾向无关；而价值是对客观世界的主观判断与解释，是个人意愿的倾向性表达。报纸服务公众的手段应该是提供客观事实而不是宣传主观价值。③

三、20 世纪初到 20 世纪 40 年代：作为职业理想的"客观性法则"的确立

世纪之交，美国报业和社会化大生产一道蓬勃生长，无论是公众还是报业都相信，只要将价值判断、意见与新闻事实区分开来，新闻报道便可令人形成对现实世界的正确认识。然而第一次世界大战使新闻业的盲目乐观和自信顷刻间土崩瓦解。新闻业在"民族利益"的感召下直接卷入战争，新闻报道的内容仅仅与政府机构的意愿相关，而与新闻客观性无关，任何新闻事实都得不到重视，只有战争的需要才是新闻工作者所要考虑的问题。战时煽动宣传的惊人成功，表现出在全社会范围内对公众感知进行严格管制与操纵的可能性，战后公共关系利用"媒介事件"达到利益目的的斐然成绩，又将这类操纵从战争中扩展到日常领域。

20 世纪初期，公共关系作为一个社会行业在美国兴起，对社会各个层面都产生

① 黄旦、孙藜：《新闻客观性三题》，《新闻大学》2005 年第 2 期。

② 陆晔：《美国新闻业"客观性法则"的历史演进》，《新闻大学》1994 年第 1 期。

③ 吕亚进：《关于中西方新闻客观性的探讨》，华中师范大学硕士学位论文，2004 年。

了广泛影响，雕塑了20世纪社会、政治、经济、文化等领域的形象。艾维·李是公认的第一个公共关系经理人，也是公关这个行业的先驱。在他看来，“推广观念的宣传没什么不好，只要大众知道谁要为这个宣传负责”。他对事实毫不信任，认为这个世界上没有所谓的事实，只有我们对事实的解释，“追求事实其实是在追求人之不可能，我所能做的是，给你我对事实的解释”。他认为客观公正更是一件不可企及的事情，因为“所有人都倾向认为对自己有利的事情，即是群体利益。我们容易透过利益、偏见的有色眼镜看世界”①。公关经理人不仅是新闻提供者，更成了新闻的制造者。随着新闻界同政府部门、商业界等一样运用公关越来越普遍，公关业对于新闻客观性的威胁也愈来愈大。公关业在新闻记者和新闻来源之间设置了一种新的障碍，使得记者们获取事实和真相更加艰难。

新闻界人士开始认识到，新闻事实并不一定是从外部客观世界中自动涌现出的一种“现象”，而是大家认同的关于世界的陈述，完全有可能是经过特定利益集团的选择与构筑之后才提供给新闻界的。个人经历、知识背景、价值观念等主观偏见对新闻采集、加工、传送过程的影响不可避免。作为客观报道方式认识基础的“事实”与价值观相分离的观念开始受到冲击。对“公众”信赖感的丧失则极大地动摇了以公众理性可产生健康舆论进而构成民主政体为前提的自由主义报刊理论的基础。李普曼的《舆论学》便是这一时期新闻界怀疑思潮的典型代表。在19世纪曾被视作如科学研究般精确且可达到目的的客观报道方式无法再作为新闻产品质量的衡量标准，对非理性的恐惧和怀疑情绪使新闻界迫切需要对其进行调适与修正，并使之上升为新闻业的道德哲学——一种较为理想化的行业目标和实践方针以减少主观随意性的干扰来保证新闻业的实质不被歪曲。这影响到20世纪二三十年代的新闻业并导致客观性理想的兴起。

为调和主客观的冲突，在认识到主观性不可避免之后，新闻界把希望寄托于高水准、高质量的从业者，一方面利用个人署名专栏为“主观性”专辟一席之地，将其对新闻报道的危害转化为提供给公众的积极参考；另一方面将新闻报道从单纯报道事实转向揭示新闻的意义以及事件间的联系。当然，不论是对专栏作家还是从事解释性报道和新闻综述的新闻记者而言，他们的专业知识、智性与品位将是不把读者引入歧途的重要保证。正是在上述种种背景之下，早期的客观报道方式在经过修正之后上升为具有现代意义并作为道德规范和职业理想被新闻界普遍接受的“客观性法则”。

与19世纪的雏形相比，现代意义上的“客观性法则”的升华是显而易见的：首先，从对“客观性”的态度上看，“客观”不再被视为一种唾手可得的目标，而是新闻从业者努力探寻并呈现新闻事件本来面目的态度；其次，从适用范围上看，

---

① 刘灿璨：《客观新闻思潮论》，湖南大学硕士学位论文，2007年。

它已从对报业实践进行指导的操作原则上升为新闻从业者的道德约束与职业理想；再次，其目的也从精确地反映客观现实演化为尽量减少主观偏见力争最终逼近客观现实。这一时期所提倡的“客观性法则”吸纳了主观性，新闻从业者需要发挥自身的理性与主体意识来分辨和排除新闻采集与传递过程中的主观干扰以及努力避免自己主观性意见的介入。此时发现或需要客观并非出于人类以为自己能够客观的天真想法，而是由于认识到自己不能客观。客观性不再是为与党报划清界限而要求的事实与言论分开的操作指导，而是基于一种信念，即相信人们能够而且应该把事实与价值区分开。客观性是对事实的信奉和对“价值”的不信任，并且努力把二者分开。①

重要的是，“客观性法则”理想的主体，必须是职业化的，具有相当知识背景的专业新闻从业人员，其方法则是在实践中为新闻界同仁和全社会所认同的包括新闻素材分类、平衡与对等原则，第三者写作角度，中性词与引语的使用等在内的一整套科学步骤与程序。1922 年，美国报业主编人协会制定的“新闻准则”，将报业的“独立性”、“真诚、真实、准确”、“公正无私”等“客观性法则”的条件和内容作为新闻业的道德准则并加以明确。这一时期大量的新闻学专著和教材也将“客观性法则”列为重要的职业规范，并把新闻报道的客观性和准确性、时间性、兴趣性并列为衡量新闻报道的标准，广泛运用于新闻专业学生的职业训练中。

客观性是意识到新闻报道中的“主观”，从而要求事实与价值分开的一种专业信念和道德准则。始于 1920 年代的客观性表述，是出于一种对读者的忠心，更是出于对他们自己作为一个职业共同体，而不是他们的发行人或发行人所喜欢的政治团体的忠心。新闻客观性虽然体现在外在的操作规则上，但其骨子里，是一个职业团体对其自己职业规范、职业理想的明确申明和维护。新闻客观性是一个由理想、假设、实践和制度混杂在一起的体制，是职业组织的伦理道德规则，不宜仅仅看成是一个报道原则，更不属一般的业务指点。② 瑞典学者魏斯特斯托提出的有关客观性研究比较完整的理论框架，将客观性划分为事实性和公正性，如图 11－1 所示：③

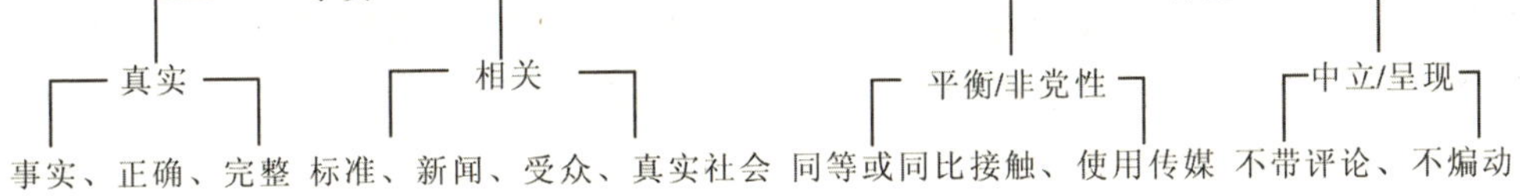

图 11－1 魏斯特斯托的客观性理论框架

① 黄旦、孙黎：《新闻客观性三题》，《新闻大学》2005 年第 2 期。
② 黄旦、孙黎：《新闻客观性三题》，《新闻大学》2005 年第 2 期。
③ 吕亚进：《关于中西方新闻客观性的探讨》，华中师范大学硕士学位论文，2004 年。

这一框架基本上理清了客观性在西方新闻理论中的含义，为西方新闻界所广泛接受。作为一种经历了一百多年实践的新闻工作原则，客观性已形成了相对公认的认识——主张事实与价值分离，坚持真实（准确）、公正（平衡、中立）等报道原则，并在实践中形成了一套特定的写作惯例。① 但值得注意的是，从“客观性法则”中我们不难看出其间难于调和的主客观矛盾：一方面，新闻从业者的理性和主体意识需用于分辨和排除新闻采集传递过程中的主观干扰；另一方面，用来防止新闻从业者主观性介入的操作步骤，亦是由主观认定为客观的和科学的。这种矛盾将导致这一命题在今后的现实挑战面前暴露出种种缺陷。

第二节 新闻客观性的困境

一、处在批判文化思潮外部挑战与内部矛盾下的“客观性法则”

在20世纪三四十年代，客观性的新闻原则受到法西斯主义的严重挑战。在那个特殊的年代里，同一新闻事实既可以被纳粹用来进行宣传，也可以被打败纳粹的人用来进行宣传，事实变成了可供玩弄的木偶，真实性被亵渎了。这使新闻工作者对“客观事实”的可靠性产生了怀疑，也对19世纪90年代以来天真的实证主义产生了怀疑。新闻记者对客观性原则的狭义理解使得新闻记者只是机械地记录着外部世界发生的事实，这样新闻媒介就很容易被政府或政客利用从而成为他们的宣传工具。1947年，赫金斯委员会在经过大量调查后指出：在当今社会，只是真实地报道“事实”是不能令人满足的，必须报道的是“事实的真相”，因为“报刊已经发展出一种奇怪的客观性——由于半真实、不完全、不概括而产生出来的假客观性”。

20世纪50年代，在美国发生的麦卡锡事件就是一个很典型的例子。议员麦卡锡在一次演讲中宣称，美国国务院、军队和媒体中都潜伏着大量的共产党员，并且声称自己已经得到了一份共产党员的名单。由于“二战”以后，社会主义在世界范围内得到了进一步的发展，共产党员的数量也大幅增加，因而麦卡锡的言论引起了资本主义社会的重视，人们对此议论纷纷，但是没有新闻记者看到过麦卡锡声称的那份名单。许多新闻记者也怀疑麦卡锡的指控是毫无根据的，但是它符合了新闻价值的要求，即这些新闻具有冲突性、时效性和重要性，因而在客观性原则的指导下，大部分新闻记者采用客观处理的手法，对麦卡锡的言论如实记下，将麦卡锡对共产党员的种种指控刊登在报纸的显要位置，结果麦卡锡完全操控了整个事件，同时也间接地控制了新闻媒体。《达拉斯晨报》的一名记者鲍博·巴斯金在回忆自己对麦卡锡的报道时，曾说到了当时新闻媒介的一种无奈，他说他知道麦卡锡在撒谎，但

---

① 许燕：《新闻报道的客观性的基本涵义辨析》，《新闻大学》2007年第4期。

是按照新闻客观性原则，他不能在报道的时候加进他自己的观点，他在报道新闻时必须保持自己中立的态度，不偏不倚，因而他只能如实报道麦卡锡说的话，这样才能保证他遵循了新闻客观性原则。①

在表面上，新闻工作者是按照客观性原则来报道新闻事实的，而实际上，麦卡锡利用了新闻媒介对新闻客观性原则的执着和追求，掩盖了事实的真相，导致新闻工作者成为他的宣传工具，成为麦卡锡事件中的推波助澜者，这使新闻客观性原则成为学界和业界批评的对象。人们开始看到在“客观性法则”的堂皇外衣下，新闻业过分强调那些所谓科学的操作步骤和要领，非但无助于反映客观现实的本来面目，反而可能使报刊丧失道义上的责任转而维护和掩饰现行权力结构中的不公平和非正义。人们开始意识到一旦社会规范腐败了，客观的新闻也就腐败了，因为它不能向社会规范挑战，“客观性法则”已不再是一剂化解主观偏见的灵丹妙药。广播电视的飞速发展，也使得这一问题更趋复杂。

20 世纪 50 年代，由于电视非常类似实景的效果，使人们对新闻媒介可能成为外在世界公正和客观的窗口的期望大大高涨。中立的电视似乎有助于破坏旧式的印刷媒介的党派痕迹。电视摄像机的真实效果，隐含着对外界事件未经介入的穿透性，它不断地告诉你——这是“目击的新闻”，“带你到现场”。然而，这是“自然的错觉”。依靠场所、角度和滤光镜，甚至连最简单的摄像镜头也可能产生非常不同甚至完全相反的印象效果。电视新闻故事是一种由技术和意识的符号结构而成的产物，但是电视新闻努力使它的技术常规自然化，使人难以察觉。②

除了麦卡锡利用“客观性法则”对美国公共生活中并不大量存在的共产党进行持久讨伐外，1969 年 1 月，美国媒体聚集在圣巴巴拉的一处海滩报道尼克松总统要求清理这个经大面积油泄漏污染的海滩。所有的人都顺从地忽略掉了距此一百码之遥的一处真正的油污起源地。20 世纪 80 年代，许多评论家说，里根总统可以利用直接报道的规则避免在公众面前暴露出他受欢迎的形象和他的实际政策之间的差距，尤其是在电视荧幕上。③

20 世纪六七十年代，越南战争和水门事件带来了美国公众对政治的“信任鸿沟”。由于受到理论与实践的双重挑战，解释性报道、新新闻主义、鼓吹新闻、调查性报告、精确新闻学、服务新闻学、公共新闻学各领风骚十数载，新的报道观的出现都是基于对纯客观报道的失望并试图对相关理念进行修正。其中，最为严重的挑战有两次：一次是 20 世纪 60 年代新新闻学及新左派批判对新闻客观性的全面反击；另一次是 20 世纪 90 年代在美国兴起的公民新闻运动提出的新的挑战。此类挑战，

---

① 杨杨：《关于“新闻客观性”的历史认识》，辽宁大学硕士学位论文，2011 年。

② 郭镇之：《“客观新闻学”》，《新闻与传播研究》1998 年第 12 期。

③ ［加］罗伯特·哈克特、赵月枝著，周雨译：《客观性的演变：从实证主义到消极性新闻》，《国际新闻界》1998 年第 5 期。

试图从根本上颠覆新闻客观性的认识论基石，一时之间引得新闻传播学界论争不休。①

在这种情景之下，职业目标本身都变得虚无起来，对作为美国新闻界职业理想的“客观性法则”恪守不渝的信念开始动摇，一种被称为“新新闻主义”的报道方式也出现了。新新闻主义关注的是在公开的新闻事件背后的内幕和幕后的情况，并以独特的主观方式观察，以文学化的笔法报道。这种评论式的报道方法很有感染力，但也带来对“新闻”本质的争议以及“小报式”的煽情主义倾向和新闻的娱乐化弊端。

一些学者开始在批判文化运动的浪潮中进行反思：“我们所奉行的所谓客观性的僵硬公式，以我们那种平铺直叙、单一层面的处理手法，使谎言和真相受到同样的重视，并相互颉抗；把傻瓜的影响力提高到与睿智之士同一水平，无知者与饱学者地位相等，罪恶与善良也无所差别。”如此看来，“客观性法则”的僵化、教条和滥用，在某种意义上已经阻碍了新闻业所应承担的社会责任。毕竟，在“维护人类自由和社会进步的原则”之下，“客观”并不是新闻业的唯一目的。图 11－2 描绘了新闻客观性从产生之初就在不断的批判中螺旋式演进的过程：②

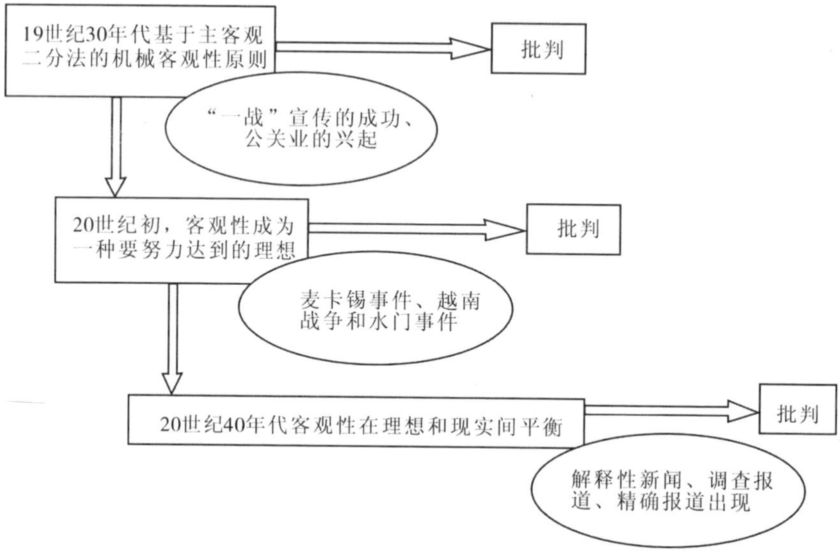

图 11－2　新闻客观性的螺旋式演进过程

① 吴飞：《迷思与坚守——反思新闻客观性》，《杭州师范大学学报》2008 年第 9 期。

② 吕亚进：《关于中西方新闻客观性的探讨》，华中师范大学硕士学位论文，2004 年。

二、新闻客观性的困境

针对现代主义对理性的、绝对的、客观的真理的迷信，后现代主义得出的是推向相反的结论，即对任何“所谓事实”都持怀疑态度：世界上没有科学的或绝对的认识，因此，一切认识最终只可能是一种主观话语或表象，而任何“事实”也只可能是一种话语、一种表象或是某一方的观点。事实最终只不过是某种主观建构或话语。也许正是在这一思潮的影响下，学界对新闻报道的客观性问题也提出了反思，一些人认为客观报道充其量是一种职业理想，因为客观性是既难以衡量又难以达到的，也有人认为“客观性是一个迷思”。大体上说，对客观新闻学的挑战主要有两点：一是认为新闻报道难以做到客观；二是认为新闻报道没有必要客观。①

1. 新闻报道难以客观

新闻报道之所以不客观，是因为客观报道难为，这是客观报道的现实困境。这主要体现在如下几个方面：

其一，从社会体系看，社会对新闻界存在多方面的控制。

新闻常常会受到社会多方面力量的控制，比如政府、金融界、公共舆论等。即使是西方国家，在战争期间“客观性”也很难实现。例如，在海湾战争和阿富汗战争中，美国传媒的报道就明显失之偏颇。

客观性与资本主义的商业逻辑、技术发展乃至国家意识之间存在着机制上的联系。商业逻辑下的新闻首先要快速、便宜地卖给消费者，然后把消费者的注意力卖给广告商，在这一过程中，新闻成了用来吸引消费者的“副产品”。经济的压力一方面使新闻内容趋同，另一方面助长了新闻的去政治化，并由此助长了消费主义的盛行。新闻成了从市场上获取利润的一种手段，而不是一种文化或政治价值的体现。有人说商业逻辑的最终结果是媒体的集中和垄断，在美国，六家大公司几乎统治了美国所有的大众传媒，他们“挣得越来越多，报道得越来越少”。

其二，从人类认知能力来看，新闻报道亦难以做到客观。

人的实践和认识所达到的地方，人的所有的对象世界，以至于人类生活于其中的整个自然界，都必定是被“人化”了的对象，从这一意义上说，“纯客观”当然就不可能了。绝大多数事实似乎都在某种程度上经过了有意的加工。人们对事实的认识取决于人们所处的地位和观察习惯。即使是目击者也不可能原原本本地再现事件的全貌。因为经验似乎表明，他本人会对事后减弱的现场印象做些添枝加叶的处理。在李普曼看来，新闻和真相并非同一回事，新闻的作用在于突出一个事件，而真相的作用则是揭示隐藏的事实，确立其相互关系，描绘出人们可以在其中采取行动的真实画面。②

① 吴飞：《迷思与坚守——反思新闻客观性》，《杭州师范大学学报》2008 年第 9 期。

② ［美］李普曼著，阎克文等译：《公众舆论》，上海人民出版社 2002 年版，第 283 页。

有人说，只有很小的婴儿或成人中的精神病人才会立即全身心地投入到他们的各种经验之中，而且只有精神病人才能完全不为周围的事物所动。成年人的行为通常介于这两种极端之间。从这一意义上说，新闻报道者在其报道中带入他的感情和意见就不是什么意外之事了，何况新闻记者面对的是越来越复杂的世界，他们只能看到较小的一部分事实。记者在取舍材料的时候就表达了他的主观意志。当事件创造了新闻时，新闻也同时创造了事件。换言之，事件提供了足够的事实，任由记者以各种可能的“公式”去叙述。所以，记者并非单纯地把世界“照”给读者看，读者所看到的，只是记者所注意到的那一部分世界。

除了作者建构文本无法达到冷静的客观外，在另一个层面，受众也无法透过作者建构的文本，而解读出客观的意义。被建构的新闻文本已经成为另一种“客观事实”了，受众通过解码，其文本可能派生出连作者本人也无法预见的意义。“言者无心，听者有意”，传播符号本身所具有的意义的任意性，让客观性的陈述成为另一道难题。

其三，从新闻媒体组织的权力结构和文化角度来看，客观性也是很难做到的。

客观性原则虽然要求报道必须针对事实且坚守中立，新闻机构却和任何其他的社会组织一样，有其组织内的权力结构与文化。身处其中的新闻工作人员，很难为了坚持专业理念而完全置身事外。

(1) 新闻并不能完全客观地反映真实，如镜子之反映影像一般，只能按它的组织运作过程写照部分事实。在实践中，新闻客观性理念由“作为理念的客观性”蜕变为“作为方法的客观性”。第一，社会科学是通过学术刊物针对特殊的对象传播，新闻业面对的是各种背景、兴趣和不同知识程度的“大众”，因此，对于媒介管理者和新闻记者来说，客观报道是一种明智的策略，以便不冒犯观点与意识形态各异的受众。第二，发掘“新闻背后的新闻”，愿望固然不错，但无论是人力资源还是花费，都远远高于一般报道，而收到的回报未必水涨船高。加上美国的绝大多数大众媒介处于垄断地位，压根就没有必要不断折腾而改变自己的现有面貌。第三，客观报道也是新闻组织生产，比如时间限制、人力分配、版面分配等的要求。第四，绝大多数新闻记者是通才而不是“专家”，他们无法判断或分辨信源（通常是专家）所提供的内容、意见，尤其是一些复杂事件的真实性，他们不得不只述不评，以客观陈述来避开价值评判。这与社会科学的研究是两股道上的车。

(2) 新闻机构的主管即使不任意发号施令，他们的要求却往往透过各种形式的规则或赏罚，内化于新闻工作人员心中；新闻的选择、处理，经常是基于包括报社上层想要些什么之类的“编辑室期望”，而不是基于公众需要知道些什么的想法。报社及新闻同仁的双重压力，往往影响记者的行事准则。此外，如果记者不感兴趣，那么信息就传不出去，记者成了精神活动与公众之间的“过滤器”。记者们不再满足于仅仅传播信息，他们要生产信息、制造信息。同时，他们也的确有能力炒热事件，有能力将自己关注的问题以及对这些问题的思考强加于公众。

（3）一般受众平常无法接触新闻工作者，而诸如新闻来源之类才是经常对组织以及传播流程产生决定性影响的“参考团体”。这些团体所提供的“公共资讯”经常因其组织有所偏颇，而企图影响新闻记者采信以成为重要且可信的新闻课题。正如一些学者指出的，新闻来源心怀目的地把“事实”“喂”给新闻界，以期影响甚至控制报纸的报道。有学者认为，记者无法做到超脱、毫无偏见、没有成见和无所不知。记者必须选择、组织和摆布事实，这是新闻的属性。从头到脚，新闻业都是主观的事业。记者是主观的、受个人条件限制的，只能给受众提供真实情况的肤浅介绍而已。

2. 新闻报道不必客观

也有人认为新闻报道不必客观，这种认识多将新闻媒体当作是国家或者政党利益的维护工具。所以当国与国之间有争端，党派之间存在冲突时，媒体被要求与主流意识形态保持高度的一致，不允许媒体的独立性。

“真理”的繁荣不是出现在真知的辩证思潮中，而是出现在权力动机的气候中，一个精神贫瘠、教条僵化、信条严格而不能改变的世界必然会导致无信条的专制。这是一个充满禁律、限制和命令的世界，在这个世界中，文化政策主要意味着文化控制。所以，我们可以理解，为什么在一些国家新闻的客观性会成为一种对付批判的说辞。因为在某些社会体制下，新闻媒体必须承担宣传政府观念的义务，新闻媒体不是，也不可能是社会公器。新闻的客观性一旦与宣传的宗旨相违时，就必须后退。有媒体领导就这样认为：虽然新闻从业者应坚持客观性，但要求他们完全摒弃立场是不可能的。因为媒体要有导向性，其中还包括国家利益至上与新闻客观性的冲突。如关于俄罗斯大选，《参考消息》刊登了西方百般抹黑俄罗斯大选的报道，这是由西方媒体所处的立场决定的。而《参考消息》这则报道所反映的是该报的立场。

当客观报道被麦卡锡之类的人充分利用而人们忽然发现客观报道理念本身存在天然的不足——轻率、肤浅时，一些自由主义者为媒体开出的药方也是新闻不必客观。他们要求媒体提供解释性报道、深度的分析性报道以及以感性为基础的新新闻主义。在这样的报道模式中，客观性已经退守，人的感觉、感性和主观面得到了张扬。一时之间，客观性原则似乎成为不再被需要的过时教条，新闻报道也不再必须客观了。站在这一角度，我们可能不得不同意社会建构论者的观点，他们认为：“社会生活中许多被我们理所当然地认为是客观的或必然的东西，实际上是通过社会关系和社会行为而‘建构’起来的。”

三、新闻客观性的意义

无论是中国还是外国，“客观”已经成为新闻从业人员信仰体系中一个不可或缺的部分，不仅是他们从事新闻工作的指导哲学，而且已成为他们观念中的一个重要因素。沃尔特·李普曼就明确指出，在现代客观新闻及它所需的甘愿献身于挖掘真理的记者被成功创造出来之前，新闻报道还不能完全称为一种职业。这也似乎表明，新闻工作的专业性的要求之一，就是追求客观性的目标；愈努力追求客观性，与目标相距也就愈近。客观性已经成为“新闻从业者的职业意识”，其实，这也是公众对媒体的期望，因为虽然公众没有一个明确的客观性定义，但他们对一条“好的新闻”与一条“坏的新闻”的评价中，常常会以“报道是否客观”作为一个基本依据。

新闻报道所追求的客观应是信息的客观而非理论认识与哲学意义上的客观，而这种相对客观经过努力仍有可能达到，以及在其操作要领中除功利主义色彩之外，更多的恐怕也还在于对新闻业的自我规范与自我约束。新闻客观性不是信奉事实信念的最后表述，而是要维护一个为这个连事实都不能相信的世界所设计的一个方法。从这个意义上说，客观性是现代失落感的一种需要和抚慰。需要指出的是，批评客观性，并非要抛弃讲述事实的新闻传统，而是通过对这一概念的反思和批判，理解其复杂性。我们不能回到肤浅的、幼稚的纯客观主义，但要求记者摒弃和克服自己的偏见、努力进行忠实的报道，总是利大于弊的。批评新闻客观性，目的是要争取更加好的客观性，就像在科学研究中一样——严格训练地观察、深入研究，在承认利益与前提可能影响新闻生产的基础上，真正克服它。

尽管客观报道原则和客观报道方法并不具有普遍的有效性和广泛的适应性，但对于新闻工作者来说，舍此似别无良法。因为首先新闻传媒缺乏人力、财力和时间，这就决定了新闻传播媒介只能快速地传播新闻，失之偏颇、粗浅在所难免。其次，避免触犯受众中的某一部分人，以及引起意识形态和社会产生不合的种种问题。客观性是避免这类问题的挡箭牌。再次，挑选证据和判断真实情况非常困难。最后，记者在许多领域缺乏专门知识，只能全心全意客观报道，忠实记录他人的看法和判断。此外，记者不会将他们自己的经验上升到理论框架里去。因此，他们只能对报道中事实的客观性负责。

每个人实践新闻客观性的能力有差距，有些从业者只能看到现象的表面，而看不到本质，导致新闻报道细节客观，而本质不客观。当前新闻业界不客观报道，主要是以偏概全的问题，很多报道往往攻其一点、不及其余，不能反映社会全貌。此外，存在少量假新闻和夸大其辞的报道。新闻界必须培养更多具有较高认知层次、能够融会贯通，并评估新闻资料的记者及编辑，以取代一些纯粹以汇集、报道新闻为主的一般新闻人员，而这将会大幅度提高新闻制作的成本。因此，在社会大众或者其他人（例如政府）愿意提供必要的经济支援之前，我们只得继续仰赖低成本的新闻。单就这一原因，“客观性”恐怕仍将是新闻业最主要的一项专业准则。“客观性法则”的存在虽未见得会给新闻业带来更大的好处，但若不存在，则一定更糟。

中国和美国历来都有实用主义的土壤，对权威的不信任和盲从，从来都是国人的矛盾心理。在中国从威权政治和计划经济向民主政治和市场经济转型、新闻媒介从传统的党政“喉舌”向大众“喉舌”转型的历史时期，新闻客观性无疑具有重要的含义。新闻客观性在当今中国已经引起了越来越多新闻学者的注意，其原则也已经被许许多多专业工作者自觉地遵从。例如，中央电视台《焦点访谈》栏目的定位语（“用事实说话”）便是与新闻客观性殊途同归的认识、不谋而合的表述。虽然不主张抛弃“客观性”的旗帜，但更寄希望于大众参与的公共新闻，寄希望于制度改革者的不懈努力。而对于负责任的媒介从业者而言，新闻既不可能是纯客观的，也不应该是消极被动、无所作为的。新闻客观性的一些操作方法在当今中国仍具有积极的实践意义。①

第三节　客观报道

一、客观报道的模式

众所周知，新闻报道的客观性往往有多重层次的涵义。一般来说，在事实与价值分开的主旨之下，客观性原理可以分成原则要求和执行手段两个层面。后者也就是新闻记者在新闻报道实践中真正实施、使用的手段和技术，我们通常称之为“客观报道”。“客观报道”的实际操作策略可以概括为以下几种模式或仪式：②

1. 5W1H

“5W1H”是客观性新闻包含的基本要素：何人（Who）、何事（What）、何地（Where）、何时（When）、何故（Why）、如何（How）等，也称为新闻“六何”，它是记者多年来一直沿用的简单记忆法和报道形式。“5W1H ”的写作方式据说发生于美国内战期间，到了 1892 年，这种采用“何人、何事、何时与何地如何”的新闻导语，在报界变得更为流行。

对“5W1H”最常见的批评是指责“六何”的写作方式，认为这种方式忽略了揭示新闻事件的意义，并不能充分满足受众的信息需求。另有批评说“六何”方式往往报道片断事实，造成信息支离破碎，缺乏历史脉络。还有批评认为这种报道方式只重事件和表象，不注重事件的根本和结构等问题。有学者把这种以新闻事件为主的报道趋势称为“冰山理论”，即新闻媒介每天观察地方社区及国家，搜寻危险的信号，就像雷达在海面照射冰山的顶端示警一样，记者在没有帮助的情况下，只能描述冰山的顶端，而对沉在海底的冰山的主要部分，未能注意，因此无法描述。

2. 事实与意见分开

记者的主要任务是记录事实。当然，记者同时也可以是评论家，但必须把评论与事实分开。新闻报道必须遵循全世界新闻业崇尚的标准：尽可能报道全面、接近

---

① 郭镇之：《揭密新闻客观性的制度神话——解读〈维系民主？西方政治与新闻客观性〉》，《现代传播》2005 年第 5 期。

② 许燕：《“客观报道”六种策略仪式》，《新闻知识》2006 年第 6 期。

和清晰的事实，尽可能让读者自己得出结论。也有人提出，新闻报道者与评论者也应分开。也就是说“事实与意见分开”的观点扩展到新闻部门，就是报纸的评论部门和新闻报道部门应区别对待。《华盛顿邮报》社论版主编弗雷德·哈亚特说：“我知道在英格兰有一些报纸，他们的记者有时写报道，有时也写社论，我个人认为这不是一种健康的模式，因为，我们还是举个例子吧，比如，昨天邮报的社论有一篇关于雅虎在中国的做法的文章（指《雅虎的中国让步》），指出在对待当地法规方面，雅虎在中国和法国各有一套对策。假如这篇社论出自一个记者的手笔，而他明天还要继续采访雅虎或中国新闻，那么，在他联络雅虎或中国大使馆寻求帮助的时候，对方就会反问，我们凭什么要回答你的问题呢？我们都知道你对我们有意见，你做报道的时候一定没法做到公平公正——这一反应是很自然的。所以，报道雅虎的人应该和评论雅虎的人分开。”①

事实与意见分开，也存在一些缺陷。一些学者认为，选取事实本身也是一种价值判断、一种意见，那么显而易见，事实与意见难以分开。还有人说，按照倒金字塔写作的话，无论哪一段写在前面，其实就已经代表了一种价值判断，而且这样做会导致记者揣摩编辑的好恶。

3. 呈现正反双方意见

这种报道方式的建立，源于美国特殊的政治语境。美国政界一直是两党制传统，因此民主党和共和党之间的矛盾冲突造成了美国中立报纸必然选择平衡的方式进行报道。此外，这种报道方式也与当时人们的认识能力有关，当时承继启蒙二元理性思想的美国民众对世界也抱有两面性的看法，这种观念也催生了新闻报道中正反都要报道的平衡意识。随着世界的变化，多元文化的产生，如今的两面都要报道扩展为多面报道，尤其要注意反映少数人和弱者的声音，照顾到多种力量的博弈关系。

对这种报道的批评认为，许多事实都不仅仅只有正反两个方面，所以这种报道方式有遗漏。还有人批评说，正反并陈可能有利于说谎者。如果正反两种意见同时出现了，记者假如只照着事实报道，发表意见的人们中，谁的声浪大，谁便占了便宜。如果对新闻报道必须进行核实但又不可能，那么新闻记者必须诉诸平衡其他可能的事实主张。很明显，在一个议题上提供每一个观点是不可能的，所以通常只是同一受众在一段时间里应该接收到多样性的观点。

4. 在报道中提出证据，证明报道为真

当一条新闻能够被某些原始记载加以对照证实，那么它就是客观的。当然记者偶尔也可以提出证据，证明他所报道的是真实事件。例如，记者在报道某位音乐家逝世的消息中，称这位音乐家是一代音乐大师。编辑可能马上会要求记者提出证据证明他是一位音乐大师，而非普通乐师，在这种情形下，如果记者能提出其他事实

---

① 成爱君：《记者应善用客观报道手法》，《传媒观察》2004年第7期。

（如这位音乐家曾担任英国皇家交响乐团的指挥），那么他的编辑将会同意在新闻中把这位乐师称作一代音乐大师，因为事实已经自我表明。

为了充实任何一种事实，新闻记者收集个别事实组成的整个“网络”，彼此证实。对提出证据这一点也有不同的观点，有学者认为，由于新闻记者往往选择权威信源进行举证，这样的证实通常强化了合法机关权威，有利于既存秩序的稳固。此外，这种报道方式也往往以既存秩序为同意底线，拒绝审查基本权力结构和特权。

5. 使用引语，说明信源

“合理使用引号”是一种新闻记者提出证据的方式，以便能在报道中保持客观，让事实自我表明。在新闻报道中，引号是被用于把信息归因于来源，并且保护记者避免插入自己主观断言的技术装置。一般认为，将引言和信息出处编织进新闻报道，会使新闻报道获得生命力和可信度。新闻记者可能寻找和借助信息来源，说出他们自己不能说的话，尤其是有关潜在的含意或来源的重要主张。

引语的使用要求有：①原原本本采用说话者本人的语言。②语句尽量完整。③为避免模糊或乏味，记者要努力寻求转述和直接引用之间的平衡，同时要注意在转述时不做错误或误导性的假设。如果对其话意不确定，就一定要核查。《美联社凡例》对使用引言定了很高的标准：①尽可能避免转述累赘的语言。②在语境中使用引言，以显示一句评论是为了表示幽默或推测。③不要为纠正语法或用词不当而修改引言。④不要用俚语的书写形式。所有的引语都必须写明信源，转述的信息也需写明出处。使用信源说明显示出记者从哪里获得信息，从而增加报道的可信度，这能使读者考虑和判断信息的来源。这种做法，也把信息的责任放到被引用者或书面材料那里，使记者或新闻机构避免了诉讼风险。

要求指明新闻来源的传统做法，早在十六七世纪，印刷新闻尚未取代手抄新闻稿的时代，即已存在。对于信源问题，最典型的案例当属《华盛顿邮报》的记者库克，她在 1981 年因为《吉姆的世界》一文获得普利策奖。她声称吉姆的母亲不愿意接受采访，因此编辑允许库克在文章中隐去吉姆母亲的姓名。但人们后来的质疑迫使她承认该故事其实是虚构的，最终被取消普利策奖。这一事故导致美国新闻界很多人开始反对使用匿名新闻源。但与之相反的是《华盛顿邮报》关于水门事件的报道，这些令尼克松总统辞职的新闻报道正是依靠了匿名新闻源。

新闻客观性对引语、信源的操作习惯，不乏诟病。因为记者采访新闻时，有时非但无法辨认信息真伪，也难以深入了解事件背景成因，这就很容易受消息来源的摆布，造成报道错误。除此之外，一些人担心引语信源的使用可能造成“精英主义”倾向——由于时间、资源及技巧的限制，记者过分依赖社会精英提供消息及意见，因此新闻报道所反映的大多是社会上层结构的意识形态。此外，还有意见认为，使用引句还可能造成断章取义，而且消息来源可能利用或欺骗记者等。

6. 倒金字塔结构

这是最常见的报道形式之一。这种结构先用概括式的导语叙述事件焦点，然后在正文中按照重要性递减的顺序补充支持性信息，是硬性新闻报道最常用的写作形式之一。因为记者不是选择主观引导，而是追随标准化、公式化地写作新闻故事，所以这一结构表示了客观性。

倒金字塔式报道对报道的组织不是按观点或时间顺序，而是依照事实。它衡量并理清各条信息，只以惊人的简单思维方式关注它们的相对新闻价值。这种结构的优点在于读者可以迅速地从文章中找到关键信息，缺点是读者在读完关键信息之后可能就不再读下去了，而且这种模式的首段内容往往会和标题重复。此外，这种写作模式比较固定死板，无形中限制了记者的创造力，使记者的写作技巧不容易发挥，使新闻的可读性受到影响。也有人注意到这种写作格式使记者在写稿时，必须不断地运用他个人的价值判断来选择最重要的事实，并推测编辑的喜好。因此，这种用个人价值判断来选择新闻重点的写作格式，或许是表现客观性做法中问题最严重的一个。

从以上的总结可以看出，客观性原理在实践过程中已经有相当多的历史和经验，这些概念的界定基本被公认，具体的操作方法也已有了细致的要求，而且人们对其存在的问题和弊病也保留了相对清醒的认识。需要强调的是，在进行具体操作的时候，这些职业规范下的策略仪式，也会因为僵化和滞后而造成一些问题。比如操作定式过于理性、违反人性，操作手段不完善、有生搬硬套的嫌疑等。鉴于各种批评和建议，在实施客观报道的具体方法的时候，首先应当承认新闻报道确实难以客观，承认每人皆有偏见，然后力求降低偏见、尽可能客观。其次，在进行新闻报道时要牢记客观报道可能出错的几个环节，注意避免犯错；时时反省这样的报道对谁有利、对谁不利、会伤害到谁。通过这样不断地反思和检讨，才能真正达到客观报道的主旨——传递真实信息。①

二、新闻客观性理念的继承和发展

20 世纪以来，客观新闻思潮在遭受方方面面质疑的同时，也得到进一步拓展。解释性报道、调查性报道、精确新闻报道等都是对新闻的客观性理念的继承和发展，开拓了客观新闻思潮发展的道路。②

1. 解释性报道

所谓解释性报道，即把今天的事件置于昨天的背景之下，从而揭示它对明天的意义，将解释性内容小心地插入双方的观点和新闻报道之间，把新闻置于一个适当的环境中，并用另外相关的背景材料将其装备起来，仍属于客观性的一种报道方法，它意味着为读者解释、详述并分清形势。就像哈钦斯委员会在 1947 年所提出的，记者不应仅仅如实地报道事实，还应该报道出事实背后的真相。

---

① 许燕：《“客观报道”六种策略仪式》，《新闻知识》2006 年第 6 期。

② 刘灿璨：《客观新闻思潮论》，湖南大学硕士学位论文，2007 年。

新闻学者沃尔特·福克斯在《写新闻》一书中认为，在现代社会，记者必须成为分析家。“为了满足不断要求深入了解新闻的读者的需求，作为分析家，记者必须透过事件的表面探索其根源。一位欧洲政治家总是这样要求自己的下属：‘不要对我说出了什么事，而要对我说这意味着什么！’这句话，已经成了现代新闻记者的座右铭。”①

解释性报道的出现，是人们为理解扑朔迷离的社会利益关系，面对复杂痛苦的社会生活而找寻到的一个出口。20世纪三四十年代，解释性报道开始在美国勃兴，并于20世纪60年代在报纸上占据主导地位，新闻报道进入崭新的解释性的时代。在劳工新闻、科技新闻、医学新闻、农业新闻等不同领域的新闻报道中，解释性报道都上升到了十分突出的地位。

对于解释性报道的认识、解释性报道与客观报道的关系等问题，曾任职于《纽约时报》、CBS、战时新闻局的戴维斯曾提出“三度空间”的解释性报道，即“三度空间报道”。他表示，了解到记者明知官员在撒谎，却不能在报道中点明的挫折感。他认为纯事实是不够的，记者要小心翼翼地，走在不负责任的客观与主观之间，这样的三度空间的解释性报道才比较能切近真理。② 他的认识，对解释性报道拓宽新闻客观性的应用领域，记者平衡新闻报道中的客观性与主观性，发展新闻客观性，做出了正确引导。

可以说，解释性报道不同于新新闻主义报道对客观报道的根本性反叛，解释性报道是从属于并受制于新闻的客观性的，是对客观新闻思潮的拓展。解释性报道中的解释也有公正、平衡等的要求，新闻客观性已经重新定义为包含解释的客观性。1951年，权威性的《基督教科学箴言报》就在一篇有关解释性的头版连载中指出，“解释必须正直、博识、明了、平衡、独立，这些只有在严格的新闻客观性中才得以保证”③。

从实践上看，那种把直接报道当作客观性的实践是过时的、肤浅的，对新闻客观性的实践发展是一种误导，而解释性报道使新闻客观性的形式更加全面和深刻。有人提出解释性并不是诋毁客观性，“但如果新闻界想要起到在一个最终由民众决定的民主政体中所应起到的作用的话，读者有权看到以他能够理解的形式出现的客观性（报道）”④。

总的来说，20世纪以来，美国社会日益成为一个存在复杂利益关系的强权政治的巨大竞技场，传统的纯粹的客观报道已经满足不了新时期的需要，新的社会历史

---

① 姚福申：《新时期中国新闻传播评述》，复旦大学出版社2002年版，第444页。

② 彭家发：《新闻客观性原理》，三民书局1994年版，第46~47页。

③ ［加］罗伯特·哈克特、赵月枝著，沈荟、周雨译：《维系民主？西方政治与新闻客观性》，清华大学出版社2005年版，第26页。

④ ［加］罗伯特·哈克特、赵月枝著，沈荟、周雨译：《维系民主？西方政治与新闻客观性》，清华大学出版社2005年版，第25页。

条件对新闻从业者也提出了新的要求。面对种种冲击和挑战，解释性报道适时而起，使得处在风雨飘摇中的客观新闻思潮仍然继续顽强地涌动着。新闻的客观性随着时代的发展，随着解释性报道的兴起，得到进一步拓展。①

2. 调查性报道

所谓调查性报道，指的是利用长时间内积累起来的足够的消息来源和文件，向公众提供对某一事件的强有力的解释，它告诉公众的，不是简单的、表面的事实，而是新闻工作者积极参与、深入发掘的结果，是以思想和观点为导向、以隐藏的内幕为内容的对重大事实的揭露。调查性报道可以追溯到19世纪末20世纪初的美国进步运动时代，源于揭露黑暗的黑幕揭发传统。作为维护社会公义的新兴力量，不遗余力地揭示美国社会的各种不公、政治争论或程序上所隐藏的事实是从事调查性报道记者们的信念。

20世纪六七十年代，一大批调查性报道、调查性报道记者涌现出来。其中比较著名的调查性报道和调查性报道记者有：西摩·赫什揭露越南美莱屠杀的真相并及时加入《纽约时报》调查中央情报局的问题；《洛杉矶时报》的杰克·纳尔逊帮助消除了联邦调查局局长J. 埃德加·胡佛的神话；《华盛顿邮报》的鲍勃·伍德沃德和卡尔·伯恩斯坦以调查性报道的方式揭露水门大厦窃听事件的真相，甚至直接导致尼克松总统下台，这一报道也堪称美国新闻史上调查性报道的巅峰之作。

调查报道小组在众多报纸的成立，进一步促进了调查性报道的广泛开展。调查性报道的内容深入到或危险或强权或弱势的方方面面，包括犯罪集团、腐败政客、五角大楼、联邦调查局、卡车司机工会等。1969年，“调查报道基金会”成立，该组织以调查“对影响大众生活深远的事件，增进大众对其复杂、隐藏、晦暗面的了解”为宗旨，鼓励记者“挖掘官方渎职，或任何做出伤害大众之事的机构”②。1975年，另一个组织“调查报道记者及编辑协会”成立，也在一定程度上加强了调查性报道记者之间的联系，更好地推动了调查性报道的发展。如今，调查性报道在新闻报道方式中，已占有牢固地位，对推动客观报道传统的发展产生着积极的作用。

表面上看，虽然调查性报道与客观报道的做法是有所冲突的，但是追根究底，调查性报道是对客观报道的突破，是客观新闻思潮得到拓展的一种表现。对于调查性报道与传统客观报道的不同，有人提出，“假如说，新闻文学与传统报道的分野在于一个热情，一个冰冷；调查性报道和传统客观报道的分野则在于一个主动积极，一个被动”③。这样一番话是有它的道理的。

---

① 刘灿璨：《客观新闻思潮论》，湖南大学硕士学位论文，2007年。

② ［美］迈克尔·舒德森著，何颖怡译：《探索新闻：美国报业社会史》，远流出版事业股份有限公司1993年版，第193页。

③ ［美］迈克尔·舒德森著，何颖怡译：《探索新闻：美国报业社会史》，远流出版事业股份有限公司1993年版，第191~192页。

调查性报道实际上是对客观报道的扬弃。传统的客观报道推崇直接的报道，是一种纯新闻的报道方式。在被动地记录事实的方式下，才使新闻报道偏离客观公正的轨道，导致了麦卡锡之类事件的发生。而调查性报道虽然有更多主观的参与，少了一些表面的客观，却是在用一种主动积极的方式追求新闻客观性的真谛。调查性报道的出现和兴起，使客观报道更好地适应时代发展的需要，使人们重新认识了何谓新闻报道的客观性，对于推动西方新闻客观思潮的继续发展产生了积极意义。① 总的来说，调查性报道虽然抱有批判性的目的，但总体上仍保持了客观性的特征。正如一位新闻记者所说，为了保证遵从客观性规则，并且使它们看起来完全是客观的，调查性报道在实际工作中受到了极其仔细的检查。②

随着调查性报道的发展，它并不是背离了新闻的客观性，而是朝着新闻客观性的特定方向发展，调查性报道中那些有违客观性精神的方面被边缘化了，它开创了客观报道的新纪元。③ 同时，一种特别注重技术及其客观性的社会调查性新闻发展起来，这就是精确新闻主义。精确新闻主义采用社会学的研究方法，进行定量分析，专门以“硬数据”作为新闻报道的内容，以体现新闻报道的客观性和精确性，更加强化了新闻的“客观性”特征。

3. 精确新闻报道

解释性报道、新新闻思潮和调查性报道都不拒绝将个体的态度、意见等与新闻事实分开，因此从某种意义上来说，它们都或多或少地偏离了客观报道的理念。其中，新新闻主义走得最远，几乎与客观性原则背道而驰。如果说个体分析是解释性报道的核心观念，打破了客观报道所要求的将意见和事实分开的基本原则；调查性报道尽管强调科学、准确地还原事实真相，但由于种种原因，也带有深刻的个人烙印。那么在媒介学者看来，这些应对“复杂世界”的深度报道形式似乎都不尽如人意。如爱泼因斯坦所言，新闻记者如果想要成为真实的挖掘者，必须用一种系统性和科学性的方法来查证事实。④ 该方法在 20 世纪 60 年代末的美国悄然出现，这就是精确新闻报道。

1967 年，因种族歧视政策，先是洛杉矶，然后是纽马克和底特律市发生严重的黑人骚乱，黑人们走上街头与警察发生冲突。各种媒介都在现场做了大量报道。当时，对骚乱发生的原因有不同解释：其中一种是专栏作家的观点，认为骚乱者都是社会最底层的绝望沮丧的人群，因为他们没有其他渠道表达不满和改善生活。还有一种观点认为，由于南方压制和奴隶制传统的影响，骚乱者被迫成为被动的角色，

① 刘灿璨：《客观新闻思潮论》，湖南大学硕士学位论文，2007 年。

② ［加］罗伯特·哈克特、赵月枝著，沈荟、周雨译：《维系民主？西方政治与新闻客观性》，清华大学出版社 2005 年版，第 31 ~ 32 页。

③ 刘灿璨：《客观新闻思潮论》，湖南大学硕士学位论文，2007 年。

④ 罗文辉：《精确新闻报道》，三民书局 1991 年版，第 31 页。

因此，他们一旦离开南方，就找到了长期压抑后的发泄渠道。针对以上两种观点，供职于《底特律自由报》的记者迈耶和两位社会科学家着手进行问卷调查。针对第一种观点，他们做了以下假设：将骚乱者和非骚乱者进行比较，如果受教育程度低的人群更容易成为骚乱者，那么第一种观点就是正确的。然而经过调查，大学毕业的人与高中未毕业的人参与骚乱的可能性一样，所以第一种观点被证明为误。根据后一个观点，他们假设：来自南方的农民应该比土生土长的北方黑人更加频繁地参与骚乱。然而，他们所调查的100个骚乱者中，来自南方的只有8名，来自北方的有92名；而在100个非骚乱者中，南方的有25名，北方的只有75名。调查的结果也证明了第二种观点是错误的解释。这些调查结果发表于报纸上后，引起了各界关注，并因此获得普利策新闻奖。1993年，迈耶撰写了《精确新闻报道》一书，正式赋予这一报道形式正式称谓：用社会科学和行为科学的方法来报道新闻。①

1936年，《文学文摘》与盖洛普对总统大选进行的调查，引起了社会各界对科学抽样方法的重视。当时，《文学文摘》杂志根据电话本和汽车牌照登记簿上的地址，寄出1 000多万张模拟选票，共收回230多万张，根据调查结果预测两位候选人中兰登将击败罗斯福当选总统。然而，盖洛普认为其抽样存在问题，因为拥有电话和汽车的人员只能反映中上阶层民众的立场，不能代表总体。他按照科学的方法进行抽样，准确地预测罗斯福当选，数据只有7个点的误差。

1976年的美国选举标志着媒介举行的调查达到巅峰。几乎所有的媒体，包括许多地方媒体都自己开展问卷调查，作为选举报道中的关键因素。这一阶段有两大特色：一是由媒介自己实施的民意调查规模化、常态化；二是媒介联合调查开始出现，如CBS与《纽约时报》合作成立了公司，定期开展全国性的民意调查，美联社与NBC也进行了类似的合作。回顾美国精确新闻报道的发展史，不难看出，最重要的影响因素有四个：其一，民意调查的传统；其二，选举制度是催化剂；其三，根本原因是读者需求；其四，抽样技术和计算机技术的发展也是精确新闻报道进步的重要原因。②

但是，正如麦库姆斯等人所指出的那样，尽管民意调查如火如荼，但它也存在一些不足：比如社会科学的其他方法如参与式观察、内容分析等的使用非常少见；记者们尽管认可精确新闻报道的优势，但仍习惯于传统的报道方法；媒体组织对于问卷调查的使用也是良莠不齐。③在他看来，这与精确新闻报道的教育有关。

用一种“严格规定”的科学方法来维护新闻客观性，在这一点上，精确新闻报道与20世纪各种报道形式都区别了开来，科学方法提供了可以观察、测量、验证和命名的方法，这保证了科学探索形成一个周而复始的螺旋循环运动。提出有意义的、有价值的问题，然后通过科学的观察法来收集可靠的证据，最后给出答案、作出解

①②③ 章永宏：《重建客观：中国大陆精确新闻报道研究》，复旦大学博士学位论文，2012年。

释。科学认知的这种特殊性为精确新闻报道的实践者注入了理想，即科学的客观性以限制个体的主观性，从而维护新闻客观性。①

【思考题】

1. 如何认识新闻客观性的内涵？

2. 新闻客观性遇到过哪些批判？在今天坚持新闻客观性的意义是什么？

3. 客观报道的模式有哪些？

4. 为什么说解释性报道和调查性报道是对新闻客观性的继承和发展？

5. 什么是精确新闻？

【延伸阅读】

1. ［美］迈克尔·舒德森著，陈昌凤、常江译：《发掘新闻：美国报业的社会史》，北京：北京大学出版社 2009 年版。

2. ［美］沃尔特·李普曼著，阎克文等译：《公众典论》，上海：上海人民出版社 2006 年版。

3. 黄旦：《传者图像：新闻专业主义的建构与解构》，上海：复旦大学出版社 2005 年版。

4. 彭家发：《新闻客观性原理》，台北：三民书局 1994 年版。

5. ［加］罗伯特·哈克特、赵月枝著，沈荟、周雨译：《维系民主？西方政治与新闻客观性》，北京：清华大学出版社 2010 年版。

6. 陈力丹：《新闻理论十讲》，上海：复旦大学出版社 2008 年版。

① 章永宏：《重建客观：中国大陆精确新闻报道研究》，复旦大学博士学位论文，2012 年。

第十二章　新闻职业道德

第一节　新闻职业伦理

新闻传播业最早的传播形态是报纸，报业的发展并逐步成熟，在于其独立性的确立，使得报业在社会中成为一种正式并且得到人们认同的职业。① 因而记者成为一种职业，甚至是令人自豪的职业，并且也成立了记者组织。由此，新闻传播业作为一门行业，需要约束机制的规范，制定法律法规和职业道德条例是常规的规范模式。特别是依据新闻职业伦理道德进行自律，对新闻传播业的健康发展至关重要。

所谓新闻职业伦理，是指新闻传播业的行业道德规律或道德规范系统。不论是哪个国家、何种传媒制度，新闻从业人员或新闻媒体都应遵从新闻职业道德。但是不同时期或不同国家，新闻传播业的发展状况会有所不同，因此，针对现实新闻业发展状况的职业道德规范，也会随之改变。一般认为，新闻职业道德的发展，经历了同新闻传播业大致相同的发展阶段，有学者据此将新闻职业道德分为五个发展阶段：

第一，近现代报刊产生时期（17 世纪 20 年代）：新闻道德问题出现，新闻道德基本观念形成。

第二，政党报刊时代（18 世纪 70 年代）：政党报刊互相攻讦，新闻道德规范提出。

第三，大众报刊时代（19 世纪 30 年代）：新闻事业规范形成，职业道德完善。

第四，垄断报刊时代（20 世纪 20 年代）：产业化及媒介垄断对新闻职业道德的影响。

第五，新媒体和全球化时期（20 世纪 90 年代）：技术的发展对传播媒介和传播事业发展的影响不容忽视。②

可以说，不同阶段的新闻职业道德，其内涵是不一样的。比如当下，最引人关注的是，新闻职业道德已延伸至互联网传播，网络道德与现实道德之间的辩证统一关系，将会影响新闻职业道德规范的具体内容。

---

① 黄旦：《传者图像：新闻专业主义的建构与消解》，复旦大学出版社 2005 年版，第 30 页。

② 段京肃、陈堂发：《新闻职业道德形成和发展的基本线索》，《当代传播》2012 年第 1 期。

我们常说的新闻职业道德应当由两部分组成，即职业规范和职业道德标准。①前者是对新闻实践的技术性规范，后者是指社会公德对新闻传播业的要求。从中我们可以看出，新闻职业道德是一种自律，不同于他律的新闻法律法规。新闻传播业遵从新闻职业道德，加强自律，可以减少他律，尤其是在互联网传播环境下，自律是互联网等新媒体发展的一个重要原则。因为新闻自律与新闻自由是相辅相成的，只有新闻自律才能拥有新闻自由，想要获得更多的新闻自由，则必须坚守新闻自律。否则，没有自律，就会有他律，这样会更加约束新闻自由空间。可见，具有自由精神的互联网等新媒体传播，必须要有新闻自律。

今天，社会化媒体的兴起及传播的全球化，对新闻传播业来说，既是机遇，又是挑战，竞争压力前所未有，同时，传播权逐渐下移，互联网等新媒体应珍惜这一权利，用好这一权利，坚守新闻职业道德，避免受到法律法规等硬性管理。再者，新闻媒体如果要健康快速发展，必然要进一步强调新闻职业道德的坚守，抵制各种诱惑。新闻媒体是专业生产新闻产品的机构，不仅自身要遵从新闻职业道德，还要发挥专业媒体的职能，自觉揭穿各种虚假新闻和网络谣言，提升新闻质量，净化传播环境。

一般来说，新闻职业道德包括职业理念、职业态度、职业纪律、职业责任四个基本方面。②

职业理念涉及新闻工作的根本宗旨，即我们“为什么”、“为谁”从事新闻工作。黄旦通过对美国报业发展历史的考察，认为独立报业的确立，推动了新闻工作职业化，也奠定了新闻专业主义的基本理念，依据这一理念，新闻媒体是为公众服务，并反映民意。③ 陆晔、潘忠党在《成名的想象：中国社会转型过程中新闻从业者的专业主义话语建构》一文中，详细分析了我国传媒生态环境，并描绘了媒体人生存图景，认为我国新闻改革面临新的挑战，其核心就是新闻工作者如何应对商业营利、服务公众利益和政党宣传这三者之间的关系。毋庸讳言，我国实行党管媒体的制度，强调新闻的党性原则，但从根本上讲，党性和人民性是统一的。因此，新闻传播业应该是为公众提供信息服务的行业，应树立为公众利益服务的理念，这也就是“为人民服务”理念的体现。从新闻专业主义的基本理念出发，新闻从业人员的职业诉求是值得肯定的，但这一诉求的根本目的还是要为公众利益服务，如果与公众利益相冲突，则应该坚守为公众利益服务的理念，不能损害他人或公众利益来完成自己的工作。2005 年 5 月 10 日，福建省厦门市《东南快报》的一名记者，为拍到有新闻价值的照片，料定被水淹没的路上有个坑会让行人摔倒，他在那里守候近一小时终于拍到一骑车路人摔倒瞬间的照片（见图 12－1）。

---

① 陈力丹：《新闻理论十讲》，复旦大学出版社 2008 年版，第 237 页。

② 李良荣：《新闻学概论》，复旦大学出版社 2001 年版，第 285 页。

③ 黄旦：《传者图像：新闻专业主义的建构与消解》，复旦大学出版社 2005 年版，第 32 页。

图 12－1　记者守候路边抓拍骑车人摔倒瞬间

这件事导致了人们的争论，一部分人认为该记者很“职业”，另一部分人认为该记者缺乏新闻职业道德，谈何职业？最终，后一种意见占据主导地位。可见，新闻传播业不能为公众利益服务，不能使他人免于伤害，是不符合新闻职业道德的，新闻职业理念必须明确这点。但学者展江认为这是两难问题：

因为公众对正常发生的事情一般不太感兴趣。如果只拍一个坑，很难让大家觉得这个地方很危险，要引起公众的阅读欲和重视程度，就需要一些冲击力强的照片。冲击力强的照片怎么得来？首先不能摆拍，但等待新闻事件发生又损坏了公众心目中记者的职业形象，平衡点很难掌握。①

职业态度是指新闻工作必须严肃、严谨、认真、踏实。随着通信网络的发展，获取信息的渠道和手段越来越便捷，这导致有的记者不用去实地采访，就能很快得到“采访资料”。因此，一些新闻从业人员“双脚不接地气”，写稿就是汇编资料，写出的稿件无法体现新闻现场的细节，容易造成新闻失真，缺乏应有的职业态度。针对新闻传播业的不良现状，中央相关部委倡导“走基层、转作风、改文风”活

① 李湘荃：《一组照片引发网民热议记者职业伦理》，《北京青年报》，2005 年 5 月 11 日 A13 版。

动，全国新闻媒体认真贯彻执行了这一活动，端正了新闻工作态度，也写出了一批有深度、有影响力的新闻稿件。如《人民日报》在“走转改”活动中，从报社领导到普通记者，都积极深入基层，采写了大量含有泥土气息的基层报道，甚至连《人民日报》评论员都积极践行“走转改”活动，写出了一系列评论员文章：《带着感情走基层》、《带着思考走基层》、《带着追求走基层》、《带着真诚走基层》、《带着信心走基层》等。但严格来说，“走转改”活动不是新闻传播业的自发自觉行为，还是依靠他律而启动的。新闻职业道德规范是一种自律模式，严肃、严谨、认真、踏实的职业态度，应该得到新闻从业人员的自觉认同，而新闻媒体应加强规范和引导，从而树立媒体的职业标尺。

职业纪律是对新闻从业人员和新闻媒体的行为进行约束。国际新闻记者联合会通过的《记者行为原则宣言》强调记者必须遵守的两条纪律是：“只用公平的方法获取新闻、照片和资料。”“对秘密获得的新闻来源，将保守职业秘密。”这就要求记者不能为了获取新闻，采取介入式隐性采访，甚至违法偷拍偷录。保护新闻来源，这也是新闻从业人员及其媒体必须遵守的纪律。2003年，美国和英国发动了伊拉克战争，推翻了萨达姆政权。事后，关于战争理由——伊拉克拥有大规模杀伤性武器，BBC提出了质疑，并和英国工党政府之间发生激辩，政府指责BBC的新闻来源不确凿，而BBC全力保护新闻来源，拒绝透露任何相关信息。可惜，信息提供者凯利博士最后还是自杀身亡。

另外，新闻媒体不得和采访对象有经济利益往来，新闻从业人员也不能从采访对象那里获取好处。《纽约时报》作为一家严肃的高级报纸，制定了自己的规范（2004年版），值得我们学习和借鉴，现摘录其中两条如下：

第28条　报纸支付费用给记者来款待新闻提供者（包括政府官员）或者出差去采访他们。在一些商务场合和社会习俗中，新闻提供者请吃饭或饮酒是不可避免的。例如，记者可以在被采访者的公司食堂中进餐。在新闻发布会上，记者可以接受简单的自助餐，如小松饼和咖啡等；但是记者不能出席固定的早餐和中餐，除非由报社负担餐费。

第33条　员工不能以《纽约时报》的名义接收任何来自个人或团体的礼物、门票、折扣、回扣等（一些象征性的价值不超过25美元的小礼物例外，比如一个小杯子或者带有某个公司标志的帽子等）。当我们退还礼物时，必须要附上一封礼貌的解释信，解释信可以参照附录里的样板。

在我国，“有偿新闻”屡禁不止，甚至有新闻从业人员在诸如矿难报道方面收取“封口费”，完全丧失了新闻人应有的职业道德。如2002年6月山西繁峙矿难和2008年9月山西霍宝干河煤矿的“封口费”事件，造成了恶劣的社会影响，最终导致多名记者受处分。我们不是没有制定新闻职业道德准则，不是没有强调新闻纪律，但为什么会出现“有偿新闻”等违背新闻职业道德的现象呢？陆晔等认为，党的新闻宣传工作者的神圣性的消失，是某种原因所在。① 这确实值得我们反思。

职业责任主要体现在确保新闻的真实、全面、客观、公正。互联网传播的发展，是有利于新闻传播业的进步的，但也带来了一些不利因素，因把关弱化以及传播的低门槛、便捷性，使网络谣言、言语暴力得以呈现，破坏了网络传播环境。还有一些假新闻源自传统媒体，经网络传播得以聚焦放大，造成极坏的影响。作为专业的新闻从业人员或媒体，应该担当起职业责任，不仅自己不信谣、不传谣，还要努力查证新闻真相，揭穿虚假新闻。然而，专业新闻媒体有时也会失守，闹出不少缺乏职业操守的新闻事件。2012 年 10 月 4 日《南京晨报》报道了《江宁一鹿场长假每天有人排队喝鹿血》，经网络传播造成全国性影响，但后来证明这是一则假新闻。如果记者或媒体有较强的职业责任，就不会发生这一假新闻事件了。更糟糕的是，有些媒体还制造“传媒假事件”，自编自导再自己报道，如《兰州晨报》的“杨丽娟事件”，其性质很恶劣，记者全然不顾职业责任，毫无新闻职业道德可言。这样的事情还有不少，如为了宣传而摆拍，也是有违新闻职业道德的。《今日早报》摆拍哨所女兵学习十八大精神的照片（见图 12－2），刊登后引起舆论的轩然大波，招致读者批评。这种新闻职业责任的缺失，伤害的不仅是读者，更是媒体自身。

图 12－2　摆拍女兵学习十八大精神

① 陆晔、潘忠党：《成名的想象：中国社会转型过程中新闻从业者的专业主义话语建构》，《新闻学研究》2002 年 4 月。

其实，从媒体管理部门、行业协会到媒体自身，新闻职业道德都一直在被强调，也制定了很多规范制度和文件，然而还是无法杜绝虚假新闻等。就我国而言，造成新闻职业道德缺失的原因，总结起来有四点：一是传媒体制转型；二是商业利益诱惑；三是行业内混岗；四是记者岗位聘任违规和人员流动率过高。① 所以，真正要树立新闻职业道德，还需更深层的思考和更宏观的传媒制度建构。

第二节 新闻工作的职业道德准则

新闻媒体拥有巨大的社会影响力，其信息传播应受到规范。新闻职业道德作为一种自律，备受重视，因为互联网等新媒体传播代表着一种发展趋势，其自由精神更需要自律，而他律不利于互联网等新媒体发展。如今，世界各国都制定了相关准则，各媒体也制定了自己的内部规则，并且有媒体行业的自律文件，这些都起着规范职业道德的作用。

从国际方面来看，主要包括以下文件：1945 年联合国经济及社会理事会《国际新闻道德公约》、1954 年国际新闻工作者联合会《记者行为基本原则宣言》、1999 年国际新闻工作者联合会《媒介伦理和自律》。

美国媒体行业发达，有众多准则规范新闻传播业，如广为人知的《纽约时报新闻伦理》，还有《基督教科学箴言报规约》、《洛杉矶时报新闻伦理》、《华盛顿邮报标准和道德规范》等。地方性的媒体职业道德规范文件有《俄勒冈新闻伦理规约》、《密苏里规约》、《华盛顿伦理规约》等。

英国作为新闻业发达的另一重要国家，也有很多新闻职业道德准则（文件），比较知名的有《英国记者联合会规范》、《新闻公正和保密的规范》、《报业投诉委员会行为准则》、《独立电视委员会节目准则》、《BBC 约章》等。

其他国家也有自己的此类文件，确保媒体行业遵从新闻职业道德。如德国的《新闻界规范》、法国的《法国新闻记者道德信条》、俄罗斯的《俄罗斯新闻工作者职业道德准则》、瑞典的《瑞典舆论工作者联谊会出版规范》、日本的《新闻伦理纲领》和《NHK 国内节目标准》、韩国的《关于广播电视播出的审议规则》等。

虽然国际社会有各种形式的新闻职业道德规范性文件，还有不同层级的，如国家层面的、地方性的、行业性的以及媒体内部制定的，但概括起来，主要包括以下八条原则性内容：

第一，维护新闻自由，具有独立精神。

第二，献身正义、人道，为公众利益服务。

---

① 陈力丹：《新闻理论十讲》，复旦大学出版社 2008 年版，第 249 ~ 253 页。

第三，恪守新闻报道的真实、客观、公正、平衡等工作标准。

第四，为新闻来源保密。

第五，不诽谤、侮辱他人。

第六，不侵犯普通公民的隐私。

第七，拒绝收取馈赠或贿赂，以及其他各种影响客观报道的酬谢。

第八，不参与商业和广告活动。①

这八条内容可以视为国际社会新闻职业道德准则，是概括性和基础性的，当然具体研究各国和各媒体的职业道德准则会有不同之处，因为新闻职业道德是基于新闻传播实践的。

我国有一部国家层面的新闻职业道德准则，即中华全国新闻工作者协会于 1991 年制定的《中国新闻工作者职业道德准则》，后来修订两次。

1991 年的《中国新闻工作者职业道德准则》共有八条：

第一，全心全意为人民服务。

第二，以社会效益为最高准则。

第三，遵守法律和纪律。

第四，维护新闻的真实性。

第五，坚持客观公正的原则。

第六，保持廉洁奉公的作风。

第七，发扬团结协作的精神。

第八，增进同各国新闻界的友谊与合作。

1997 年第一次修订，变成六条：

第一，全心全意为人民服务。

第二，坚持正确的舆论导向。

第三，遵守宪法、法律和纪律。

第四，维护新闻的真实性。

第五，保持清正廉洁的作风。

第六，发扬团结协作精神。

2009 年第二次修订《中国新闻工作者职业道德准则》，变成七条：

① 陈力丹：《新闻理论十讲》，复旦大学出版社 2008 年版，第 238 页。

第一，全心全意为人民服务。

第二，坚持正确舆论导向。

第三，坚持新闻真实性原则。

第四，发扬优良作风。

第五，坚持改革创新。

第六，遵纪守法。

第七，促进国际新闻同行的交流与合作。

综观这三个版本的《中国新闻工作者职业道德准则》，都缺乏从新闻职业化角度来制定的规范性条款，细节没有体现出来，当然会在实际操作层面遇到困难，难以真正贯彻落实。而“客观公正的原则”在两次修改中都被删除了，这也值得我们深思。

互联网传播的快速发展，已逐渐改变了媒体格局，但我国互联网传播环境较复杂，加之互联网的传播特征，仅仅依靠他律来管理互联网，其实代价高昂，且效果也不见得理想。因此，网络媒体实现行业自律，提升新闻职业道德，是可取的途径。北京市互联网宣传管理办公室网络新闻管理处处长陈华认为，中国网络媒体行业自律已经初步形成了自己的体系，其发展历程可分为三个阶段：“共识形成阶段（1999—2001）”、“组织建设阶段（2001—2003）”、“机制完善阶段（2003 年至今）”。[①] 自 1999 年以来，中国网络媒体行业采取多种方法来加强行业自律，签署自律公约的主要情况如下：

（1）1999 年 4 月 15 日，人民日报社、新华社、中央电视台等牵头组织国内 23 家新闻界网络媒体，通过了《中国新闻界网络媒体公约》。

（2）2001 年 5 月 25 日，中国互联网协会成立。中国互联网协会下设行业自律工作委员会，其主要职责是规范行业自律、倡导网络文明。从 2001 年至 2011 年 10 年间，中国互联网协会在行业自律方面发挥了重要作用，先后制定、发布了《中国互联网行业自律公约》、《互联网新闻信息服务自律公约》、《互联网站禁止传播淫秽、色情等不良信息自律规范》、《中国互联网协会网络版权自律公约》、《文明上网自律公约》、《博客服务自律公约》、《中国互联网协会反垃圾短信息自律公约》、《“中国互联网协会网络诚信推进联盟”发起倡议书》、《中国互联网协会关于抵制非法网络公关行为的自律公约》等，为中国网络媒体行业自律作出了重要贡献。

（3）2006 年 4 月 9 日，北京网络媒体协会推出《北京网络媒体自律公约》。

---

① 陈华：《走向文化自觉——中国网络媒体行业自律机制研究》，人民出版社 2011 年版，第 83 页。

(4) 2007 年 5 月 18 日，中国记协召开全国新闻网站负责人会议，并签署《全国新闻网站坚持文明办网，净化网络环境自律公约》。

(5) 2008 年 2 月 22 日，人民网、新华网、央视国际、中国网、国际在线、中国青年网、中国经济网、中国广播网 8 家中央新闻网站，共同签署《中国互联网视听节目服务自律公约》。

另外，"中国网络媒体论坛"迄今已举办十二届，其为网络媒体行业自律作出了重要贡献，如论坛先后通过了《保护网络作品权利信息公约》、《中国网络媒体的社会责任——北京宣言》、《建设诚信互联网宣言》、《建设安全互联网宣言》、《建设绿色互联网南京宣言》、《武汉宣言》、《中国网络媒体哈尔滨宣言》。

虽然我国网络媒体在行业自律方面已经做了很多工作，制定了诸多文件和章程，但网络谣言仍不断滋生，包括传统媒体也存在新闻职业道德缺失现象，说明新闻职业道德准则的制定与执行应并重，从而建设一个传播伦理道德规范的媒体环境。

第三节　新闻工作者面临的道德冲突

新闻具有双重属性，尤其是在我国特有的传媒生态下，新闻媒体要兼顾政治要求和市场需求，而新闻职业道德是一种职业意识，体现为自律精神，这种多方位的传播动力因素，会使新闻工作者感到压力或面对诱惑，面临职业意识困扰和道德冲突。其实，新闻工作者所面临的道德冲突体现在多方面，即使是西方国家，新闻从业人员也同样会受到这种问题的困扰。

我国原先是计划经济，新闻媒体当然是国营的，不必关心媒体市场竞争，只需专注于新闻传播的社会效益。从 20 世纪 80 年代开始，新闻媒体逐步加速进入市场，实行企业化经营，因此新闻媒体必须要追求经济效益了。特别是后来互联网传播的兴起及中国加入了 WTO，媒体竞争更加剧烈，呈现跨区域、跨行业的竞争态势，新闻工作者的工作压力也急剧增加。面临巨大的竞争压力，新闻媒体在社会效益和经济效益之间作选择时，往往忽视了社会效益，新闻工作者在职业竞争与道德坚守之间权衡时，职业道德往往会失守。即使不考虑媒体竞争因素，新闻道德坚守与新闻专业追求之间也会产生矛盾。对此，我们可从以下四个方面展开分析。①

一、生命本位与新闻本职的矛盾

1993 年 3 月，南非摄影记者凯文·卡特到苏丹南部采访。他拍下了这张令人震惊的照片（见图 12－3），然后将秃鹰撵走。照片卖给了《纽约时报》并刊登了出

① 展江：《新闻职业伦理四大争议问题评析》，《中国地质大学学报》（社会科学版）2010 年第 2 期。

来，凯文·卡特凭此照片获得了普利策特写摄影奖。

图 12－3　《饥饿的苏丹》(凯文·卡特摄)

但照片一经刊出，读者就询问这孩子的情况，结果不得而知，人们开始谴责卡特，说他追求精彩镜头而罔顾职业道德，不久后卡特自杀，传言与此事有关，他内心难以逃脱自我谴责。不论这是否是他自杀的真实原因，但至少说明在事关人的生命和追求专业精神之间，新闻工作者会面临道德考验。“人”和“新闻人”，记者面对这两个概念，该如何选择？孰轻孰重？从外延上说，“人”的外延大于“新闻人”的外延，而“新闻人”的内涵则比“人”的内涵小。我们是先做“人”还是先做“新闻人”？这取决于每个记者的价值取向，是难有完美答案的。

二、公众知情权与公民隐私权的冲突

隐私权受到法律保护，但更多的是涉及伦理道德层面。公众知情权是法定权利，如果新闻涉及公共利益，又涉及当事人的隐私，那么新闻从业人员该如何处理这一报道？这是一个具有争议的棘手的话题。

根据一项对各学科学者的访谈，多数学者是认同有限制地运用电视暗访手段的，诚如陈力丹所言，以小恶对抗大恶的行动逻辑是博得人们同情的认识根源。但这不是源自传统的好人打坏人具有天然正义性的观念，而是由于随着市场经济和民主法治的发展，功利主义在中国有了社会基础。但是，这种正义的目的论也会有危险之处。如果在任何情况下都按照功利主义的逻辑，那新闻从业人员就会在隐性采访中有意无意地以正义目的之名行非正义之实。

新闻媒体应该谨慎采取容易引发争议的新闻策划，除非能够让公众看到明显的公共利益，并且已经没有其他正常的信息获取方式。新闻媒体还要避免暗中进行的新闻信息采集手段，除非传统的公开方法不能采访到对公众来说具有极大重要性的新闻信息。而且，媒体在报道中，应该对这些采访手段的运用加以解释。总之，新闻媒体应尽量避免引起侵犯隐私权的争议。如英国《世界新闻报》的“窃听门”事件，严重侵犯公众隐私，甚至危及人们的生命安全，最终这份长达168年的报纸只好停刊。这家报纸窃听他人信息已不是一天两天的事情了，它也曾窃听诸多公众人物和政府官员的私人信息，这是不值得提倡的。除非公众人物或政府官员的这些信息关系到公众利益，则可以隐蔽式采集信息，进而公开传播，如“水门事件”。

三、信息证伪与消息来源保护的矛盾

在美国，记者由于其职务行为，特别是为了公众期待而进行调查性报道，可能会被判入狱，这是因为记者拒绝服从法庭命令、不向原告提供新闻信息来源，那就肯定面临藐视法庭罪的指控，以及潜在的罚款与监禁判决。在美国的诸多案例中，几乎所有直接干扰法庭公平运转的活动都可能被认为是藐视法庭罪。1978年，《纽约时报》记者迈伦·法伯调查了发生在新泽西州一家医院的神秘死亡连环事件，并发表了一篇长篇报道。之后，新泽西州一法院对这家医院的医生马里奥·杰斯卡里维奇以谋杀罪提起公诉。辩护律师要求查验法伯和《纽约时报》所掌握的新闻消息来源等相关材料。最后法伯以保护消息来源为由，拒绝提供任何材料。于是法院判定他和《纽约时报》犯有藐视法庭罪。法伯和《纽约时报》不服，接着上诉至新泽西州最高法院，后者仍维持原判，法伯因此服刑40天，《纽约时报》也支付了100多万美元的律师诉讼费和罚款。

《青年参考》曾刊登湖北一个女大学生的言论，说女大学生中25%有“三陪”现象，这一报道引发争议，当事记者遭到批评，但他为了证明自己的报道是有根据的，便把爆料的女大学生的信息公布在互联网上，这一做法确实是不可取的，也引起了网民的愤怒和批评。可见，在信息证伪与保护消息来源之间，新闻从业人员应该坚守职业道德，保护好新闻消息来源。

四、媒体自由与媒体审判的冲突

媒体审判的概念来自西方，最初叫报纸审判，它是指新闻媒体在诉讼过程中，为影响司法审判的结果而发表的报道和评论。读者来信、时评、调查性报道、照片、漫画及电视影像乃至媒体所有的传播方式都有可能导致“媒体审判”的发生。在英、美等国，虽然新闻自由受到宪政制度的保护，但是一切都必须服从法院的公正审判，因为法治是国家根本的治国原则，那么媒体审判自然是不符合法治精神的，也不受司法界欢迎甚至是要受到惩罚的。然而在我国，媒体审判有时会被作为伸张正义的手段，有时甚至是故意为之，以求预想的审判结果。典型的如西安的“药家鑫案”，席卷全国的舆论给法院的正常审判造成巨大压力，至今还有人在反思该事

件中的媒体表现及网络舆论对司法造成的干扰。

在新闻媒体报道司法案件时，徐迅曾提出媒体应遵循十大自律，这就是在学界产生极大影响的“徐十条”，可供我们学习借鉴：①案件判决前不做定罪、定性报道；②对当事人正当行使权利的言行不做倾向性的评论；③对案件涉及的未成年人、妇女、老人和残疾人等的权益予以特别关切；④不宜详细报道涉及国家机密、商业秘密、个人隐私的案情；⑤不对法庭审判活动暗访；⑥不做诉讼一方的代言人；⑦评论一般在判决后进行；⑧判决前发表质疑和批评限于违反诉讼程序的行为；⑨批评性评论应避免针对法官个人的品行学识；⑩不在自己的媒体上发表自己涉诉的报道和评论。

【思考题】

1. 谈谈你对新闻职业道德的理解。
2. 网络时代的新闻职业道德面临哪些新挑战?
3. 中外的新闻职业道德准则有何差别?
4. 新闻工作者主要面临哪些职业道德冲突?
5. 以案例说明媒体审判的影响。

【延伸阅读】

1. 陆晔、潘忠党:《成名的想象：中国社会转型过程中新闻从业者的专业主义话语建构》,《新闻学研究》2002 年 4 月。
2. 陈汝东:《传播伦理学》，北京：北京大学出版社 2006 年版。
3. ［美］理查德·斯皮内洛著，李伦等译:《铁笼，还是乌托邦——网络空间的道德与法律》，北京：北京大学出版社 2007 年版。

【附录】

《中国新闻工作者职业道德准则》

中国新闻事业是中国特色社会主义事业的重要组成部分。新闻工作者要坚持以马克思列宁主义、毛泽东思想、邓小平理论和“三个代表”重要思想为指导，深入贯彻落实科学发展观，高举旗帜、围绕大局、服务人民、改革创新，贴近实际、贴近生活、贴近群众，用马克思主义新闻观指导新闻实践，学习宣传贯彻党的理论、路线、方针、政策，继承和发扬党的新闻工作优良传统，积极传播社会主义核心价值体系，努力践行社会主义荣辱观，恪守新闻职业道德，自觉承担社会责任，敬业奉献、诚实公正、清正廉洁、团结协作、严守法纪，做到政治强、业务精、纪律严、作风正。

第一条　全心全意为人民服务。要忠于党、忠于祖国、忠于人民，把体现党的主张与反映人民心声统一起来，把坚持正确导向与通达社情民意统一起来，把坚持正面宣传为主与加强和改进舆论监督统一起来，发挥党和政府联系人民群众的桥梁纽带作用。

1. 积极宣传党和政府的重大决策部署，及时传播国内外各领域的信息，满足人民群众日益增长的新闻信息需求，保证人民群众的知情权、参与权、表达权、监督权。

2. 牢固树立群众观点，把人民群众作为报道主体和服务对象，多宣传基层群众的先进典型，多挖掘群众身边的具体事例，多反映平凡人物的工作生活，多运用群众的生动语言，使新闻报道为人民群众喜闻乐见。

3. 积极反映人民群众的正确意见和呼声，批评侵害人民利益的现象和行为，依法保护人民群众的正当权益。

第二条　坚持正确舆论导向。要坚持团结稳定鼓劲、正面宣传为主，唱响主旋律，不断巩固和壮大积极健康向上的舆论。

1. 始终坚持以经济建设为中心，服从服务于改革发展稳定大局不动摇，着力推动科学发展、促进社会和谐。

2. 宣传科学理论、传播先进文化、塑造美好心灵、弘扬社会正气，增强社会责任感，坚决抵制格调低俗、有害人们身心健康的内容。

3. 加强和改进舆论监督，着眼于解决问题、推动工作，坚持准确监督、科学监督、依法监督、建设性监督。

4. 采访报道突发事件要坚持导向正确、及时准确、公开透明，全面客观报道事件动态及处置进程，推动事件的妥善处理，维护社会稳定和人心安定。

第三条　坚持新闻真实性原则。要把真实作为新闻的生命，坚持深入调查研究，报道做到真实、准确、全面、客观。

1. 要通过合法途径和方式获取新闻素材，新闻采访要出示有效的新闻记者证。认真核实新闻信息来源，确保新闻要素及情节准确。

2. 报道新闻不夸大不缩小不歪曲事实，不摆布采访报道对象，禁止虚构或制造新闻。刊播新闻报道要署作者的真名。

3. 摘转其他媒体的报道要把好事实关，不刊播违反科学和生活常识的内容。

4. 刊播了失实报道要勇于承担责任，及时更正致歉，消除不良影响。

第四条　发扬优良作风。要树立正确的世界观、人生观、价值观，加强品德修养，提高综合素质，抵制不良风气，接受社会监督。

1. 强化学习意识，养成学习习惯，不断提高政治和业务素质，增强政治意识、大局意识、责任意识，努力成为专家型新闻工作者。

2. 深入基层、贴近群众、体验生活，在深入中了解社情民意，增进与群众的感情。

3. 坚决反对和抵制各种有偿新闻和有偿不闻行为，不利用职业之便谋取不正当利益，不利用新闻报道发泄私愤，不以任何名义索取、接受采访报道对象或利害关系人的财物或其他利益，不向采访报道对象提出工作以外的要求。

4. 尊重新闻同行，反对不正当竞争。尊重他人的著作权益，引用他人的作品要注明出处，反对抄袭和剽窃行为。

5. 严格执行新闻报道与经营活动分开的规定，不以新闻报道形式做任何广告性质的宣传，编辑记者不得从事创收等经营性活动。

第五条　坚持改革创新。要遵循新闻传播规律，提高舆论引导能力，创新观念、创新内容、创新形式、创新方法、创新手段，做到体现时代性、把握规律性、富于创造性。

1. 深入研究不同传播对象的接受习惯和信息需求，主动设置议题，善于因势利导，不断提高舆论引导能力和传播能力。

2. 认真研究传播艺术，利用现代传播手段，采用受众听得懂、易接受的方式，增强新闻报道的亲和力、吸引力、感染力。

3. 善于利用新载体、新技术收集信息、发布新闻，提高时效性，扩大覆盖面。

第六条　遵纪守法。要增强法治观念，遵守宪法和法律法规，遵守党的新闻工作纪律，维护国家利益和安全，保守国家秘密。

1. 严格遵守和正确宣传国家的民族区域自治制度、各民族平等团结和宗教信仰自由政策，维护国家主权和社会稳定。

2. 维护采访报道对象的合法权益，尊重采访报道对象的正当要求，不揭个人隐私，不诽谤他人。

3. 维护未成年人、妇女、老年人和残疾人等特殊人群的合法权益，注意保护其身心健康。

4. 维护司法尊严，依法做好案件报道，不干预依法进行的司法审判活动，在法庭判决前不做定性、定罪的报道和评论。

5. 涉外报道要遵守我国涉外法律、对外政策和我国加入的国际条约。

第七条　促进国际新闻同行的交流与合作。要努力培养世界眼光和国际视野，积极搭建中国与世界交流沟通的桥梁。

1. 在国际交往中维护祖国尊严和国家利益，维护中国新闻工作者的形象。

2. 积极传播中华民族的优秀文化，增进世界各国人民对中华文化的了解。

3. 尊重各国主权、民族传统、宗教信仰和文化多样性，报道各国经济社会发展变化和优秀民族文化。

4. 积极参加有组织开展的与各国媒体和国际（区域）新闻组织的交流合作，增进了解、加深友谊，为推动建设持久和平、共同繁荣的和谐世界多做工作。

（中华全国新闻工作者协会第七届理事会第二次全体会议 2009 年 11 月 9 日修订）

联合国国际新闻道德规约之一
《国际新闻道德信条》草案

（联合国新闻自由小组委员会，经过五次讨论制订）

序言：新闻及出版自由是一项基本人权，是《联合国宪章》及《世界人权宣言》中所尊崇与宣示的所有自由权利的试金石；因此，和平的增进与维护，必须靠新闻及出版自由。

当报业及所有其他新闻媒介的工作人员，经常自动努力保持最高度的责任感，切实履行道德义务、忠于事实，以及在报道、说明和解释事实中追求真理时，这项自由将获得更好的保障。

因此，这一国际道德信条，对所有从事新闻及消息采访、传递、发行和评论的人，以及对从事文字、语言，或任何其他表达方法，描述当前事件的人而言，可作为职业行为的标准。

第一条　报业及所有其他新闻媒介的工作人员，应尽一切努力，确保公众所接受的消息绝对正确。他们应当尽可能查证所有的消息内容，不应任意曲解事实，也不能故意删除任何重要的事实。

第二条　职业行为的崇高标准，是要求献身于公共利益。谋求个人便利以争取任何有违大众福利的私利，不论所持何种理由，均与这种职业行为不相符合。

任意中伤、污蔑、诽谤和缺乏根据的指控，都是严重的职业罪恶；抄袭剽窃的行为亦然。

对公众忠实，是优良新闻事业的基础。任何消息发表之后，如果发现严重错误，应立刻自动更正。谣言和未经证实的消息，应加指明，并作正当的处理。

第三条　唯有符合职业原则和尊严的任务，才能指派给报业及其他新闻媒介的工作人员，以及参加新闻事业的经济与商业活动人员承担。

发表任何消息或评论的人，应对其所发表的内容负完全责任——除非在发表时已明白否认这种责任。

个人的名誉应予以尊重，有关个人私生活的消息与评论，可能损及个人名誉时，并非有助于公共利益，而仅仅是迎合公众好奇心理者，则不应该发表。如果对个人的名誉或道德人格提出指控，应当给予答辩的机会。

关于消息来源，应慎重处理。对暗中透露的事件，应当保守职业秘密；这项特权经常可在法律的范围内，作最大限度的运用。

第四条　描述及评论另外一个国家事件的人，有责任获得有关这个国家的必需知识，确保自己作出正确公正的报道和评论。

第五条　本道德信条的基本原则是：确保对职业道德忠实遵守的责任，落在从事新闻事业者身上，而不是由任何政府承担。因此，本道德信条的任何内容，均不得解释为政府可以任何方式加以干涉，并强制新闻界遵守其中所列举道德义务的理由。

联合国国际新闻道德规约之一
《记者行为基本原则宣言》

（1954 年被国际新闻工作者联合会的世界大会采纳，1986 年修订）

1. 尊重事实和公众有知道事实真相的权利，这是记者的第一要务。

2. 为了遵守这项职责，记者应该在任何时候捍卫自由地收集信息、诚实地发布信息及拥有对事件进行一定评论和批评权利。

3. 记者只能完全遵从自己所知的事实进行报道，不能隐瞒重要信息和提供虚假信息。

4. 记者只能使用正当的方式获取新闻、图片和文献。

5. 记者在报道失实或者报道了有害信息时，应尽最大的努力进行更正。

6. 记者在获得匿名消息源的时候，应该遵守职业道德，为其保密。

7. 记者应该意识到媒介引导的歧视的危害性，应该尽最大努力避免歧视，尤其是在关于人种、性、性取向、语言、宗教、政治或者其他观点以及国家或者社会起源等问题。

8. 记者的下述行为，应该视为严重的过失：剽窃；恶意的失实报道；中伤、侮辱、诋毁、无事实根据地指责；有偿新闻或“有偿不新闻”。

9. 那些对得起“记者”这个名称的人，应该认识到他们的责任是忠实地遵守上述准则，在遵守自己国家法律的前提下，记者应该意识到他们的职业是新闻从业人员的职业，应不受政府或其他人的干扰。

第十三章　当代中国传媒业的基本状况

第一节　当代中国传媒业概况

从社会主义的计划经济到中国特色社会主义的市场经济，我国传媒业在这一经济制度转型中，解放了生产力，释放了市场潜力，激发了传播力和创新能力。应该说，我国传媒业在近20年来已取得长足进步。然而，新闻具有双重属性，在现有社会制度和媒体管理模式下，我国新闻媒体既要考虑社会效益，又要考虑经济效益，这一传媒生态环境自然会影响到我国传媒业的结构生成与发展路径。

我国当代传媒业的发展，从传统因素来看，主要受到两种力量的影响：政治和经济。从新兴因素来看，来自媒介技术的影响越来越大，已经在改变我国媒体的格局。所以，我们要笼统概括当代中国传媒业的基本状况，似乎较难，应该从不同层面、不同视角来描述我国传媒业的现状：从行政层级来看，我国的新闻媒体主要分为中央级媒体、省（市、自治区）级媒体和地市级媒体；从市场程度来看，分为党和政府机关的媒体以及完全市场化的媒体；从传播特征来看，分为传统媒体和新兴媒体；从传播媒介来看，分为报纸、广播、电视和以互联网为代表的新媒体；从传播内容来看，分为综合性媒体、时政类媒体、财经类媒体、体育类媒体等。所以，以不同的标准划分，一家媒体可能会属于不同类别，这反映了我国媒体管理和传播生态的复杂性。

在传统的计划经济时代，媒体数量较少，有行政归属，各层级、各地域党政机关管理所辖区域的媒体，那时，新闻媒体的商品属性受到压抑。确立了社会主义市场经济后，我国传媒业如雨后春笋般快速发展，市场化经营推动了新闻媒体分化与整合，分化主要体现在传播内容和传播媒介上，催生的各“子媒体”负责自己的传播内容；整合体现在运营上，开始走集团化发展路径，有了我国第一家报业集团——广州日报报业集团。从此，中国传媒业进入集团化发展时期，首先是规模增大，从中央级媒体到地市级媒体，都在组建自己的传媒集团，然而有的传媒集团大而不强，于是提出了要“做大做强”，实现资源的优化配置。

20世纪90年代，互联网开始悄悄登陆中国，带给国人极大惊喜，我国首先进行电子化尝试的是《杭州日报》。1993年12月6日，《杭州日报》（下午版）通过杭州市联机服务网络（展望咨询网）进行传输，开启了中国报纸电子化大幕。随着数字技术的发展和互联网的推广运用，1998年，中国有了商业门户网站。虽然商业门户网站曾一度陷入困境，但其发展趋势势不可挡。另一方面，从报业到广电，集团化运作进一步席卷我国传媒业，同时它们都认识到新兴的互联网是传媒发展趋势，于是都积极“入网”，寻求多媒介融合发展之路。

通过孵化、整合、融合等路径，我国当代传媒业令人眼花缭乱，不同性质、不同媒介、不同层级和地域的媒体都在积极寻求发展壮大的机会，可谓机遇和挑战并存。随着国家政策的放开，我国传媒业呈现跨区域、跨行业、跨媒介的发展态势，但总体来说，与国际上的传媒集团相比，我国的传媒集团力量都不够强大，在经营中还有行政因素的制约，市场竞争能力急需提升，目前还无法与国际上大的传媒集团相抗衡。从媒体数量上来说，中国是世界上的传媒大国，但还不是传媒强国。

表 13－1　中国报纸数量统计表①

报纸类别	行政层级				报纸内容	
	全国性报纸	省级报纸	地市级报纸	县级报纸	综合性报纸	专业性报纸
报纸数量（种）	217	825	869	17	809	1 119

表 13－2　中国广播电视台数量统计表②

广播电视台类别	国家级	省级	地市级	县级	教育台
广播电视台数量（座）	3	49	477	1 970	40

截至 2012 年 12 月，中国网站数量为 268 万，全年增长 38 万个，增长率为 16.8%。

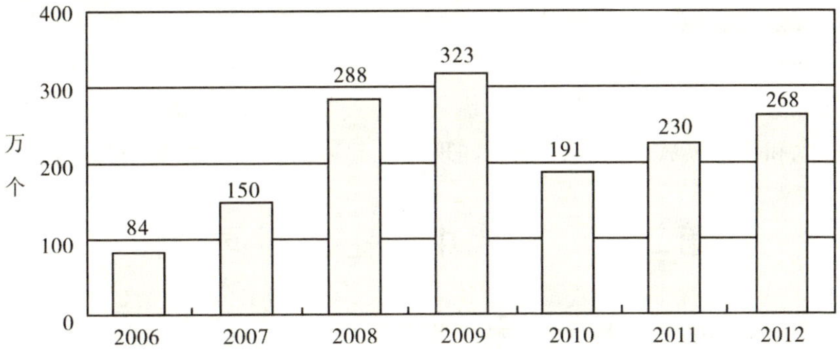

来源：CNNIC 中国互联网络发展状况统计调查，2012 年 12 月。

图 13－1　中国网站数量统计③

① 数据来源于国家新闻出版总署，截至 2011 年底。网址：http：//www.gapp.gov.cn/govpublic/80/101.shtml。

② 数据来源于国家广播电影电视总局，截至 2012 年 12 月。许多地方的广播台、电视台已合并，故将广播与电视一起统计。网址：http：//www.sarft.gov.cn/articles/2013/01/16/20130116102111470143.html。

③ 数据来源于《中国互联网络发展状况统计报告（2013 年 1 月）》，指域名注册者在中国境内的网站，不包含 .edu.cn 下网站。

由于我国区域经济发展不平衡，东部沿海经济发达，而中西部地区经济较差，这导致我国传媒业的发展也不平衡，总体呈现东强西弱的状况。例如，2012 年 7 月，国家新闻出版总署发布《2011 新闻出版产业分析报告》，其中报刊集团总体经济规模综合评价前 10 位排名如下：

1. 成都传媒集团
2. 广州日报报业集团
3. 解放日报报业集团
4. 北京日报报业集团
5. 山东大众报业（集团）有限公司
6. 文汇新民联合报业集团
7. 南方报业传媒集团
8. 杭州日报报业集团
9. 深圳报业集团
10. 江苏新华日报报业集团有限公司

省级卫视排名情况，也是符合这一总体趋势的，据 2012 年 10 月 18 日《北京晨报》报道，CTR 央视市场研究发布 2012 年度全国省级卫视综合评估调查结果。湖南、浙江、江苏、上海、北京、天津、安徽、山东、江西和黑龙江占据前 10 强。

从不同媒介的新闻媒体发展情况来看，报业主要以党报为核心的多品种、多层次的媒介并存，极力打造媒介融合的传媒集团；广电行业呈现出央视、省级卫视、省级非卫视频道、城市台和境外电视媒体五足鼎立的态势；网络媒体发展较复杂，商业门户网站虽然没有采访权，但其影响力和竞争力很强，传统媒体创办的新闻网站有资源优势，但尚没有转化为市场优势。特别是社会化媒体的兴起，改变了固有的传播理念和传播模式，对传统的新闻理念发起挑战，正在影响当代中国的传媒业。

第二节　当代中国主要新闻媒体

中国媒体数量众多，虽然每家新闻媒体在新闻产品设计与受众定位方面都会花费心思，寻求差异化发展道路，但同质化竞争还是不可避免，很多新闻媒体面临发展困境。另外，社会化媒体的兴起，对传统媒体发起挑战，有时还设置议程，掀起网络舆论浪潮，产生重要的社会影响。然而，非专业性的“自媒体”，其信息的准确性不能得到保障，致使网络谣言滋生，而且它本身也不能算是新闻媒体。因此，中央级传统主流媒体，拥有政治资源、信息资源等优势，在新闻传播方面，仍发挥着不可替代的重要作用，它们仍是中国主要的新闻媒体。一些新锐的拥有众多受众的新闻媒体，以其新闻专业性赢得了良好的口碑，具有很强的公信力，这是市场化背景下的媒体生力军，其重要性会越来越突出。

一、传统主流媒体

1.《人民日报》(*People's Daily*)

《人民日报》是中国共产党中央委员会机关报。1948 年 6 月 15 日，由《晋察冀日报》和晋冀鲁豫《人民日报》合并的中共中央华北局机关报《人民日报》在河北省平山县里庄创刊，实际担负党中央机关报职能。1949 年 3 月 15 日，人民日报社迁入北京，8 月 1 日，中共中央决定将《人民日报》转为中国共产党中央委员会机关报，并沿用始于 1948 年 6 月 15 日的期号。

目前，人民日报社在国内设有 33 个分社，在国外设有 39 个分社。报纸全年日均发行量基本稳定在 230 万份。

《人民日报》的版面形式和报道内容不断调整改进，由初创时的 4 个版增加到目前的 24 个版（周六、周日为 8 个版）。评论和理论宣传是《人民日报》的重点和优势，除社论、评论外，还设有《人民论坛》、《人民时评》、《声音》、《思想纵横》、《今日谈》等一批言论栏目，“任仲平”、“何振华”、“国纪平”的影响力日益彰显。

《人民日报》的版面严谨、端庄，其评论具有政治性、指导性和权威性，所以，《人民日报》的头版及其评论，具有极强的导向性。《人民日报》为中国第一大报，被联合国教科文组织评为世界上最具权威性、最有影响力的十大报纸之一。

2. 中央电视台（CCTV）

中国中央电视台是中华人民共和国国家电视台，1958 年 5 月 1 日试播，9 月 2 日正式播出。初名为北京电视台，1978 年 5 月 1 日更名为中央电视台。

中国中央电视台现开办有 25 套开路播出的电视节目，并开通一个高清晰度电视频道。25 个开路频道为综合频道、财经频道、综艺频道、中文国际频道、体育频道、电影频道、少儿 · 军事 · 农业频道、电视剧频道、英语国际频道、科教频道、戏曲频道、社会与法频道、新闻频道、少儿频道、音乐频道、西班牙语频道、法语频道、阿拉伯语频道、俄语频道等，内容几乎涵盖社会生活的各个领域。

中央电视台已在全国所有省、自治区、直辖市建立了 31 个记者站，海外记者站将近 70 个，再加上 7 个分布在各大洲的中心记者站和陆续开播的非洲分台和北美分台，中央电视台的全球新闻报道网络已基本建成，能够及时报道世界各地的重大新闻事件。

中央电视台是中国重要的新闻舆论机构，是党和政府、人民的重要喉舌，是中国重要的思想文化阵地，是当今中国最具竞争力的主流媒体之一，具有传播新闻、社会教育、文化娱乐、信息服务等多种功能。《新闻联播》是其最重要的新闻栏目，庄重大气、导向性鲜明是其风格。

3. 中央人民广播电台（CNR）

中央人民广播电台前身是于 1940 年 12 月 30 日在中国革命圣地延安诞生的第一座人民广播电台——延安新华广播电台。1949 年 3 月 25 日，延安新华广播电台

（撤出延安以后，改名“陕北新华广播电台”）开始在北平播音，使用北平新华广播电台呼号，1949 年 12 月 5 日，正式定名为中央人民广播电台。

中央人民广播电台是目前中国唯一覆盖全国的广播电台，在中国拥有听众超过 7 亿，是世界上拥有国内听众最多的广播电台，现办有中国之声、经济之声、音乐之声、都市之声、中华之声、神州之声、华夏之声、民族之声、文艺之声、老年之声、藏语广播、维吾尔语广播、娱乐广播、香港之声等 14 套无线广播节目，全天累计播音 278 小时。

中国之声（The Sound China）是中国新闻广播第一品牌，是中国最具权威的新闻综合频率。它全天 24 小时不间断播音，拥有 2 000 多个调频和中、短波频率，实现了在全国的无缝隙覆盖。中国之声设置早、中、晚三大新闻版块，采用全新“轮盘制”节目布局，半小时一档新闻资讯，全天滚动更新，重点栏目权威解读。

中央人民广播电台在中国各省、自治区、直辖市、计划单列市及香港特别行政区、澳门特别行政区设有 40 个记者站，在中国台湾地区派有驻点记者；解放军四总部、各大军区、各军兵种、武警部队等也分别设置 18 个军事记者站，为中央台提供信息。

4. 中国国际广播电台（CRI）

中国国际广播电台创办于 1941 年 12 月 3 日，是中国向全世界广播的国家广播电台，其宗旨是“向世界介绍中国，向中国介绍世界，向世界报道世界，增进中国人民与世界人民之间的了解和友谊”。

中国国际广播电台目前使用 61 种语言向全世界传播。2006 年 2 月 27 日，中国国际广播电台在海外开设的第一家调频电台——肯尼亚内罗毕调频台（FM91.9）开播，开创了中国对外广播在境外整频率落地的先河。2006 年 11 月 19 日，中国国际广播电台开设的老挝万象调频台（FM93）开播。目前，中国国际广播电台拥有 70 家海外分台，每天在境外电台播出节目总时数达 1 520 多个小时，覆盖 70 多个国家和地区。

中国国际广播电台在世界重要国家和地区建有 32 个驻外记者站，启动和建成 6 个驻外记者总站，并在国内各省、市、自治区建有记者站，拥有庞大的信息网，全面报道全球新闻信息，其主要栏目有《第一资讯》，全面报道国际、国内大事，权威、深刻分析重大新闻。

5. 《中国日报》（*China Daily*）

《中国日报》是中国国家英文日报，创刊于 1981 年 6 月 1 日，周一至周五每天 24 版，周末每天 16 版，采用国际新潮设计、打造大气现代视觉精品；以杂志化深度分析作为报道基石，解读中国万象、点评世界风云。读者主要为国内政、商、学界等高端人士，以及在华工作、访问、学习、旅游的外国人士，如驻华使节、国际组织代表、跨国公司高层、媒体从业人员等。全球期均发行 80 余万份，其中，海外期均发行 50 余万份。

《中国日报》作为中国了解世界、世界了解中国的重要窗口，是国内外高端人士首选的中国英文媒体，是唯一有效进入国际主流社会、国外媒体转载率最高的中国报纸，也是国内承办大型国际会议会刊最多的媒体。

中国日报传媒集团紧贴时代脉搏，坚持创新驱动，秉持“内容为王”的理念，说明中国、点评世界，不断加快海外发展步伐，完善全球采编和传播网络，向着构建世界级现代新型全媒体集团的目标迈进。

《中国日报》在国内设有 34 个分社、记者站和 13 个印点，在国外和香港地区设有 40 余个办事机构（含分社、记者站、办事处、印点等），充分发挥自身国际语言、传播渠道和品牌资源优势，与路透社、美联社、《纽约时报》、《华盛顿邮报》、BBC 等广泛开展合作与交流。

二、新锐媒体

1.《南方周末》(*Southern Weekly*)

《南方周末》隶属于南方报业传媒集团，创办于 1984 年，是中国深具公信力的严肃大报和发行量最大的综合性周报，以“在这里，读懂中国”为办报宗旨，以“正义、良知、爱心、理性”为编辑方针。

《南方周末》全国发行量超 170 万份，发行量年增长率为 15%。作为周报，它有着同类媒体无法企及的传阅率，直接或间接让知识型读者享受精神盛宴。每期 32 版，分为新闻、防务、时局、经济、绿色、文化、副刊、评论八大板块。19 个分印点覆盖全国各大中城市：广州、北京、上海、西安、成都、武汉、南京、福州、南宁、郑州、沈阳、杭州、长沙、重庆、太原、南昌、无锡、合肥，使得其传播辐射力遍及全国。

《南方周末》内容紧扣中国社会发展和国际时局的热点与关键点，并深度报道分析中国社会迈向未来的脉络、趋势和图景。

2.《南方都市报》(*Southern Metropolis Daily*)

《南方都市报》于 1997 年 1 月 1 日正式创刊，隶属于南方报业传媒集团，覆盖广东省，以广州、深圳两个中心城市为主，覆盖全省包括珠三角 12 个中等城市（由 2010 年 12 月起扩展至香港、澳门）在内的综合类日报。其口号是：办中国最好的报纸。目前总部在广州。报纸版面大小四开，每天版面平均在 100 版以上。

在 2006—2007 年，中华人民共和国新闻出版总署发布的全国晚报都市类报纸竞争力检测当中，《南方都市报》连续两年名列竞争力排行榜第 1 名，还被世界品牌实验室评为“中国品牌 500 强”。

作为中国南部一份旗帜性媒体，《南方都市报》拒绝平庸，追求卓越，体现出了难得的传媒责任感和行动力。在新闻报道上坚持客观、公正的原则，其时评版成为中国媒体舆论的一面旗帜；在经营上，以娴熟到位的营销策划和精耕细作的服务态度见长。

三、网络媒体

1. 人民网

人民网创办于 1997 年 1 月 1 日，是国际互联网上最大的综合性网络媒体之一。作为国家重点新闻网站的排头兵，人民网坚持“权威、实力，源自人民”的理念，以“权威性、大众化、公信力”为宗旨，以“多语种、全媒体、全球化、全覆盖”为目标，以“报道全球、传播中国”为己任。

人民网拥有中文（简、繁体）、蒙文、藏文、维吾尔文、哈萨克文、朝鲜文、彝文、壮文和英文、日文、法文、西班牙文、俄文、阿拉伯文、韩文等 15 种语言 16 种版本，用文字、图片、动漫、音视频、论坛、博客、微博、播客、聊吧、手机、聚合新闻（RSS）、网上直播等多种手段，依托人民日报社国内外 70 余个分社的采编力量，每天 24 小时在第一时间向全球网民发布丰富多彩的信息，内容包括政治、经济、社会、文化等各个领域。人民网强国论坛是中国网络媒体创办的第一个网上时政论坛，被誉为“最著名的中文论坛”。

2012 年 4 月 27 日，人民网在上海证券交易所上市交易。它的成功上市创造了中国资本市场的两个第一：第一家在国内 A 股上市的新闻网站；第一家在国内 A 股整体上市的媒体企业。

2. 新浪网（Sina）

新浪公司是一家服务于中国及全球华人社群的网络媒体公司。新浪通过门户网站新浪网（sina. com）、移动门户手机新浪网（sina. cn）和社交网络服务及微博客服务新浪微博（weibo. com）组成的数字媒体网络，帮助广大用户通过互联网和移动设备获得专业媒体和用户自生成的多媒体内容（UGC）并与友人进行兴趣分享。

新浪微博是基于开放平台架构的寄存自生和第三方应用的社交网络服务及微博客服务，提供微博和社交网络服务，帮助用户随时随地与任何人联系和分享信息。2012 年底，新浪微博用户数已逾 5 亿，加之微博的裂变式扩散模式，使得新浪微博具有重要的舆论影响力。2013 年 4 月，新浪微博迎来最大战略投资者阿里巴巴，双方签署战略合作协议，阿里巴巴将斥资 5. 86 亿美元购入新浪微博发行的优先股和普通股，占微博公司全稀释摊薄后总股份的约 18%，未来可增持至 30%，这为新浪微博的发展注入了新的力量。

3. 网易（Netease）

自 1997 年 6 月创立以来，凭借其先进的技术和优质的服务，网易深受广大网民欢迎，曾两次被中国互联网络信息中心（CNNIC）评选为中国十佳网站之首。

网易在门户网站业务方面始终保持市场领先地位，不但拥有最为快速、全面、准确的资讯平台，同时秉持“有态度”的新闻专业主义原则和理想，凭借独特的视角和观点赢得用户口碑。

网易作为中国网站的领先者，始终致力于电子商务及 IT 产业的持续发展，同时也在努力促进中国人民的数字化生活。另外，网易作为国内少数几家拥有自主开发和运营能力的游戏运营商，旗下多款网络游戏多次获得“玩家最喜爱网络游戏奖”和“最佳原创国产网络游戏奖”等行业评选奖项，深受玩家和行业人士好评。

第三节　当代中国传媒业的发展趋势

信息化社会的到来，人们对信息的需求比以往任何时候都来得迫切，因为当下的社会变化太快，谁都不想被时代抛弃，而如今的世界又在不断“缩小”，地球真的成了一个“村庄”，生活在世界每个角落的人们都不能再“躲进小楼成一统，管他冬夏与春秋”了，经济全球化，信息一体化，人们的交流日益便捷且频繁。在这样一种背景下，新闻媒体的重要性不言而喻，但对其的要求也越来越高，说句老生常谈的话，那就是机遇与挑战并存。随着中国经济的快速发展，当代中国传媒业一路高歌猛进，但竞争也更加激烈，特别是随着中国加入 WTO 以及互联网传播的兴起，这种竞争更加白热化。媒体格局在重塑，当代中国传媒业呈现新的发展趋势。

第一，扩大规模，实行集团化运作。当改革不断推向深入，市场的力量得到认同，新闻媒体的产业属性进一步显现，各党政机关的媒体纷纷创办服务市民、主攻市场的都市类媒体。一开始，媒体之间的竞争还是处于小规模的自由竞争状态，但随着竞争的加剧和国家政策的推动，2009 年 4 月 6 日，新闻出版总署印发《关于进一步推进新闻出版体制改革的指导意见》，鼓励和支持业务相近、资源相通的新闻出版单位，跨地区、跨部门组建出版传媒集团公司。早在 1996 年，中国组建了第一家报业集团——广州日报报业集团，之后，中国的报业集团竞相涌现，如羊城晚报报业集团、深圳报业集团、南方报业传媒集团等，至今全国约有 50 家报业集团。1999 年，中国首家广播电视集团——无锡广播电视集团成立，如今有影响力的广播电视集团有上海文广新闻传媒集团、湖南广播影视集团、江苏省广播电视集团等。为了进一步扩大规模，提升媒体竞争力，传媒集团之间的跨区域、跨媒体合作已是新动向。早在 2003 年，光明日报报业集团与南方报业传媒集团合作创办《新京报》；2012 年，传媒业在跨区域合作方面继续探索，如南方报业传媒集团与合肥日报报业集团合作改版《江淮晨报》。传媒业在跨媒体合作方面，势头依然强劲。2012 年 5 月 24 日，四川日报报业集团与四川广播电视台举行战略合作暨文艺广播 FM90.0 合作签约仪式；7 月 3 日，中央人民广播电台与北京日报报业集团等来自全国 15 个省（区、市）的 16 家报业集团在北京签署战略合作协议，相互借取传播优势，建立长效合作关系，共享重大新闻资源，实现创新发展。

第二，传媒上市，资本化运营。以前，政府对媒体上市是十分谨慎的，对媒体来说，上市可以解决资金问题，为传媒竞争积累资本力量，自然就提升了自己的竞争力。早在 1999 年，《成都商报》借壳上市，是第一家“吃螃蟹”的媒体。如今，广州日报报业集团、解放日报报业集团、浙江日报报业集团等也成功上市，全国范围内约 9 家报业上市。广播电视集团方面，上海文广新闻传媒集团、深圳广播电视集团等已上市。在上市过程中，以党政机关为背景的传媒集团似乎不顺利，但更多媒体要上市，已是趋势。相对来说，商业化运营的网站上市较顺利，如新浪、网易、搜狐等已成功在美国上市。新闻网站上市也有了实质性进展，如 2012 年 4 月 27 日，人民网在上海证交所上市，半小时后股价就上涨 73.6%。随着人民网的成功上市，我国新闻网站或将迎来一波上市浪潮。

第三，媒介融合，全媒体发展。“媒介融合”的概念是从美国引进的，在新闻实践和新闻教学上，强调多种技能的培养与运用，主要体现在多种媒介的融合，一个人可以胜任不同媒介的新闻工作。更深层次的是，媒介融合改变了媒体的新闻产品生产流程，也重造了媒体内部结构。2007 年 6 月，《广州日报》滚动新闻部成立，成为《广州日报》纸质版与广州日报新媒体（包括互联网、手机和视频）的跨媒体平台，负责报纸、手机和网站三个部门的联动发稿。滚动新闻部的成立，使《广州日报》能够依托其网站展开每周 7 天、每天 24 小时全天候的跨媒体传播。广州日报报业集团非常重视媒介融合，实行全媒体发展，专门成立了新媒体事业部，滚动新闻部隶属于新媒体事业部。北方的烟台日报传媒集团在 2008 年 5 月成立了“全媒体新闻采编中心”，整合了旗下 3 家报纸的人力资源，重构了新闻生产流程，该中心相当于集团的“通讯社”，记者以多媒体方式采集新闻，并通过网站、手机、报纸、数字报刊、视频等实现多次传播。虽然关于传统媒体转型、实现媒介融合战略一直在新闻业界和学界都有争议，但随着互联网传播的迅速发展和受众接受信息习惯的转变，传统媒体借助媒介新技术寻求产业突破，已是大势所趋。

第四，移动终端，数字引领未来。基于国内 3G 市场的开放，一直制约发展的宽带速度问题得到解决，移动互联网将迎来一个新的发展高峰期。相对于桌面互联网，移动互联网拥有更为庞大的用户基数。截至 2012 年底，我国手机网民已达 4.2 亿，较上年底增加约 6 440 万人，网民中使用手机上网的人群占比由上年底的 69.3% 提升至 74.5%。智能手机、平板电脑的广泛使用，以及 3G 网络的日益普及，带来的必然是中国手机媒体的移动网络化。手机媒体与社会生活的各个方面二次融合，成为多功能化的“个人中枢”。① 2012 年 5 月 17 日，《京华时报》在北京举行云报纸全球首发仪式，读者通过手机客户端拍摄报纸图片，即可通过云计算查看与图片相关的视频、背景资料等信息。另外，大数据（Big Data）是一个不能回避的关键词。一些嗅觉敏锐的媒体已经开始大数据时代的“掘金之旅”，浙江日报报业集团旗下的新媒体战略投资机构——传媒梦工场最近投资了知微、优微两个项目，目标直指社交网络的数据深度挖掘。大数据时代的来临，对于传媒业来说，一方面加强了传媒精准化服务的能力，提升了定制服务的水平；另一方面，拓展了经营空

① 中国新闻出版研究院传媒研究所：《2012 中国传媒创新报告》，《传媒》2013 年第 2 期。

间，媒体可以依托新的技术手段，开辟各种数据应用。由于媒体在数据采集、储存和整理、分析等方面拥有得天独厚的优势，因此，在大数据时代来临之际，可以预见，传媒业将在数据服务业的发展中拥有更加广阔的发展前景。

第四节　中国新闻事业的性质和任务

新闻具有双重属性，这决定了新闻媒体既从属于上层建筑，又从属于信息文化产业，这已是新闻界的共识。但不同社会制度和国情的国家，新闻媒体行业的性质与任务是有差别的，因为其性质与任务要符合本国实际情况。中国新闻事业的性质，要与中国特色社会主义制度相符；中国新闻事业的任务，要随着中国改革开放的步伐，不断与时俱进。

一、中国新闻事业的性质

长期以来，我们认为新闻事业从属于上层建筑，是中国社会主义事业的一部分，是党和政府、人民的耳目喉舌。这一认识是有历史渊源的，是马克思主义新闻理论的一个传统。1849 年，马克思在《〈新莱茵报〉审判案》的发言中说：报刊“是无处不在的耳目……是热情维护自己自由的人民精神的千呼万应的喉舌”。1930 年，中国共产党政治机关报《红旗日报》的发刊词中写道：“本报是中国共产党的机关报，同时在目前革命阶段中必然要成为全国广大工农群众之反帝国主义与国民党的喉舌。”再到 1948 年，刘少奇同志在《对华北记者团的讲话》中说：“你们是党和人民的耳目喉舌。”这种认识与传统，既是对新闻属性的深刻理解，又是符合中国社会实际的。

今天，我国正在建设有中国特色的社会主义制度，新闻事业是党和政府、人民的耳目喉舌。同时，我们在不断完善社会主义市场经济，让经济运行符合市场规律，而新闻具有商品属性，新闻媒体作为信息文化产业，具有巨大的市场潜力，我国的产业结构转型，就是要不断做强做大信息文化产业，提升信息服务能力。因此，中国新闻事业不仅为政治经济社会的发展营造良好的舆论环境，做好新闻传播促进经济发展，自身还要作为经济实体参与市场竞争。其实，早在 1949 年 12 月，新闻出版总署曾召开全国报纸经理会议，决定报纸实行企业化经营，但没过几年就停止执行了。1978 年，财政部批准《人民日报》等几份北京的报纸试行企业化运作，也是有名无实，没有贯彻执行。一直到党的十四大召开后，我们才真正开启中国新闻事业的经济发展“快车道”。

因为新闻的双重属性以及我国的社会制度，中国新闻事业虽然是市场中的经济实体，但它还是实行“事业化管理、企业化经营”。这意味着，中国新闻事业与其他经济产业不同，其生产的是具有意识形态的精神产品，因此我国是党管媒体，新闻媒体的编辑方针和新闻生产要服从党和政府的大政方针，新闻媒体要及时准确地传播党和政府的声音，阐述党和政府的方针政策，维护国家形象和利益。

我们是人民的党和人民的政府，中国新闻事业要服从党和政府领导，同时要服务人民利益，满足群众信息需求。新闻界开展“走基层、转作风、改文风”活动，深入群众的田间地头，走进百姓的庭院民房，倾听群众声音，反映人民疾苦，表达公众诉求，是中国新闻事业的职责所在。

二、中国新闻事业的任务

中国新闻事业的性质决定了我国新闻媒体要为党和政府、人民的利益服务，要紧密围绕党和国家的大政方针、人民群众的生活福祉而开展新闻工作，要有大局意识和人文关怀。在改革开放初期，邓小平曾指出：“要使我们党的报刊成为全国安定团结的思想上的中心。”这一论述高屋建瓴地阐明了中国新闻事业所应担当的任务。

我国正处于社会结构转型、经济产业升级的历史时期，进入了改革“深水区”阶段，社会问题集中显现，利益纠缠十分复杂，新闻媒体要发挥传播功能，促进社会和谐与经济发展。以前，我们说媒体是党和政府、人民的耳目喉舌，这表明新闻媒体应收集反映社会舆情、传播党和政府的正确声音，向国内外阐述国家的政策主张。然而，随着社会加速转型和媒体格局的新变，社会复杂化和言论多元化已是我国社会的表征，新闻媒体面对这一境况，不仅应积极主动地做好党和政府、人民的耳目喉舌，还要发挥舆论引导功能，弘扬主流声音。1996 年 9 月 26 日，江泽民总书记视察人民日报社时强调：“舆论导向正确，是党和人民之福；舆论导向错误，是党和人民之祸。”后来，胡锦涛总书记也说：“舆论引导正确，利党利国利民；舆论引导错误，误党误国误民。”从“喉舌论”到“导向论”，说明中国新闻事业的任务进一步丰富了，要与时俱进，应为时代发展和社会转型提供舆论支持。

2008 年 6 月 20 日，胡锦涛总书记考察人民日报社时特别强调：要充分认识新兴媒体的社会影响力，新闻宣传工作要按照新闻传播规律办事。这是针对互联网传播兴起的新情况而提出的新要求、新任务。现在，我国媒体格局的变化，导致舆论格局的重塑，形成了“两个舆论场”：一是以传统主流媒体为阵地的“主流媒体舆论场”；一是以互联网为载体的“民间舆论场”。只有两个舆论场的重合度越高，不同言论才会沟通交融，社会才能和谐，经济才能发展。作为中国特色社会主义事业的一部分，传统主流媒体应发挥自己的公信力、影响力，努力打通“两个舆论场”，应把体现党的意志与反映人民心声统一起来，把坚持正确导向与通达社情民意统一起来、把坚持正面宣传为主与加强和改进舆论监督统一起来。当然，我国新闻媒体要从物质和精神两方面来推动和保障经济建设的发展。

在国际传播格局中，我国新闻媒体要对外阐述我国的方针政策，传播我国的立场主张，维护我国的正当利益，弘扬我国的传统文化，同时，要积极推进世界政治多极化、经济一体化、信息全球化，加强世界各国的交流沟通，维护世界的和平环境。

【思考题】

1. 谈谈当代中国传媒业发展的总体特征。

2. 试论当代中国传媒业的发展趋势。

3. 谈谈你对中国传统主流媒体的认识。

4. 数字化时代，传统媒体如何转型？

5. 试论中国新闻事业的性质与任务。

【延伸阅读】

1. 胡锦涛：《在人民日报社考察工作时的讲话》，《新闻战线》2008 年第 7 期。

2. 刘卫东：《当代中国新闻改革的历史方位》，《新闻与传播研究》2009 年第 6 期。

3. 刘建明：《当代新闻学原理》，北京：清华大学出版社 2003 年版，第 482 页。

4. 宋建武、何希：《困惑中探索：2012 年度的中国传媒业》，《中国记者》2013 年第 1 期。

第十四章 中国新闻事业的工作原则

新闻事业是新闻机构及其业务活动的总称。新闻事业的全部业务活动又被称为新闻工作，新闻工作是一种有组织、有系统、有规律的传播活动，在长期的传播工作中，遵循着一定的原则和方法，形成了一定的行为和规范。新闻工作既要受到来自外部的国家政治和法律方面的规范和制约，也要受到来自内部的业务规则的规范与制约。在长期的实践中，中国新闻事业形成了一系列工作原则，包括新闻党性原则、真实性原则、指导性原则、群众性原则等。

第一节 党性原则

党性原则是新闻工作的政治规范，是指阶级、政党、国家等社会政治因素对新闻传播活动形成的规范和要求。党性原则就是代表和体现政党利益的基本原则，中国新闻事业既要遵守世界新闻事业的普适性原则——新闻事业的真实性原则，也要遵循以党性原则为核心的一系列政治原则，因为新闻事业的根本属性是属于上层建筑意识形态领域，因此，它必须自觉地为特定的阶级、政党服务。而在现代社会中，一定的阶级、政党及其所掌控的国家及政府机构都会根据自身利益的需要，对新闻媒体提出特定的政治要求，以规范其行为，其目的就是使新闻传播活动体现自己的立场观点，实现自己的传播目的。

一、新闻事业的党性

党性是阶级性的集中表现，在阶级社会中，政党要借助各种手段维护自己所代表的阶级的利益和意志，从而体现出自己的倾向性、阶级性和党派性。在探讨新闻事业的党性原则之前，我们有必要认识一下新闻事业的倾向性、阶级性和党派性。

1. 新闻事业的倾向性

倾向性是指人们对事物表现出来的某种爱憎情感和立场观点，新闻事业的倾向性是指新闻传播机构及新闻工作者在传播新闻过程中所表现出来的立场和观点。①它体现在新闻报道政治上的价值取向。

新闻机构及新闻工作者在出版新闻过程中，由于价值观念、文化传统和伦理道

① 郑保卫:《当代新闻理论》，新华出版社2003年版，第338页。

德等因素的影响和制约而表现出来的倾向性，属于一般倾向性，这种倾向性普遍存在于新闻传播中。那些由于政治因素的制约而产生的倾向性叫作政治倾向性。政治倾向性有些是通过党性表现出来的，有些是通过阶级性来体现的。

2. 新闻事业的阶级性

阶级性是指在阶级社会中人所具有的阶级属性，它是由人所具有的阶级地位决定的。新闻事业的阶级性是指新闻机构及新闻工作者在新闻传播过程中表现出的立场和观点所具有的阶级属性。① 例如，美国有线电视新闻网（CNN）一直强调要以客观公正的态度报道新闻，但是在报道拉萨发生的暴力事件中，以 CNN 为代表的部分西方媒体出现了大量失实报道；在报道北京奥运圣火在旧金山传递时，主持人在谈论中美关系时甚至使用了侮辱性的语言。2010 年，CNN《拉里·金直播节目》执意采访达赖并播出有关节目，为达赖和“藏独”反华势力提供讲坛。

3. 新闻事业的党派性

党派性是指政党或政党中的派别在利益、意志、思想感情方面的表现。党派性的严格表现就是党性。

二、党性原则的形成及其历史发展

1. 党性原则的提出

公开承认新闻事业的党性原则是无产阶级新闻事业与资产阶级新闻事业的显著不同，无产阶级新闻事业的党性原则是在无产阶级新闻实践中逐步形成的。最早从理论上对党性原则进行论述的是马克思和恩格斯，他们有关党报工作的论述虽然涉及党性原则问题，但并没有明确提出党报党性这一概念。他们对党的报刊的阐述，重点强调的是无产阶级报刊必须突出自己的性质，坚持无产阶级的立场、利益和目标。这实际上构成了党报党性原则最基本的内涵。

马克思和恩格斯提出：党的报纸首先应该是“政治性机关报”，应该成为“党的气质”，应该表现出“特殊的无产阶级性质”。

在全世界共产党人的纲领——《共产党宣言》中，马克思、恩格斯鲜明地指出，共产党人“没有任何同整个无产阶级的利益不同的利益”；“共产党人可以用一句话把自己的理论概括起来，消灭私有制”；“共产党人不屑于隐瞒自己的观点和意图”。②

比如在办《新莱茵报》时，他们“最初是作为最极端的民主派登上政治舞台的”。这些论述强调了报纸具有阶级性和党派性。但第一个明确提出“党性”这一概念，并对其内容作出系统论述的是列宁。

---

① 郑保卫：《当代新闻理论》，新华出版社 2003 年版，第 339 页。

② 黄旦：《新闻传播学》，浙江大学出版社 1997 版，第 265 页。

2. 列宁：报纸是党的事业的一部分

列宁在1905年发表于《新生活报》第12期上的《党的组织和党的出版物》是关于党性原则最具体、最完整的表述，其主要观点如下：

第一，“对于社会主义无产阶级，写作事业不能是个人或集团的赚钱工具，而且根本不能是与无产阶级总的事业无关的个人事业”。“写作事业应当成为整个无产阶级事业的一部分，成为由整个工人阶级的觉悟的先锋队所开动的一部巨大的社会民主主义机器的‘齿轮和螺丝钉’。写作事业应当成为社会民主党有组织的、有计划的、统一的党的工作的一部分。”

第二，出版事业应当成为党的工作机构，党报应当成为党组织的机关报，应受党的监督和领导。

第三，党组织要关心和重视出版事业，要加强对出版事业的领导。

第四，只有完全按照党性原则工作的出版事业才是真正的党的出版事业。

3. 中共党报理论的形成

我党新闻工作的党性原则，更多的是源于列宁的党报理论和实践。列宁关于办报的一些论述，在20世纪20年代后期已为中国共产党人所熟知。这期间，列宁的《从何着手》、《论我们报纸的性质》、《党的组织和党的出版物》等文章，已经同我们党的先驱者们见面。从一开始，中国共产党就是在列宁这种思想的指导下，来阐述和规范党报党性原则，在中国共产党的“一大”决议中就明确规定：杂志、日刊、书籍和小册子均由中央执行委员或临时中央执行委员会经办；无论中央或地方的出版物均由党员直接经办和编辑；任何中央或地方的出版物均不能刊载违背党的方针、政策和决定的文章。

到了1942年延安整风期间，在改造党报的工作中，又发表了《列宁论党报》、《联共（布）党史论〈真理报〉》、《俄共（布）第八次代表大会关于报纸的决议》等全面阐述列宁党报思想的文章。《解放日报》全文刊登了列宁的《党的组织和党的出版物》，使列宁的党报理论得到了广泛的传播。

对党报党性原则最详细、最权威的阐述，当推1942年延安《解放日报》的两篇社论：《致读者》和《党与党报》。

《致读者》中说：“试问报纸到底如何才能成为集体宣传者、集体鼓动者和集体组织者呢？第一，贯彻着坚强的党性。”在《党与党报》的社论中，除了继续重申党报的“一切要按照党的意志办事”外，还进一步指出两点：第一，“党的领导机关要看重报纸，给报纸以宣传方针”。第二，“不但党的上级机关……而且党的各级机关，各级组织，以至于每个党员，都对党报负有责任”。①

延安整风时期是中国共产党党报理论的形成时期，关于新闻工作党性原则的系

① 引自《中国共产党新闻工作文件汇编》上卷第1页，下卷第55页。

统观点可以概括为：党报必须增强党性；党报应按照党的方针进行宣传；党报要和党中央保持政治步调的一致；党委要关心党报的工作等内容。

在新闻工作的具体实践中，以毛泽东同志为代表的中国共产党人，以实事求是的科学态度，独立自主地思考党报工作的实际问题，形成了一整套适合中国国情的新闻工作的原则、方针和政策，并使它具有易于中国人民所理解和接受的民族形式和民族风格。

三、党性原则的基本要求

党性原则的基本要求包括：在思想上，坚持马克思主义、毛泽东思想、邓小平理论，坚持实事求是的科学态度；政治上，坚决和党中央保持一致，正确宣传党的纲领路线和方针政策；组织上，自觉接受党的领导，严格遵守党纲、党章，服从党的一切决议，遵守党的纪律。

新中国成立之后，毛泽东、邓小平、江泽民、胡锦涛等领导人在有关新闻工作党性原则的论述中，其主要观点也涉及上述内容。

四、党性原则在当代的体现

新闻工作党性原则的生命力在于当代化。这种当代化，就是把马克思主义关于党报工作的基本原理同时代实践紧密结合起来，在探索和解决时代实践的新问题中，用新的思想、新的观点、新的方法，继承和发展新闻工作的党性原则。这种基于时代实践的新闻工作的党性原则，是新闻工作党性原则的一种本质特征。

实事求是是党性原则的精髓，在新媒体时代，一方面，由于网络主体的多元性，对于宏观控制来说，就存在了相对较大的难度。另一方面，由于网络的对等传播方式，传受关系发生了质的变化，“网络受众”已经不再甘于做“沉默的大多数”了。绝大多数新闻网站是商业运作，它的目的不外乎是提高点击率、吸引更多的广告客户。其新闻内容选择和言论发布会很大程度上根据受众所表现出来的喜好或厌恶来变动。这就造成新闻变得越来越主观化、个人化，传播本身已经不能被简单地归入某一种单向的或是双向的结构模式中去，而越来越显现出一种无规则的互动状态。在当前形势下，新闻工作尤其需要坚持党性原则，需要本着实事求是的精神，坚持“政治家办报”，在新闻工作中提高政治素养，讲党性，讲政治。“政治家办报”是毛泽东同志于1957年提出的，江泽民同志基于新中国成立后新闻工作的经验和教训，在1996年重新提出这一观点，并对新闻工作所讲的“政治”的内涵作了明确的解释。他指出：“政治包括政治方向、政治立场、政治观点、政治纪律、政治鉴别力、政治敏锐性。”① 按照这一标准，新闻工作者和新闻传媒必须坚持正确的政治

---

① 江泽民：《江泽民同志视察人民日报社时的讲话》，《新闻战线》1996年第11期。

方向、坚定的政治立场、鲜明的政治观点、严格的政治纪律、高度的政治鉴别力和政治敏锐性，才能说是做到了“讲政治”。

新闻事业最主要的功能是报道新闻、反映并引导舆论，而新闻舆论作为上层建筑、意识形态的一个重要组成部分，同社会政治、经济、文化生活的各个领域都有密切的联系，并对它们产生广泛而深刻的影响。舆论导向正确与否，关系到国家政权和社会是否稳定与和谐，所以，江泽民同志指出：“舆论导向正确，是党和人民之福；舆论导向错误，是党和人民之祸。”① 在当前复杂的社会形势下，在新闻宣传工作中坚持党性原则就是坚持新闻传媒是党和政府、人民的喉舌定位，因此，坚持新闻事业的党性原则，既是确保党的执政地位的需要，同时也是新闻事业自身健康发展的保证。

第二节　新闻真实性原则

新闻真实性原则所涉及的是关于“怎样传播”的问题，如果说“传播什么”是研究新闻传播活动的第一个核心问题，那么，“怎样传播”就是研究新闻传播活动的第二个核心问题。② 新闻真实性原则就是关于“怎样传播”问题中世界各国、各种性质的新闻媒体需要共同遵守的一个普适性原则。

新闻真实性原则也是一个业界和学界探讨较多、颇有争论的理论问题。中国人民大学教授郑保卫总结了我国近30年来对有关新闻真实性原则问题进行的研究，将其分为以下几个方面：关于新闻真实性含义及要求的研究；对新闻真实理论中几组概念（如现象真实与本质真实、事实真实与总体真实、微观真实与宏观真实、真相真实与假象真实等）的研究；关于真实性与党性原则关系的研究；关于新闻失实表现、原因及其防治的研究；对不同历史时期新闻真实理论的研究；对网络新闻真实的研究；对新闻真实有限性的认识等。

一、新闻真实性原则的含义和解读

1. 新闻真实性原则最基本的含义——新闻要素的真实

新闻真实性原则比较复杂，但其最基本的含义是依据马克思所说的“根据事实来描写事实”的新闻原则，强调新闻的事实性真实，实现事实性真实的最为基本的要求是对于具体的新闻报道的真实性的保障和规定。新闻是由新闻要素构成的，因此，一则具体新闻的真实，是由构成这则新闻诸种要素的真实所体现的。根据这一理解，新闻真实性是指新闻报道中的事实与客观事实之间的准确度，也就是说，新闻报道中的每一个事实都必须合乎客观实际，即表现在新闻报道中的时间、地点、

① 江泽民：《江泽民同志视察人民日报社时的讲话》，《新闻战线》1996年第11期。

② 杨保军：《新闻理论教程》，中国人民大学出版社2010年版，第111页。

人物、事件、原因和经过都要经得起核对。

新闻报道要实现真实性，首先要保证构成新闻事实的要素是真实的，因为一则具体的新闻，是由一系列新闻要素构成的，具体新闻的真实要依赖新闻要素的真实，要保证构成新闻的要素真实，在新闻报道中就要使新闻要素得到真实、全面的反映。

要做到新闻要素的真实，还要强调新闻的真实度，因为新闻真实的度量之差，让受众对事实的认识有深浅、详略的不同。真实度是指新闻真实的清晰、真切的程度。新闻内容真实度的大小可以用新闻的真实值来衡量，真实值高的新闻，新闻内容的真切、清晰度就高，也就意味着新闻的真实性程度更高。因此，强调新闻的真实度和真实值，是保证新闻真实性的更加细化的要求。例如，一家报纸有一条报道：昨天下午在天河北路时代广场附近发生了一起交通事故，两车追尾死伤两人。另一家报纸报道：昨天下午 5 时 30 分，两辆汽车在天河北路时代广场正门西边 5 米处相撞，1 人死亡，1 人受伤。两家媒体的报道都是真实的，但后一家报纸的报道显然更加具体、真实。

除了对新闻要素的真实性要求外，对新闻真实性的另外一种要求是指新闻报道要准确地报道全面的事实，这是对新闻真实性的更高要求，但这一点却是完整理解新闻真实性原则所必备的含义。因为真实首先要求所反映的对象是客观存在的，即要素真实，这是真实的基础；其次，真实讲的是正确、全面地反映客观事实，即揭示事实真相，这是真实性的本质含义。也就是说，新闻真实的基本要求是报道事实，更高要求是揭示真相。可以这样理解，衡量具体的或单一的新闻报道的真实性，应该包含两个层面的意思：第一，新闻要素的真实，即新闻报道的对象是客观存在的，是实有其事的；第二，新闻报道对新闻事实的反映是全面的、正确的。

2. 新闻要准确、客观、全面地反映事实的整体面貌

新闻报道大部分涉及的都是个体真实，即新闻中单一事实的真实，但是针对那些复杂、重要或具有漫长过程的事件来说，其真实性就不能用新闻中“某个”事实的真实来衡量了，高层次的真实突破了个体新闻事实真实的范畴，把反映一事一物的准确度延伸到对宏观事物的准确反映。中国人民大学新闻学院杨保军教授在其《新闻理论教程》中认为，由于新闻事实在客观上的各种差别，传播主体认识能力上的局限，传播目的的影响等因素都制约着处于动态变化中的那些复杂、重要的事件报道的真实性的实现。如果想使新闻报道既成为真正的新闻，又能最终在整体上反映事实的真实面目，就必须通过过程性的、进行式的多次报道来实现。也就是说，新闻真实是准确地再现个别事实在事实总体中的客观全貌。

3. 新闻真实是相对的真实，新闻事实不完全等同于事实

首先，新闻一定要真实，一定要忠于事实，这是不容置疑的；新闻并非报道所有事情，刊登一切，这也是不容置疑的；绝大多数新闻报道的事实，一定要经过人们主观价值的判断过滤，在一般事实与新闻事实的关系上，一般事实是全体，新闻事实是部分，而且是很小的一部分。这就从根本上决定了新闻真实只能是关于新闻

事实的真实，新闻报道的真实只能是新闻传播范围内的真实，只能是“新闻世界的真实”。其二，新闻真实是一定新闻传播价值取向下的真实。新闻报道的事实，必然包含着主观判断，面对同一客体，不同的新闻传播主体会有不同的报道及其解读，因而会有不同的传播效果。一般来说，几乎没有任何新闻传播主体会否认客观事实的存在，但是从什么立场审视、什么角度报道，运用怎样的观点和倾向进行阐释，对事实的素材进行怎样的切入和取舍，又怎样进行裁剪和编辑，以至于版面的安排、字号的大小、位置的摆放等，这些新闻手段的选择和操作，无不打上新闻传播主体的价值观念的烙印。其三，新闻真实是传播者认知限度内的真实。传播者认识新闻事实能力的有限性，决定了新闻真实实现的有限性和相对性。“仅仅讲出真相，这容易得多，而要是讲出全部真相，这要困难得多。”① 其四，新闻认识必须是及时、迅速的反映。快，就容易看“走眼”，难免失实。新闻事实的多样性、复杂性、变动性等特征，在传播过程中，给传播者对事实的真实把握带来困难，难就容易出错。其五，新闻真实是环境因素影响下的真实。构成新闻传受环境中的各种政治、经济、文化、技术等因素，都会以各种方式影响到新闻真实的范围和程度。②

4. 几个需要搞清楚的问题

（1）新闻真实性与新闻倾向性。

应该怎样看待新闻倾向性和新闻真实性的关系呢？是否强调了新闻的真实性就可以忽视新闻的倾向性？两者的关系如何？我们认为，新闻的倾向性与真实性是共存的，但真实性是第一位的，倾向性是第二位的。新闻的倾向性是建立在事实的基础之上的，倾向性必须依附于事实，不能凭空、人为地强加给新闻事实以倾向性。

（2）新闻真实性与文学真实性。

新闻的真实性与文学所讲的真实性是不同的，新闻要求具体事实的真实，对于一则具体的新闻报道中的事实，要求新闻事实的要素能够与客观存在的事实相吻合。文学要求的真实是生活的真实，只要能够符合社会生活的本质就是真实的，文学作品中所反映的事件只要在生活中有所存在就是真实的，不要求具体事件的真实。如鲁迅作品《阿 Q 正传》中的人物阿 Q，就是具有“精神胜利法”这一类人的代表。

二、失实新闻、假新闻产生的原因和类型及社会机制

1. 失实新闻、假新闻产生的原因

对于虚假新闻产生的原因，我们可以先从新闻产品产生的过程来展开分析。先来看新闻生产与传播的基本过程（如图 14 – 1 所示）：

---

① ［法］让·拉库蒂尔：《新闻工作者的良知》，张穗华主编：《媒介的变迁》，中国对外翻译出版公司 2002 年版，第 6 页。

② 杨保军：《新闻理论教程》，中国人民大学出版社 2010 年版，第 111 页。

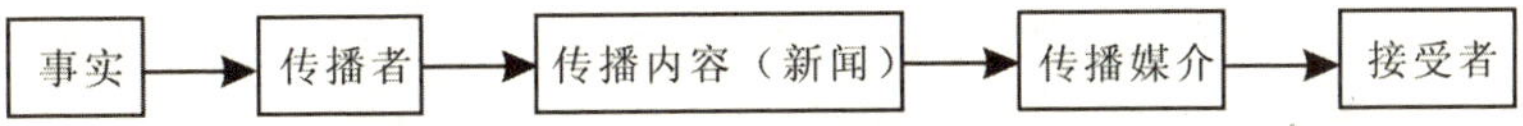

图 14－1　新闻生产与传播的基本过程

新闻传播有三个最基本的要素：事实（在新闻传播中指的是信息）；新闻传播者；新闻接受者，即受众。传播的内容是新闻，从事实到新闻的产生，经过了人对信息的反映和选择及加工过程。

信息与人的关系，可以分为三种状态，即“自在信息”、“自为信息”和“再生信息”。所谓自在信息，就是还处在未被认识、未被反映和把握的纯自然状态的信息，即事实。“自为信息”则是信息进入了一个具有感知、识辨和反映能力的信息控制系统，是对自在信息的主观把握和认识。“再生信息”是人的大脑对自为信息的加工、复制，并以一定的物质载体加以表现的信息，也可称之为人工信息，① 也就是传播的内容（新闻）。我们把新闻作品中涉及的事实信息叫作新闻事实，新闻事实是经过新闻传播者选择加工过的事实。

由此来观照新闻产生过程，我们就很容易得出以下结论：它是一个信息由自在向再生转化的过程。当事实的信息未能刺激传播者并进入其视野时，它是一种自在信息；当信息经过传播者的整理、加工、制作，然后以编码、符号形式表现出来并成为新闻时，它就变为再生信息。基于此，我们还应对新闻产生过程补充一点，即是一个对信息加工、制作的过程。②因此，可以辨别信息与讯息的区别。

讯息（message）一词，也可以译成“消息”、“文告”等。这是一个与信息（information）意思相近但又有细微区别的概念。讯息与信息的最大区别在于，信息是原生的，有很大的不确定性和混杂性。讯息是人按照一定的目的将某些信息采集得来，并经过智能劳作创造出来的，其表现形态是根据代码规则编排有序的符号模式。打个比方，一新闻单位了解到某种新近变动的情况，但尚未经记者采写，那还是信息。一经记者采写和报道便是讯息了。从信息到讯息，从内容到形式都已升华为精神文化生产的半成品了。

任何新闻报道都是经过选择的。新闻工作者必须从每时每刻变化着的世界中选择极其有限的事件用以公开传播，这里有个主次、轻重、缓急的选择。在这样的选择过程中，必定含有不同的认识，不同的价值取向，于是同一事件不同传媒报道出来可能会大相径庭。以党报为例，其新闻生产受到宣传逻辑、新闻逻辑、市场逻辑等三重逻辑的制约。③

经过对新闻的产生过程的剖析，不难看出虚假新闻产生的原因，但这只是从新

①②　黄旦：《新闻传播学》，浙江大学出版社 1997 年版，第 142 页。

③　田秋生：《市场化生存的党报新闻生产——〈广州日报〉个案研究》，中国广播电视出版社 2010 年版，第 34 页。

闻从业者的角度来探讨问题，事实上，虚假新闻的产生不仅与新闻从业者相关，而且与整个新闻生产过程相关，还与当时的社会历史条件相关。

2. 失实新闻、假新闻的类型

新闻失实，就其性质来说，可以分为两种：故意性失实和非故意性失实。所谓故意性失实是指明明知道自己所写的新闻与实际情况不符，却明知故犯，造成新闻失实。① 所谓非故意性失实是指新闻报道者没有主观故意却造成自己报道的事实与实际情况不相符合。

“假新闻”（虚假报道）和“失实新闻”（失实报道）的本质区别在于有无事实依据。凡是虚构出来的新闻事实为本源的“新闻”，是“假新闻”，或“虚假报道”；而具有新闻事实依据，却没有全面、准确、恰当地报道新闻事实的新闻，是“失实新闻”或“失实报道”。②

失实新闻和假新闻我们统称为虚假新闻，从实际情况看，有以下几种类型：无中生有，公开造假；宣传典型，任意拔高；屈从压力，写昧心稿；唯利是图，编造新闻；粗枝大叶，调查不实；道听途说，捕风捉影；知识贫乏，不懂装懂；合理想象，添枝加叶；偷梁换柱，移花接木；追求轰动，肆意炒作；挟私报复，指鹿为马。

案例 1：“深圳女孩当街给残疾乞丐喂饭”。2013 年 3 月，中国新闻社广东分社记者收到社会来稿后，未深入采访核实就将稿件《深圳 90 后女孩当街给残疾乞丐喂饭感动路人》和图片编发后上传至中国新闻网，并署名记者采写、摄影。此“新闻”就是无中生有，公开造假。

案例 2：“天然气将大幅涨价”。2013 年 3 月，《中华工商时报》记者在仅采访了有关机构及专家、未向国家权威部门核实的情况下，就写出报道《天然气市场化改革踏上“最后一公里”》，称“从 4 月起，我国天然气价格将进行大幅度上涨，其各地零售终端价格将达到 3 元/立方米至 3.5 元/立方米区位，进而逼向 4 元大关”，随后有关部门公开辟谣。

案例 3：“流浪汉因拆迁变富翁”。2013 年 4 月，《信息日报》记者未做深入核实，就写出报道《流浪 9 年回家瞬间变“富翁”》，其中当事人获得“700 余万元的土地补偿金”等关键信息仅系求助站人员转述他人的说法。

案例 4：“南京市民排队喝鹿血”。2012 年 10 月 4 日《南京晨报》在“南京新闻”版报道《江宁一鹿场长假每天有人排队喝鹿血》。记者称，“十一”长假期间，在南京江宁横溪一个梅花鹿养殖场的会客室里，“一大早便挤满了从城里来的男男女女，一打听，他们是来排队喝鹿血补身子的”。报道同时配发了记者拍的图片，一名男子站在梅花鹿群前，正拿着一只鹿角吮吸鲜血。这条新闻迅速成为网上热帖，

① 李良荣：《新闻学导论》，高等教育出版社 2007 年版，第 218 页。

② 杨保军：《假新闻、失实新闻内涵辨析》，《今传媒》2008 年第 3 期。

成为“十一”长假期间最受关注的热点之一。10月16日，央视播出《真相调查：南京人长假排队喝鹿血?》节目。节目报道，9月份之前鹿茸就要全部锯完，否则就会长老了、没有用了，报纸上登的10月份喝鹿血根本不可能。并且多年来养鹿场从未发生过市民排队争喝鹿血的事情。

案例5：2012年4月9日凤凰网影视新闻频道报道称，“近日，3D《泰坦尼克号》将上映，其中露丝全裸露点的镜头被删引起了观众的质疑。对此，广电总局作出了解释，确认此事属实”。其实，这条“新闻”之前就在微博上广泛流传了，不少媒体微博曾转发过这一信息，该信息甚至被英国《卫报》等国外媒体关注并转发，连《泰坦尼克号》导演詹姆斯·卡梅隆也信以为真。后来，这个“国际玩笑”的始作俑者——网友“豆瓣逗你妹”解释了此事的来龙去脉。4月8日，他在自己的微博中杜撰了这条“新闻”。在这条纯属搞笑的微博最后，特意加上“#假新闻#”标签。对此，他解释说，考虑到大家可能对讽刺、恶搞的“洋葱文化”不了解，专门在最后加了一个“假新闻”标签，以免人们以假当真。不过，在社交媒体的不断转发中，这条信息“火”了，但是他特意设置的“假新闻”标签，却在转发中缺失了。有的媒体机构认证微博不但把“假新闻”标签丢掉，还换上“首席评论”的标签，更增添了这条信息的真实性、权威性。

虚假新闻和失实报道的问题相当突出，甚至在个别领域愈演愈烈，形式多种多样，手法不断翻新，对媒体的公信力和权威度以及整个舆论环境，都造成了很大的负面影响。从媒体分布来看，虚假新闻主要出现在报纸上，准确地说，主要出现在都市类和晚报类报纸上；从报道领域来看，娱乐、体育、经济等领域是虚假新闻的多发区和重灾区，时政新闻领域很少或几乎没有虚假新闻。

3. 虚假新闻产生的社会机制

前面我们重点从新闻生产过程的角度分析了虚假新闻产生的原因，下面我们从媒介社会学的角度分析虚假新闻产生的原因。新闻生产是一种社会过程，这一过程包括若干不可或缺的要素及其相互间的制约、影响关系，而这种制约、影响关系又是与具体的社会历史条件联系在一起的。当前，新闻生产的社会环境正处于广泛而深刻的变革过程之中。新媒体的发展也影响着传播的方方面面，中国正处在改革开放与社会转型的历史进程中，正是在这样的社会历史条件下，传媒业的市场化经营、产业化发展已成为媒介发展的必然趋势。这样一来，新闻生产过程中的各种要素及其相互关系变得日益复杂，虚假新闻的产生机制也随之变得日益复杂。

首先，从新闻机构与消息来源的关系看，记者依靠消息来源提供新闻素材，但也可能承担信息失实的风险。譬如：新闻通讯员、自由撰稿人的故意编造或技术失误；互联网尤其是网络自媒体的传言与恶搞；党政机构的片面宣传；试探性的“疑似新闻”的出现；利益群体的公关宣传或打压甚至抹黑竞争对手的信息传播等，往往导致新闻虚假或新闻失实。因此，如记者未对消息来源提供的素材加以认真核实，信息失真就很有可能产生。

其次，从新闻机构与传媒市场的关系看，在传媒业市场化经营、产业化发展的过程中，受众与广告主成为传媒的两个基本市场。新闻机构出于自身谋利的需要，有可能炒作明星八卦与社会问题，从而导致新闻虚假或报道失实。同时，广告主在支付传媒大量广告费用的同时，往往凭借其金钱的力量迫使媒体或利诱媒体心甘情愿地与之合谋，进行“商业炒作”乃至“有偿新闻”或“软文广告”，甚至“有偿不闻”，从而导致虚假新闻的产生。

再次，从新闻机构的从业者及其管理方式看，新闻从业者正面临着日益激烈的行业竞争与内部竞争，正面临着日趋企业化的工作绩效考核与薪酬奖励机制，工作压力明显增加。在这种情况下，新闻从业者的职业道德往往受到冲击，专业主义精神往往难以养成。于是，在受众市场的压力下，在广告市场的利诱下，面对日益复杂的新闻来源，记者不时出现盲信盲从、采访不深入、调研不扎实等技术失误，甚至为了某种目的而故意编造新闻。而编辑又不时出现把关不严，对虚假新闻宽容乃至放纵的情况，其结果必然导致虚假新闻的频繁出现。可见，新闻从业者在新闻理想追求、职业伦理操守、专业主义精神等方面的缺失，往往会为虚假新闻大开方便之门。

总而言之，社会转型过程中的浮躁社会心理，新闻媒体市场化运作的竞争压力，互联网自媒体所造成的信息革命，各种社会组织对新闻传播的利用，记者、编辑对新闻专业伦理的淡薄等各种社会因素的相互作用，是虚假新闻产生的社会环境。①

第三节　新闻的指导性原则

一、新闻指导性的含义

新闻事业的指导性，是指新闻业通过新闻手段具有的对收受者思想、观点产生影响和作用的属性。指导性原则，则是指新闻业对新闻传播活动的一种规范，即要求新闻业自觉运用新闻传播手段引导收受者。复旦大学李良荣教授给新闻的指导性下了这样的定义：“新闻指导性就是通过报道新近发生的事实来宣传一定的观点，影响受众的思想，把受众引导到既定的目标上去。”新闻的指导性是指新闻报道从思想上、道义上对受众的影响。这种影响是新闻传播机构运用新闻手段，反映和评价现实生活，引导社会舆论，对受众在思想、工作、生活以及人际关系等方面所起的影响和作用。

① 董天策：《虚假新闻的产生机制与治理路径》，《新闻记者》2003 年第 3 期。

二、新闻指导性的历史发展

中外新闻传播史都有关于新闻指导性的论述，在中国新闻史上，改良派领袖梁启超的新闻思想中就有这一方面的论述，他关于报纸两大作用的论述——“对于政府而为其监督者，对于国民而为其向导者”，以及报纸“去塞求通”的作用，不但强调舆论导向，也具有新闻指导性的含义。中国民主革命的领导者孙中山“设报馆以开新风”，我国新闻学科的奠基者徐宝璜认为报纸能够“灌输知识，提倡道德”，“登载真正之新闻，以为阅者判断的根据”。这些都包含着新闻的指导性。

在西方，社会责任理论倡导者对报刊的五项要求中有一条就是：报刊要澄清和提出社会的目标和价值观。他们大声疾呼：“我们必须承认，大众传播机构是一种教育工具，可能是最有力的教育工具；并且他们必须承担教育者的责任，陈述和澄清为之奋斗的理想。”①

无产阶级的革命导师马克思、恩格斯也十分重视报刊的指导作用，其最明确的表述，莫过于《新莱茵报（政治经济评论）出版启事》中的一段话：

> 报纸最大的好处，就是它每日都能干预运动，能够成为运动的喉舌，能够反映出当前的整个局势，能够使人民和人民的日刊发生不断的、生动活泼的联系。

指导性理论也是中国共产党新闻思想的重要组成部分，在中国共产党有关新闻工作的重要文献中，以及在中国共产党的具体办报实践中，指导性都被作为一个重大的理论问题和办报方针问题加以特别强调，成为我国新闻理论中的一个基本问题。

20 世纪 30 年代，中国共产党除了重视报刊的政治思想指导外，着重强调报刊对实际工作和斗争的指导，强调报刊在斗争中的组织作用。

40 年代，特别是延安整风运动前后，中共中央明确把是否密切联系实际、指导实践，作为衡量党报的一个条件。延安《解放日报》在其著名的《致读者》社论中，首次明确党报的概念和对党报的要求，包括“党性”、“群众性”、“战斗性”和“指导性”。

新闻事业对实际生活的指导，不仅表现在政治和思想上，而且包括技术性、业务性的指导和生活性的服务。大至国家政治生活、经济建设，小至家庭关系、衣食住行，新闻事业都应予以关心，研究新的矛盾和问题，提出实事求是的解决办法或指出可行的途径。

三、新闻指导性在当今社会的体现

原来的指导性思想建立于组织传播的基础上，主要是指党的组织通过报刊贯彻

---

① *A Free and Responsible Press*, U and C press, 1947.

自己的指示和意见，对自己的成员及其所从事的工作进行具体的指点和推动，从而统一思想，统一行动。新闻指导性的基本特点是多侧面的印证——印证党和政府各种举措、方针的合理性。当今的指导性，是根据社会生活的实际，对受众进行多方面的帮助和引导。

指导性在内容上包括政治、思想、工作、生活等方面；在表现形式上，既有思想上、工作上、学习上的指点迷津，授业解惑，又有生活上的排忧解难，驱寒送暖；在性质上，有的属于阶段、世界观等原则性问题，有的则是求知、求真、求善、求美，属于个人道德、个人情感与志趣的问题。在市场经济条件下，利益群体、决策主体多元化，由此决定新闻指导性的特点——阐释信息的意义。

当今社会，新闻指导性除了继续发挥鼓舞、示范、论证等作用外，重点要在“解释”、“启发”上下工夫。如媒体对“托举哥”周冲的报道、对不顾个人安危跳进珠江抢救落水群众的英雄郑益龙的报道，传达了社会的正能量，净化了社会风气，起到了示范作用。2011 年在“小悦悦事件”这一道德灰色事件发生后，《南方日报》策划报道“接力救人在广东”，先后开辟《善行南粤》、《践行广东精神》专栏，指导思想、弘扬社会正气、传递正能量。《羊城晚报》于2012 年3 月20 日发表的《癫狂的“灵修”》的调查报道，指引人们正视社会问题，启发人们树立正确的价值观、人生观。而《南方日报》围绕着形势新变化，采取“自上而下的设置议程”和“自下而上的引导议程”相结合，利用官方微博、问政平台、网络论坛、移动终端等，筛选热点问题，紧密围绕党和政府中心工作，对党和政府高度关注的问题进行分析阐释，做好社会热点问题新闻策划和正确引导，以新闻方式做宣传，帮助受众弄清发展趋势，权衡利弊得失，保持新闻指导性宏观上的舆论一律和微观上的多元表达。

第四节　新闻的群众性原则

一、群众性原则的含义

新闻事业的群众性原则应该包括三层含义：在内容上，新闻业应该尽量满足群众的需要；在工作路线上，新闻工作应该走群众路线，坚持全党办报（台）、群众办报（台）；在形式上，新闻、评论的表现形式应该尽量为群众所喜闻乐见。①

二、新闻事业为什么要体现群众性

1. 群众性原则是中国共产党党报思想的重要组成部分

新闻活动的群众性原则实际上是中国共产党的群众路线在新闻宣传工作中的具

① 李良荣：《新闻学导论》，高等教育出版社2007 年版，第234 页。

体体现。1942 年延安开始整风运动，中宣部发出《为改造党报的通知》，指出：报纸的主要任务就是要宣传党的政策，贯彻党的政策，反映党的工作，反映群众生活。4 月 1 日，《解放日报》实行改版，发表了改版社论《致读者》，强调报纸要加强党性和群众性，成为人民群众的喉舌和朋友。1956 年 7 月 1 日，《人民日报》开始进行新闻改革，改版当天所发的社论《致读者》提出“我们的报纸名字叫做《人民日报》，意思就是说它是人民公共的武器，公共的财产。人民群众是它的主人，只有依靠人民群众，我们才能把报纸办好”。2003 年 3 月 28 日，胡锦涛总书记主持中共中央政治局会议，并下发了《关于进一步改进会议和领导同志活动新闻报道的意见》，文件中提出了“三贴近”原则。

2. 满足受众需要是新闻事业产生和发展的基本依据

马克思说：“没有生产，就没有消费；但是，没有消费，也就没有生产，因为如果这样，生产就没有目的……因为消费创造出新的生产的需要，因而创造出生产的观念上的内在动机，后者是生产的前提……没有需要，就没有生产。”① 马克思所指出的社会生产的一般规律，对新闻业同样适用。新闻活动从本质上来讲就是信息的传递，而信息传递的对象就是受众，所以新闻活动的群众性是与生俱来的。新闻业就是以受众的需要作为自己产生、发展的前提。受众需要是影响、制约新闻业发展的决定性因素之一。

三、群众性原则在当代的体现

十六大以来，党中央在领导和指导新闻宣传的工作中，形成了某些新的思路。第一，关于新闻事业的群众性提出了“三贴近”原则，即贴近实际、贴近生活、贴近群众。“三贴近”旨在引导宣传思想工作者努力做到主观认识与客观实际相吻合，深入现实的社会生活，在通过自己的作品传播信息和表情达意时，与群众的利益、愿望、心声、期待、需要贴得更近，这些思想在胡锦涛总书记 2008 年 6 月 20 日的讲话中得到了强调。第二，在加强执政能力建设的过程中，提出扩大人民民主，保障人民的知情权、参与权、表达权、监督权，普遍建立起来的新闻发言人制度，确立并已实施的突发公共事件新闻报道和信息公开机制，表明人民的“四权”比以往更受重视。胡锦涛总书记在讲话中还指出：“要完善新闻发布制度，要健全突发公共事件新闻报道机制，第一时间发布权威信息，提高时效性，增加透明度，牢牢掌握新闻宣传工作的主动权。”这是我党在新时期新闻宣传工作的群众性原则的又一体现。第三，坚持以人为本，做好新闻宣传工作。胡锦涛总书记提出，宣传工作坚持“以人为本”，说到底就是要坚持把实现好、维护好、发展好最广大人民的根本利益作为新闻宣传工作的出发点和落脚点，顺应人民的新期待，这既是“以人为

① 《马克思恩格斯选集》（第 2 卷），人民出版社 1995 年版，第 9 页。

本”执政理念的具体体现，也是新闻宣传的要义所在。①

在新闻界当前开展的“走基层、转作风、改文风”活动就是新闻事业群众性原则的体现，活动的目的就是要推动新闻工作者切实将群众观点、群众路线体现在新闻宣传中。中共广东省委机关报《南方日报》在新闻内容生产中强调“贴近性”，强化群众观念，在为其目标读者提供高度权威的阅读内容的同时，注意做好重大信息的解读，在党的“十六大”、“十七大”、“十八大”和全国“两会”报道中，走近读者，开拓会场内外新闻，“官方视角”、“专家视角”、“平民视角”相结合报道新闻，注意从读者的角度分析和解答问题，诠释群众性原则在新闻报道实践中的作用。

【思考题】

1. 党性原则的基本要求及其在当代的体现。
2. 真实性原则的概念，虚假新闻产生的原因、虚假新闻的类型和表现。
3. 指导性原则的基本要求及其在当代的体现。
4. 群众性原则的基本要求及其在当代的体现。

【延伸阅读】

1. 杨保军:《新闻真实论》，北京：中国人民大学出版社 2006 年版。
2. 陈力丹:《遵循新闻从业基本准则——马克思主义新闻观立论的基础》，《新闻大学》2010 年第 1 期。
3. 胡锦涛:《在人民日报社考察工作时的讲话》，《人民日报》，2008 年 6 月 21 日。
4. 江泽民:《江泽民同志视察人民日报社时的讲话》，《新闻战线》1996 年第11 期。
5. 丁刚:《谁的声音——全球传媒的话语之争》，《新华文摘》2008 年第 8 期。

① 丁柏铨:《新闻理论探索——对现实问题的研究》，上海交通大学出版社 2012 年版，第 24 页。

后 记

新闻学概论是新闻传播学类专业的基础理论课程，为这门课程所写的教材虽说不是汗牛充栋，但确实不在少数，而且当中不乏上乘之作。在此情境下，仍然编写这门课程的教材确实需要勇气。不过，伴随传媒技术的进步与新闻传播学研究的深入，传媒业与新闻学研究均发生了巨大的变化，也正是基于上述两个方面的变化，我们才不揣浅陋，毅然组织本教材的编写工作，力求在继承前人研究成果的基础上，展现我们的新认识。

在绪论部分，笔者已对新闻学概论的学科性质及本书的编写思路进行了较为详细的阐述，在此不再赘述。我们在书中所重点探讨的对象主要有三：新闻传播活动、新闻产品、新闻与社会。若能在这些方面为学生提供较为系统的认识，并为对本学科有兴趣的读者提供某些启示，也就算是达到目的了。

本书是集体合作的产物。感谢参与教材撰写的全体老师，我们付出了劳动，也收获了知识和友情。全书具体分工如下：

田秋生（广州大学新闻与传播学院教授，博士）：确定编写思路，拟定目录，撰写绪论与第八章，组织协调，审校书稿。

李鲤（广州大学新闻与传播学院讲师，博士）：负责撰写第一、二、三、五章，并承担部分编写组织工作。

毛颖辉（新疆石河子大学副教授，博士）：负责撰写第六、九、十、十一章，并承担部分编写组织工作。

桂万保（安徽师范大学传媒学院讲师，博士）：负责撰写第七、十二、十三章。

郭秦（广州大学新闻与传播学院副教授）：负责撰写第四、十四章。

在编写过程中，我们广泛吸收了国内外众多研究者的成果，也要求大家在相应位置标明出处，但仍有挂一漏万的可能。因此，在向各位同仁表示感谢的同时，也期望得到理解。

走笔至此，正值清晨，新的一天又开始了。

是为记。

田秋生

2013 年 6 月于广州